人性的弱點

HOW TO WIN FRIENDS &
INFLUENCE PEOPLE

戴爾·卡耐基著

陶矇譯

山頂文化

謹以此書
獻給一位無需讀此書的先生
我珍愛的友人

———

霍默·克羅伊

譯本序
你就是自己的神明

　　一九二九年，美國泡沫經濟破裂，進入大蕭條時期。房地產泡
沫引發連鎖反應，原本欣欣向榮的金融產業及實體經濟受到毀滅性
衝擊，民眾對於生活的信心也跌至冰點。一九三六年，戴爾‧卡耐
基的著作《人性的弱點》問世。這本書一經付梓便幾度告罄，並在
其後的七十八年間經久不衰，鼓舞了無數美國民眾。美國第三十六
任總統林登‧貝恩斯‧詹森、福特汽車公司總裁李‧艾柯卡、克萊
斯勒汽車公司的創始人華特‧克萊斯勒，以及美孚石油公司創始人
約翰‧D.洛克菲勒，都受到了卡耐基教育的深遠影響。資本界的教
父級人物華倫‧巴菲特在其自傳提到，他在一九五二年獲得的卡耐
基課程證書是他「得到的最重要的學位」。他把這一課程證書掛在
辦公室的醒目位置，而對在沃頓商學院及哥倫比亞大學的求學經歷
一筆帶過。巴菲特不僅將《人性的弱點》一書中的建議運用於商務
談判及公司治理，而且風趣地承認説是卡耐基的課程給了他向未婚
妻求婚的勇氣。

　　戴爾‧卡耐基本人在年少時，卻從未預料到他將改變千千萬萬
美國民眾的人生。這個出生於密蘇里州鄉下的男孩，曾因家境貧困
在學校裡飽受譏笑。他畢生都想證明自己的價值，並致力於幫助他

人實現自己的價值。雖然求學之路對這個貧苦少年而言異常艱辛，但他從未放棄求知。他曾花了二十年時間研究林肯的一言一行，也對東方先聖的智慧箴言了如指掌。然而他的夢想一再受挫，為了生計，他先後當過銷售員、演員和作家，曾經遠赴貧瘠荒涼的印第安人居住區開拓銷售疆域，也曾閉關在匈牙利布達佩斯的小鎮上創作小說。這些人生經歷磨煉了他待人接物的能力，並最終成為他的智慧源泉。他篤信自立、自助與自信的力量，通過一己之力孜孜不倦地不斷上進，其平實卻極具說服力的理論風靡全美，被媒體稱為拯救美國的「彌賽亞」。他的個人經歷如同美國夢的縮影，稱其為最早的「正能量」之父也並不為過。

中外學者對於「人性」這一宏大命題的探討從未停止，相關論述不一而足。《孔明兵法》中有言：「夫知人之性，莫難察焉。美惡既殊，情貌不一。」蘇珊‧桑塔格斷定「人與人的關係無一神秘之處，愛情除外」。而戴爾‧卡耐基則另闢蹊徑，從日常生活與歷史文獻中挖掘人類的共性。置身庸碌生活之中，我們往往對自身處境和命運的混沌面貌不自知。只有將時間的比例尺縮小，人類命運的脈絡才會清晰浮現在眼前。而卡耐基即具備這一見微知著的能力。他時而理性客觀，對他人行為背後的動機深入剖析；時而溫情脈脈，兒時陪伴過他的小狗讓他終生念念不忘。他對人性的審視既親近又疏離，不自謙也不自傲。

正如卡耐基在著作中反覆強調的，他並非教人投機取巧，而是在倡導一種積極的生活態度。他的作品不是居高臨下的人生道理，不是高深莫測的教條理論，也不是富麗堂皇的心靈雞湯，而是腳踏實地的行動指南。書中的每一字每一句都是他在人際交往中的所思所得。這些經驗並非源自他個人的特例，而是源自成千上萬美國民

眾的普遍共鳴。他將這些生活經歷提煉總結，化為一劑待人接物的良方。對人性的了解令他深知，讀者需要立竿見影的藥效和切實可行的行為指導，而對這一「靈丹妙藥」的原理和成分卻興味索然。因此他的理論以豐沛詳例為血肉，以通俗生動的語言為經絡，以人際關係指南為骨架，旁徵博引，深入淺出，讀之妙趣橫生。

然而卡耐基書中的建議是有堅實的心理學理論做基礎的。根據李察·格里格等學者所著《心理學與生活》一書，人們在做出決定或採取行動時，如果接觸到有違之前的信念、情感或價值的信息，會誘發心理的衝突狀態，從而激烈地為自己的意見或決策辯解，過分偏袒自己的決定。這一現象即為費斯廷格提出的認知失調理論。基於這一理論，卡耐基提出「循循善誘，讓對方自行得出結論」、「欲抑先揚」、「以引導代替命令」等建議。社會心理學的觀點認為，他人的期望與現實之間的差距能夠促使人們對自己的行為進行調校，當人們發現行為與群體的標準和價值觀相悖時，就有動機改變自身行為，適應群體。這也就是卡耐基提出的「用美譽激勵他人」這一方法的心理動機。此外，著名心理學家艾爾達·沙菲爾通過實驗證明，問題的措辭方式會影響對方的決策，因此卡耐基建議從談話的一開始就「讓對方點頭稱『是』」。而卡耐基的另一建議「體諒他人的想法和願望」則基於決策心理學的「決策框架」概念，即人們做判斷的方式取決於他自身的決策框架，也就是判斷事物的角度。如果你想要改變對方的行為，就應當先了解對方的決策框架。

卡耐基在序言中稱其作品為一部「行動之書」，一語中的。人性的本質根植於人類的基因之中，我們要做的不是與之對抗，而是認識它，承認它，接受它，利用它。誠如老子所言：「上士聞道，勤能行之；中士聞道，若存若亡；下士聞道，大笑之。」只有打破慣

性思維方式，並且知行合一，才能夠將書中的理論變成生活的指南針。卡耐基分享的並非技巧，而是對人性的深刻洞察；他的本意也並非取悅他人，而是幫助人們成為更好的自己。卡耐基所期望的，是幫助你解決人際關係中的難題，並讓你相信，你想要的未來，自己一定能夠做到，也只有你能做到。因為你就是自己的主宰，你就是自己的神明。他的信念早有美國詩人華特・惠特曼的名句為佐證：「我不再尋找好運。我自己就是好運。」

　　世事變幻，風起雲湧，而道法不變，初心始終。成功亦為道法，而美國的這一「道法」更加務實，美國夢的核心即為通過個人努力獲得更好的生活。無論布魯克林陰暗街道裡走出來的 NBA 球員，在車庫裡白手起家的矽谷精英，還是改變歷史進程的少數族裔政界領袖，無一不踐行這一樸素真理。而卡耐基的著作，即闡述了美國的為人處世之「道」。他相信個體通過改變自身行為，能夠成功地影響他人，並將這一觀點客觀呈現為簡單易行的處事原則。他敏銳地洞察到維多利亞時代奉行的「克己復禮」將不適用於當今社會，其主張與二十一世紀的需求不謀而合，契合了消費主義社會重視「自我推廣」的價值觀念。

　　也正因此，《人性的弱點》中所闡述的道理有着普世價值，放之四海皆準。個體需要依附群體而生存，如何處理個體與個體之間、個體與群體之間的關係是人人都需要面對的問題，也是《人性的弱點》一書的核心議題。正如每行每業都有自己的運行規則，人際關係也有自己的規則可循。無論在西方社會還是東方社會，無論卡耐基生活的二十世紀初期還是如今的互聯網時代，這些規則都同樣適用。正如中國古諺所云，「世事洞明皆學問，人情練達即文章」。在以「關係」為核心的中國社會，卡耐基的方法論格外重要。越簡單

樸素的真理，往往越是振聾發聵；而社會節奏越快，人們就越需要
化繁為簡，回歸「初心」。在這個被海量信息吞噬的時代，在這個
走路時低頭微信，吃飯時拍照微博的時代，專心傾聽、真誠感恩、
專注認真地愛自己愛他人的處事方式，會因此具有更高的價值。世
事變化越快，人們越渴求抓住恆常；而人性即恆常，真理亦永不會
過時。

　　翻譯如同獨自修行，是耗費心力的工作。為了不辜負作者和讀
者，在翻譯過程中往往「一名之立，旬月躊躇」，為求一個句子的信
達雅而反覆推翻、重構、打磨。在初稿中，曾將佐治五世掛在白金
漢宮的格言：Teach me neither to proffer nor to receive cheap
praise，直譯為「教教我既不給予也不要接受廉價的讚美」，為了符
合作者原意及歷史人物的表述方式，十餘次修改後，定稿為「澄明
吾心，溢美之言，不受亦不予」。阿爾瓦羅‧奧夫雷貢將軍的名句
「勿懼臨城之敵，慎信善柔之友」則在翻譯中互文借鑒了孔子在《論
語‧季氏》中不謀而合的箴言：「益者三友，損者三友。友直，友諒，
友多聞，益矣。友便辟，友善柔，友便侫，損矣。」此外，為了保留
詩作特有的趣味、韻律和其中蘊含的哲理，書中所引用的詩句在翻
譯中也幾經易稿。對於卡耐基先生引用的經典文本，如莎翁詩句，
在查閱原著之餘，也學習了翻譯大家的譯法。如《哈姆雷特》中的
詩句：Assume a virtue, if you have it not，朱生豪先生的譯文為：
「即使您已經失節，也得勉力學做一個貞節婦人的樣子。」因譯文與
作者引用該句的語境略有出入，因此結合本書上下文改譯為「倘若
你德行盡失，也請裝腔作勢」，更方便讀者理解。譯作本無標準答
案，缺憾之處，還請讀者斧正。

　　在翻譯過程中，讀到作者書中熟悉的地名和猶如發生在身邊的

事例，彷彿再次踏上旅途，徘徊在深秋的美東和盛夏的加州，坐灰狗巴士在不同城市間往返，與形形色色的人交談。從正在學習飛機駕駛的耄耋老人，到從未踏出小鎮半步的移民後裔，每個人的故事都獨一無二。在我心目中，最能代表美國的或許並不是荷里活或帝國大廈，而是自加州聖莫尼卡橫貫芝加哥的 66 號公路。在望不見盡頭的 66 號公路上，往往有很長的路段不見人煙。漫無邊際的荒野和連綿起伏的山巒在兩側飛逝而去，偶爾有交錯的車輛在道路彼端飛馳而過，迅速變成後視鏡裡一個小小的斑點，又消失在群山中。在遠山和丘陵之間，在森林與湖泊之間，在廣袤浩瀚的天與地之間，人類是孤獨的行者。個體如此偉大，每個看似平凡的生命背後，都是一部蕩氣迴腸的個人史；個體又如此渺小，只有依附他人的勞作和溫暖才有力量存活。卡耐基在書中有這樣一句誠懇的慨歎：「回首我自己的生活，往事歷歷在目。寥寥數字鼓勵的話語對我的人生道路產生了翻天覆地的影響。」漫長人生中難免迷途，而智者的箴言有如荒野中點亮一盞燈。感謝有緣與作者同行這一段路，感謝顛覆了我人生道路的那些人，也感謝您在茫茫書海中與這本書相遇，希望它能夠幫助您開創自己的生活。

陶曚

目錄

CHAPTER 01

人際關係的基本技巧
FUNDAMENTAL TECHNIQUES
IN HANDLING PEOPLE

CHAPTER 02

贏得他人喜愛的六個方式

SIX WAYS TO MAKE
PEOPLE LIKE YOU

如何讓他人想你之所想

HOW TO WIN PEOPLE TO YOUR WAY OF THINKING

成為領導者，如何改變他人

Be a Leader: How to Change People Without Giving Offense or Arousing Resentment

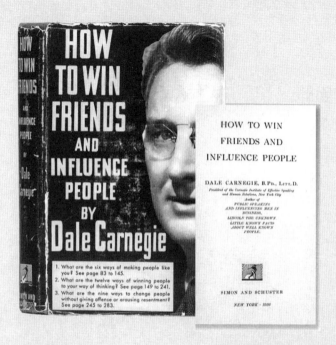

本書譯自美國西蒙 & 舒斯特
公司 1936 年第一版

自序
成就此書的因緣

二十世紀的前三十五年間，美國本土共出版了二十萬種圖書。大部分書都枯燥乏味，甚至無人問津 —— 沒錯，我說的確實是「大部分」。全球最大出版集團的董事長曾經向我坦陳，雖然公司已經有七十五年的行業經驗，但是每出版八本書，就有七本是賠錢買賣。

您大概會想，既然如此，我為何還要寫下這本書呢？您又為何要在二十萬種圖書中拿起這一本書來讀呢？

這兩個問題都問得很好。請允許我試着解答一下。

從一九一二年開始，我致力於為紐約的商務精英提供培訓課程。起初我只教授公共演講這一門課。課程的宗旨是通過實踐促進成年人獨立思考，從而在商務會談及公開場合中更加明晰有效地表達自己的觀點。

隨着課程的進展，我逐漸意識到成年人不僅需要提高溝通技巧，更需要在日常交往中掌握處理人際關係的能力。

也是在那時，我意識到自己同樣迫切地需要這類培訓。回望過去這些年，我對自己待人接物的笨拙和同理心的匱乏深感震驚。如果二十年前我面前能有這樣一本書該有多好！對於那時的我，堪稱無價之寶。

　　人際關係大概是你我生活中需要面對的最大難題，對商界人士而言尤其棘手。當然，無論您是家庭主婦、建築家還是工程師，人際關係都無處不在。幾年前，卡耐基教學促進基金會資助的一項研究得出了重大結論，這一結論繼而被卡耐基科學技術學院的後續研究加以佐證。調查結果表明，即使在工程行業等技術為先的行業，個人的成功也只有百分之十五是源自專業能力，另外的百分之八十五則來自「人類工程學」，即人格特質和領導能力。

　　多年來，我每個季度都在費城的工程師俱樂部和美國電氣工程師協會紐約分會任教，約有一千五百名工程師參加過我的培訓。他們在多年工作中漸漸意識到業內收入最高的工程師往往並不是專業上最強的，因而向我尋求幫助。無論是工程、會計、建築還是其他需要技術能力的行業，專業人才只要有過硬的技術就能找到工作。但想要拿到高薪，他們必須在專業技能之外還具備表達能力、領導能力和激發他人工作熱情的能力。

　　約翰‧洛克菲勒在事業巔峰時期曾經說過這樣的話：「人際交往能力是可以買到的，就像糖或咖啡這樣的普通商品一樣。我願意為這一能力開個高於其他任何商品的價碼。」

　　您或許會想，既然這種能力如此受重視，每所高校都會設置培養這一能力的課程吧？但直到寫作本書之時，我尚未發現有哪所學校設有這一實用的常識性課程。

　　芝加哥大學和美國基督教青年會學校曾經聯合發起過一項調查，研究成年人最希望學習何種課程。這一調研歷時兩年，耗資兩萬五千美元。項目的最後一站選在了美國康涅狄格州的梅里登市，這是一座典型的美國小鎮。梅里登市的每位成年人都參與填寫了一份包含一百五十六個問題的調查問卷，問題涵蓋受訪者從事的行

業、教育背景、業餘時間的消遣方式、收入狀況、愛好、職業理想、生活中遇到的問題、最想學習的領域等等。調查結果表明，成年人最感興趣的是健康問題，其次是與人相關的問題，包括如何待人接物、如何理解他人、如何討人喜歡以及如何讓他人認同自己的觀點。

這一項目的調研委員會最終決定在梅里登市開設人際關係相關課程。他們想找一本實用的書作為課程教材，卻一無所獲。於是他們求教於成人教育領域的權威人士，詢問他有沒有哪本書能夠滿足他們的需求。這位專家答道：「沒有，我知道成年人需要甚麼樣的指導，但滿足他們需要的書還沒被寫出來呢。」

我的親身經歷驗證了他的話很中肯。我花了好幾年時間想找到一本人際關係方面的實用指南，同樣無功而返。

鑒於市面上沒有此類書籍，我最終決定親自為我的課程撰寫教材。這就是本書的緣起。我衷心希望您能喜歡本書。

在撰寫本書的前期準備中，我閱讀了所有與這一課題相關的討論，包括報刊專欄、雜誌文章、家事法庭的案件記錄、古代哲學家的文獻和現當代心理學家的著作等等。此外，我還聘請了一位訓練有素的研究員，花一年半的時間專職在各大圖書館閱讀我遺漏的知識。我們鑽研心理學的淵深著作，查閱上百本期刊文摘，深入研究無數傳記，試圖藉此發掘出從古至今的卓越領導者在人際交往上的獨到之處。我們共同研讀所有偉人的生平故事，範圍從凱撒到愛迪生，單單是西奧多‧羅斯福的傳記我們就閱讀過上百個版本。我們決心不遺餘力地挖掘出古往今來所有結交朋友、影響他人的實踐理念。

我個人採訪過許多名人雅士，其中不乏舉世聞名的各界領袖，其中包括馬可尼、愛迪生等發明家，富蘭克林‧羅斯福、詹姆士‧

法利等政治家，歐文·揚這樣的實業家，奇勒基堡及瑪麗·皮卡佛等電影明星，以及包括馬丁·詹森在內的探險家。我試圖通過訪談總結出他們為人處世的技巧。

基於這些資料，我準備了一次主題為「如何贏得朋友並影響他人」的簡短座談。這一座談很快就擴充至一個半小時。多年來，我每個季度都在紐約的卡耐基學院講授這一課。

我總會敦促聽眾在商務往來和日常生活中運用這些原則，然後回到課上分享他們的實踐結果。學員們將這項作業視為一種有趣的試驗 —— 第一種也是唯一一種有關人性的試驗 —— 並躍躍欲試，樂在其中。

因此本書的寫作並不是由言語堆砌而成，而是如同孩童的成長一般，通過對周遭世界的不斷探索構建而成。這些探索來自上千名學員的真實經歷。

起初，我們將總結出的經驗印在卡片上。很快卡片就裝不下了，擴充至明信片大小，繼而是海報大小，緊接着又變為一系列手冊。這本書就這樣一步步成長起來，它的背後，是長達十五年的試驗與研究。

我們在此呈上的結論，絕非紙上空談。它們產生的效果如同奇跡。我曾經親眼見證過這些原則如何顛覆了人們的生活。

請允許我舉例說明。我有一位學員是企業家，管理着三百十四名員工。多年來，他肆無忌憚地責罵員工，從未說過一句感謝或鼓勵的話。學習了本書中探討的種種原則之後，這位管理者的處事哲學有了極大轉變，公司面貌也煥然一新，員工變得熱情忠誠，充滿團隊合作精神。他少了三百十四名敵人，多了三百十四個朋友。他自豪地說：「以前在公司裡沒有一個人向我問好，員工一看到我走過

來，都扭頭假裝沒看見。現在我和他們打成一片，連清潔工都直呼我的名字。」

這位企業家的事業蒸蒸日上，生活也更加愜意。更重要的是，他從家庭和工作中找到了更多快樂。

通過運用這一原則，銷售人員取得了顯著的業績增長，曾經將他們拒之門外的企業也成了他們的新客戶。管理人員因此得到了更多職責和更高待遇，其中一位管理者彙報說這些待人接物的技巧令他近期加了薪水。另一位管理人員供職於費城天然氣公司，參加課程的時候已經六十五歲，因為自己的好強個性和領導不力正面臨降職，培訓不僅幫助他擺脫了這一危機，還給他帶來了升職加薪的機會。

每學期課程結業的宴會上，都會有人特意來告訴我，自從他們的伴侶參加了這門課程後，家庭生活變得愉快多了。

人們對自身的改變帶來的影響感到驚喜，視之如奇跡。他們迫不及待地想要和我分享這些成果，甚至等不及上課的時候，在週日就提前打來電話彙報。

某節課上講授的原則令一位學員思緒萬千，和同學們討論至深夜。凌晨三點，人們陸續離去，他卻仍在獨自思索。他在那一刻幡然醒悟此前犯過的種種錯誤，感到眼前豁然開朗，彷彿看到全新世界的美好圖景正徐徐展開，以至於激動得一天一夜都無法入眠。

這位學員是因為太過幼稚膚淺，才對新鮮觀念全盤接受嗎？當然不是。這位學員是一位見多識廣的藝術經銷商，也是當地的社交名流。他唸過兩所歐洲大學，熟練掌握三種外語。

在撰寫這篇序言的時候，我收到了一位德國貴族紳士的來信，他的先輩曾在霍亨索倫王朝的軍隊中擔任要職。他在橫渡大西洋的

輪船上寫下了這封信，熱情洋溢地分享了運用這些原則的心得。

　　一位在紐約土生土長、擁有一間大型地毯工廠的富豪評價說，在十四週的培訓中，他學到的影響他人的學問比在哈佛四年學到的都多。這說法荒唐可笑嗎？無論你怎麼想，我只是如實將他的感想轉述給你們。這位功成名立、作風保守的哈佛畢業生是在一九三三年二月二十三日晚上，在紐約的耶魯俱樂部對六百名聽眾說出這句感言的。

　　哈佛大學著名教授威廉・詹姆士曾經斷言：「和人類所具備的潛能相比，我們仍處於蒙昧之中。人類的身心力量只有極小部分得到了發揮。廣義而言，人類個體遠未到達極限。人類囿於自身習慣，從未將與生俱來的諸多能力發揮至極致。」

　　本書的唯一宗旨，即是幫助您挖掘「與生俱來的諸多能力」，喚醒潛能並從中獲益。

　　普林斯頓大學前校長約翰・希本博士曾經說過：「教育，即為解決生活問題的能力。」

　　在您讀過本書前三章後，如果並未覺得解決生活問題的能力有所增進，那麼這本書對您而言堪稱失敗。誠如夏拔・史賓莎所言：「教育的最大目的並非增進知識，而是增進行動。」

　　這本書，即為一本行動之書。

戴爾・卡耐基
一九三六年

使用本書的
九個建議

若想讓此書發揮最大效用，有一項要求不可或缺。這一點比書中任何原則或技巧更重要。除非滿足了這項要求，否則一千條理論對你都毫無意義。如果滿足了這一點，那麼你無需學習任何建議就可以成就自我。

這個要求是甚麼呢？那就是強烈的學習慾望，以及提高人際交往能力的堅定決心。

如何培養這種學習慾望？請在日常生活中時刻提醒自己這些原則的重要性，想像一下這些原則帶來的更豐富、更充實、更幸福、更能夠實現自我的生活。請反覆提醒自己：「人際交往能力決定了我的受歡迎程度、我的幸福感和自我價值。」

請先快速瀏覽每一章節，大致了解全書結構。可能你很想迫不及待地匆匆翻完整本書，但請克制住自己——除非你只是把讀這本書當作消遣。如果你閱讀此書是為了提高為人處世的能力，請回過頭來細讀全書。長遠來看，這樣做會令你事半功倍。

請在閱讀中不時停下來仔細思考在讀的內容，問問自己在甚麼場合能夠實踐這些建議。

閱讀時請拿一支筆，把對自己有益的建議標記出來。如果這個建議很重要，請用下劃線或星號重點標出。做標記會讓讀書的過程更有趣，並且易於溫習。

我認識的一位女士在一家大型保險公司擔任業務經理。十五年來，她每個月都會瀏覽公司當月簽署的保險合同。這些保單很多是重複的，但她月復一月、年復一年地堅持審讀所有合同。為甚麼？因為經驗告訴她，這是唯一能將條款牢記於心的方式。

我曾經花了兩年時間撰寫一本公共演講方面的書。在寫作過程中我總要時時回看，才能記得自己寫過的內容。人們遺忘的速度是非常驚人的。

因此，倘若你想從本書中受益，勿勿翻閱一遍是不夠的。通讀本書後，最好每個月都能抽出幾小時回顧一下。把這本書放在書桌上每天都看得到的地方，經常翻一翻，提醒自己未來廣闊的進步空間。請記住，只有不斷積極地溫習並應用，才能將理論變為習慣。

蕭伯納曾經說過：「人們永遠無法被『教』會。」他是對的。學習是自主的活動過程，人們從實踐中學習。如果你決心掌握本書中講述的原則，就請付諸行動，抓住每一個機會運用這些理論。如果你不做，很快就會忘記。只有使用過的知識才會牢牢在你腦海中扎根。

書中的建議未必適用於所有場合。我在寫作過程中也意識到實踐這些建議是有難度的。譬如說，當你不快的時候，發火和指責比試着理解他人要容易得多；挑錯也比誇讚容易；人們會自然而然地談論自己想說的事情而非對方想聽的事情；諸如此類。因此，當你閱讀本書的時候，請提醒自己：你並非在汲取知識，而是在培養新的習慣，尋求一種新的生活態度。這需要時間、堅持和在日常生活中的不斷實踐。

因此，請把這本書當作一本行動指南，時常翻閱參考。每當你需要解決管教孩子、說服家人或是安撫客戶等具體問題時，請不要聽任自己的本能反應，因為第一反應往往是錯的。請把書翻到你重點標記的那些章節，試試這些全新的理念，看看它們不可思議的效果。

不妨和你的家人或同事商定，每當你違反一個原則，就給他們一角錢或一塊錢。把掌握這些理論當作愉快的小遊戲吧。

華爾街一家銀行的總裁曾在課上分享了他提高自我的方法。這位先生沒怎麼上過學，卻是全美最著名的銀行家之一。他說他的成功很大程度歸功於一套自創的方法。我會盡量用他的原話來描述：

「多年來，我習慣把每天的日程記錄下來。家人會把週六晚上的時間留給我獨處，他們知道那是我固定用於自省和自我評估的時間。晚飯後，我打開日程薄，回想這一週的會談、討論和會議。我會問自己：

「『上次我犯了甚麼錯？』

「『我的哪些做法是正確的？怎樣能表現得更好？』

「『從這次經歷中我能學到甚麼？』

「一開始，這種每週回顧通常會讓我覺得很不開心，為自己做的種種錯事懊惱不已。但這些年下來，我犯的錯誤越來越少了，有時我甚至想拍拍自己肩膀，告訴自己幹得不錯。我年復一年地堅持這一自我分析、自我教育的過程，這個習慣讓我受益匪淺，遠勝於其他任何方法。

「這一做法提高了我的決策能力，讓我在為人處世方面得到了潛移默化的進步。我向大家強烈推薦這個方法。」

為甚麼不用同樣的方法審視一下自己是如何應用本書原則的呢？這樣做有兩個好處：

首先，這是一個有趣而無價的學習過程；

其次，你會發現自己待人接物的能力飛速提高。

請記下你對本書建議的實踐成果，詳細寫下你的名字、日期和成就。記錄自己的成就能夠激勵你不斷進步。多年後，當你在某個深夜偶然翻到自己寫下的成果，該多麼有趣啊！

想要讓這本書發揮最大效用，請：

① 培養學習人際關係技巧的強烈慾望；

② 每一章讀兩遍再讀下一章；

③ 閱讀過程中，不時停下來問問自己，如何將每一條建議化為行動；

④ 標出要點；

⑤ 每個月溫習；

⑥
抓住每次應用這些原則的機會，把本書當作解決日常問題的行動指南；

⑦
把學習過程當作遊戲，每當朋友抓到你違反原則，就給他們一角錢或是一元錢；

⑧
每週回顧自己是否進步，問問自己犯了哪些錯，有哪些提高，收穫了哪些經驗；

⑨
在本書最後記錄下應用這些原則的心得。

CHAPTER 01

人際關係的基本技巧

FUNDAMENTAL TECHNIQUES IN HANDLING PEOPLE

SECTION 01
想採蜜就不要招惹蜂巢

一九三一年五月七日，一場震驚紐約的全城追捕進入了白熱化階段。數週搜捕後，「雙槍」克羅利走投無路，被圍困在西區大街的情人寓所。

一百五十名警察將克羅利藏身的頂樓團團包圍。他們爆破屋頂，試圖用催淚彈把這個「弒警殺人犯」熏出來。與此同時，四周的建築上架起了機關槍，目標直指克羅利。雙方的對峙持續了一個小時之久，手槍和機關槍的密集交火聲響徹這個紐約最寧靜的小區。克羅利蜷縮在厚沙發後面，不停地向警察開槍。上萬名百姓目睹了這場槍戰，群情激奮。這種場面在紐約歷史上前所未有。

克羅利被捕後，警察局長穆魯尼發表聲明，稱這個雙槍暴徒是紐約有史以來最危險的罪犯之一。「他殺人眼都不眨一下。」這是警察局長的原話。

那「雙槍」克羅利是怎麼評價自己的呢？警察向公寓開火的時候，他寫了一封信「致相關人士」。寫信時他的傷口正汩汩流血，信紙上留下一道暗紅的血跡。信中克羅利寫道：「我的外表下藏着一顆疲憊的心。疲憊，但是善良，不會傷害任何人。」

時間倒退回不久前，克羅利和女友把車停在長島的鄉間小路上。兩人正在車裡親熱時，一位警官走過去，對他說：「請出示駕照。」克羅利一言不發，突然連開數槍，警官中彈倒在血泊之中。克羅利跳下車，拔出對方身上的配槍，又向垂死的警官補了一槍。

這就是那個聲稱自己「疲憊，但是善良，不會傷害任何人」的殺人犯。

克羅利被判處電椅死刑。被押送至興格監獄的那一刻，他是否曾悔過說：「這就是我殺人的下場？」不，他仍在為自己開脫：「這就是我自衛的下場。」

整個事件的重點是，「雙槍」克羅利竟對自己的暴行毫無愧疚之心。

你覺得這只是歹徒中的個例？那好，再看看下面這個例子：

「我將人生中最好的時光奉獻給了人們，讓他們生活無憂，而我得到的回報只有罵名，終日在被追捕中逃命。」

這話是阿爾・卡朋說的。沒錯，就是那個臭名昭著的全民公敵，在芝加哥橫行霸道的黑幫頭目。他不僅毫不羞愧，還認為自己造福大眾，覺得人人都誤解他、虧欠他。

無獨有偶，達奇・舒茲命喪紐瓦克的黑幫火併之前也是這麼評價自己的。這個紐約的「過街老鼠」，在一次報紙採訪時稱自己為社會恩人。他心底裡竟真的這麼認為。

我和興格監獄的典獄長路易斯・勞斯就此通信討論過。他在信中說：「興格監獄很少會有罪犯承認自己是壞人。他們和你我一樣，有共通的人性，所以他們給自己找藉口，向你解釋為甚麼要撬開保險箱，為甚麼會扣動扳機。他們試圖為這些反社會的行為尋求一個恰當的理由，不管這理由是否站得住腳，他們都堅信自己的行為是正當的，不應該被關進監獄。」

如果連阿爾・卡朋、「雙槍」克羅利、達奇・舒茲，以及監獄裡關押的那些無法無天的罪犯都認為自己甚麼都沒做錯，那麼你我身邊的人是否更是如此？

連鎖百貨商場的創始人約翰‧華納梅克曾經承認：「三十年前，我就懂得抱怨是愚蠢的行為。克服自己的種種缺點就已經夠我忙的了，哪還有精力去抱怨上帝為何不把天賦平分給每個人。」

華納梅克很早就參透的道理，我卻摸索了幾十年才認識到——百分之九十九的情況下，不管犯下多嚴重的錯誤，人們都不會責備自己。

批評是無用的，它激起抵觸，讓人急於辯白；批評是危險的，它傷害自尊，甚至讓人萌生恨意。

著名心理學家 B.F. 史金納在動物實驗中發現獎勵比懲罰更有效——得到獎勵的動物比受到懲罰的動物學習更快，學習效果也更加顯著。此後的研究進一步證明這個結論同樣適用於人類。批評帶來的並不是改變，而是怨恨。

另一位心理學家漢斯‧塞利也曾說過：「我們對他人的肯定有多渴望，對責備就有多恐懼。」

責備所引發的怨恨不僅於事無益，更會打擊家人、朋友和員工的積極性。

----CASE----

　　佐治‧莊士頓是奧克拉荷馬州一家工程公司的安全管理者。他的職責之一是確保員工在工地上戴好安全帽。每次看到不戴安全帽的員工，佐治都會搬出相關規定，勒令對方服從。員工雖然不情願地妥協了，但等他一走，就會立即把帽子摘掉。

　　於是莊士頓決定換一種方式。當他再發現到違反規定的員工時，就設身處地地詢問他們帽子尺寸是否不合適，

或者戴起來不舒服。之後他和顏悅色地提醒員工安全帽是
用來保護他們的，建議他們戴上帽子以保障自己的安全。
這樣一來，員工的抵觸情緒大大降低，違規的現象也顯著
減少。

------ CASE ------

　　古往今來，這樣的例子比比皆是，一次次地向我們證明批評是
徒勞無益的。讓我們重溫一下西奧多‧羅斯福和塔夫脫總統之間那
次著名的爭論吧，正是那次爭論導致共和黨內部分裂，伍德羅‧威
爾遜趁機入主白宮，並在第一次世界大戰中寫下濃墨重彩的一筆，
改變了歷史的走向。

　　一九〇八年，在西奧多‧羅斯福的支持下，塔夫脫當選美國總
統。老羅斯福隨後前往非洲獵獅。他回到美國後，對塔夫脫的執政
方式累積的種種不滿一起爆發。他公開抨擊塔夫脫的保守主義，親
自角逐第三任總統職位，並組建了公麋黨。共和黨因而元氣大傷，
在隨後的選舉中，塔夫脫和共和黨僅得到了佛蒙特和猶他兩個州的
選票 —— 這是共和黨成立以來最慘重的失敗。

　　西奧多‧羅斯福歸咎於塔夫脫，那麼塔夫脫是否內疚呢？完全
沒有！他眼含熱淚，說道：「如果可以重來一次，我還會做出同樣的
決策。」

　　究竟誰對誰錯？羅斯福還是塔夫脫？老實說，我也不知道 ——
因為這根本無關緊要。重點是，西奧多‧羅斯福的嚴厲指責並沒有
讓塔夫脫承認自己犯了錯，反而令後者一次次地辯白，含着熱淚重
申：「我不認為自己哪兒做錯了。」

　　讓我們再來回顧一下二十世紀初期的茶壺山油田醜聞（Teapot

Dome Scandal）。這一事件令當年的媒體炸了鍋，在整個美國引發軒然大波 —— 在美國歷史上，這樣的政治醜聞可是前所未見。事情的來龍去脈是這樣的：當時，美國內政部長艾伯特‧福爾效力於哈定總統內閣，並負責埃爾克山和茶壺山的油田開採招標，開採的石油將預留給海軍使用。誰知這位內政部長並未就此公開招標，而是直接把這份肥差外包給了他的朋友 —— 愛德華‧杜韓尼。作為回報，杜韓尼「借給」福爾十萬美元。於是，福爾專橫地命令海軍陸戰隊開進油田，暴力驅趕附近的開採商。在刀槍脅迫下放棄開採的商人將福爾告上法庭，茶壺山醜聞由此大白於天下。這一醜陋交易令民眾譁然，福爾鋃鐺入獄，哈定政府和共和黨的公信力也因此一落千丈。

福爾因此受到了排山倒海般的譴責。他對此悔悟了嗎？完全沒有！數年後，夏拔‧胡佛在一次公開演講中暗示哈定總統被朋友背叛，才會鬱鬱寡歡，含恨離世。福爾夫人聽聞此言，從椅子上跳起來，揮着拳頭哭喊說：「甚麼？福爾背叛了哈定？一派胡言！我丈夫從未背叛過任何人。哪怕有一屋子黃金放在他面前，他都不為所動。他才是被人背叛的那個，而你們卻把他釘上了十字架！」

你都看到了 —— 這就是人性。作惡者怪罪所有人，卻從不悔過。世人皆是如此。下一次，當指責的話語即將脫口而出的時候，我們不妨三思，想一想阿爾‧卡朋、「雙槍」克羅利和艾伯特‧福爾。指責如同迴旋鏢，總會傷及自身。被批評的人或是為自己辯護，以同樣的指責回擊；或是像那位塔夫脫紳士一樣，無辜地辯解「我不認為自己哪兒做錯了」。

一八六五年四月十五日清晨，在一家廉價公寓的走廊盡頭，亞伯拉罕‧林肯躺在床上，奄奄一息。公寓對面就是福特劇院 ——

約翰・沃克斯・布斯在那裡槍擊了林肯。林肯在破舊的床鋪上斜臥着 —— 這張床相對他的身高而言太短了，床上方掛着一幅羅莎・波南《馬市》的蹩腳仿製品，破舊的煤油燈搖曳着慘淡的昏黃燈光。

在林肯彌留之際，美國戰爭部長史丹頓痛惜地説：「他是全世界最優秀的領袖。」

林肯是如何贏得民眾愛戴的？我曾花了整整十年的時間研究他的生平，並用三年著成了《你所不知道的林肯》（Lincoln the Unknown）一書。我相信這一研究的詳盡和全面無人能及。在研究過程中，我特別注意了他為人處世的方式。林肯是否也曾以批評為武器？答案是肯定的。當他還是個居住在印第安納州彼金灣的年輕男孩時，他不僅批評別人，還在信和詩歌中大肆譏諷。他故意把這些信放在人們的必經之路上，其中一封信令對方記恨了他一生。

林肯搬到伊利諾州的春田市之後，成了一名執業律師。他屢次在報紙上公開抨擊對手，甚至差點因此送命。一八四二年秋天，林肯給《春田日報》寄了一封匿名信，嘲諷詹姆斯・史爾茲 —— 一位自負又好鬥的當地政客。文章一經刊出，史爾茲立刻淪為全城的笑柄。他羞憤交加，一躍上馬，找到林肯要求決鬥。林肯本不願比武，但為了保存顏面，只得硬着頭皮答應。他藉着臂長的優勢，選了騎兵用的闊劍，並向一位西點軍校的畢業生請教劍術。決鬥當日，史爾茲和林肯按照約定來到密西西比河畔，在岸堤上對峙。兩人都做好了戰鬥至死的準備。幸運的是，在千鈞一髮之際，兩人各自的支持者及時趕到，阻止了慘劇的發生。

這是林肯一生中最慘痛的教訓，他也因此學到了為人處世最寶貴的一課。從那之後，他再也沒有寫過侮辱人的字眼，也不再出言

譏諷。確切地說，在那之後，他幾乎從未批評過任何人任何事。

在南北戰爭期間，林肯輪番更換波托馬克軍團的首領 —— 麥克萊倫、波普、伯恩賽德、胡克、米德 —— 卻節節敗退，令其絕望地在房間裡踱來踱去。北方的民眾都在指責這些將軍無能，然而林肯卻秉承「不以惡待人，以仁愛相處」的原則，對此始終保持沉默。他的座右銘之一是「你們不要論斷人，免得被人論斷」。

當林肯夫人與周圍人尖刻地指責南方叛軍時，林肯說：「不要苛責他們。如果我們處境相同，也會做出同樣的事。」

然而假如有一個人有資格抱怨的話，這個人一定是林肯。看到下面這件事之後，你一定會同意我的說法。

一八六三年七月一日，蓋茲堡戰役爆發。七月四日晚，風暴籠罩大地。傾盆大雨之中，羅伯特・李將軍的部隊一路向南潰敗，退到波托馬克，被暴雨中愈加洶湧的波托馬克河擋住去路。前有湍急河流，後有追擊部隊，南軍陷入絕境，無路可逃。林肯知道這是天賜良機，只要拿下這些殘兵敗將，便可宣告戰爭結束。林肯發電報命令米德將軍立即出兵，無需通過軍事會議，同時送去口信，特別叮囑軍機不可延誤，須火速採取行動。

米德將軍是怎麼回應的呢？他在躊躇之下竟違背上級的命令，召開軍事會議。他為自己找了各種藉口，電報答覆說不願出兵攻擊。拖延之中，波托馬克河水位下降，李將軍趁機率軍南逃。

林肯簡直怒不可遏。「這意味着甚麼！」他咆哮着，對兒子大發雷霆說，「天啊，這意味着甚麼！他們就在我們眼皮底下，只要動動手指，勝利就是我們的，然而無論我說甚麼都指揮不動這支部隊。這種情況下，隨便甚麼人都能輕而易舉地把李將軍拿下。要是當時我在那兒，我早就親自上陣了！」

在極度失望中，林肯坐下，攤開信紙。那時的林肯言辭謹慎，為人克制，因此這封信中的指責於他而言，已是極為嚴厲。

親愛的將軍：

　　我認為你對李的逃脫引發的嚴重後果一無所知。他本已進入我們掌握之中，勝利在此一舉，倘若當時將其擊潰，內戰早已結束。如今，戰爭被無限期延長。在那樣有利的情況下，你尚不能擊敗對方，那面對已逃至大河以南的敵軍，你又如何以三分之二的兵力取勝？對此抱任何希望都是荒謬的，我已經對你的能力喪失信任。天賜良機被你白白錯過，我對此極為失望。

你覺得米德將軍讀到信會作何感想？

事實上，米德從未讀到這封信 —— 林肯沒有把信寄出。在他離世之後，人們在他的遺稿中發現了這封信。

我的推測是，林肯寫完這封信後，望着窗外，對自己說：「等一下。我不應如此輕率。我坐在靜謐的白宮裡對米德發號施令當然容易，然而如果我像米德一樣身在蓋茲堡，目睹着家破人亡和血流成河，耳邊呼嘯着傷者的呻吟和尖叫，也許我並不會急於出兵；如果我像米德一樣個性內斂，或許也會同他一般躊躇。無論如何，事已至此。如果寄出這封信，我固然發泄了自己的感受，但米德一定會辯白，甚至反而質疑我。這樣不僅會引發不愉快，損害他作為指揮官的威信，甚至有可能逼得他無路可退，憤而辭職。」

也許正因如此，林肯放下了信。過往的經驗告訴他，指責和批評徒勞無益，於事無補。

西奧多・羅斯福曾經說過，在他擔任美國總統時，每當遇到難題，他總會靠着椅背，凝視辦公桌上方的林肯畫像，思索「如果林

肯面臨同樣的處境，他會怎麼做，他會如何解決這個難題」。

下次我們想教訓對方的時候，不妨先拿出五美元的紙幣，看看上邊的林肯頭像，問問自己：「林肯會怎麼處理這個問題？」

馬克‧吐溫也經常亂發脾氣，在信中寫下尖酸刻薄的話。他曾經怒氣沖沖地給一個招惹他的人寫信說：「趕緊去申請死亡許可證吧。你要是膽敢再張口，許可證就能派上用場了。」還有一次，他寫信給編輯，抱怨校對竟敢「改我的標點和拼寫」，並命令說「照着我的原稿把這件事解決，務必讓那個校對的建議爛在他那裝滿糨糊的腦子裡」。

寫信發泄之後，馬克‧吐溫心情好多了，不過這些信並未傷到他人──他妻子偷偷把信藏了起來，從未寄出。

你是否也曾想過教訓或者改變別人？我全力支持你。不過，為甚麼不從你自己開始呢？自私一點說，改變自己遠比改變他人令你受益更多，並且風險更小。孔子曾言：「苟正其身矣，於從政乎何有？不能正其身，如正人何？」

我年少輕狂時，曾經貿然給美國文壇的泰斗李察‧哈丁‧戴維斯寫過一封愚蠢的信。當時我正在給雜誌寫一篇介紹作家的文章，希望戴維斯能夠談談他的寫作方法。在那之前我剛收到了一封別人的信，文末有一句「根據口述整理，未經本人審閱」。我為這句話深深折服，覺得此人一定是個大人物，忙到沒空寫親筆信。我當時雖是個一文不名的小人物，但為了給戴維斯留下深刻印象，所以照貓畫虎，自命不凡地在信末抄下這句「根據口述整理，未經本人審閱」。

戴維斯並未回信。他只是把我的信原封不動地寄了回來，最下方潦草地寫了一句「您的態度之惡劣，歎為觀止，登峰造極」。是的，我確實搞砸了，理應自食其果，然而人性的弱點令我惱羞成怒。

直到十年後，我讀到戴維斯離世的訃告時，那封信帶來的挫敗感仍然仿似昨日 —— 儘管我羞於承認這一點。

若想激怒對方，你只需以激烈的批評作為武器；即使那批評合情合理，對方都可能會記恨終生。

和人打交道時，請牢記這一點 —— 人並非理性生物。他們由情感驅使，被偏見支配，傲慢與虛榮是他們的動力之源。

作家湯馬士・哈代在英國文學史上光芒四射，卻因為他人的指責而就此封筆；英國詩人湯馬士・查特頓面對刻薄的批評，以自殺作為他的回答。

本傑明・富蘭克林年輕時言辭笨拙，成熟後卻圓滑世故，因待人接物十分得體而被任命為美國駐法大使。他的成功之鑰是甚麼？「從不出口傷人，」他說，「對每個人都稱讚有加。」

批評、指責和抱怨是蠢材與生俱來的「才能」；理解和寬容卻是對人品和自律的極大考驗。

卡萊爾曾言：「偉人的偉大之處，從他對待小人的態度中可見一斑。」

鮑勃・胡佛是世界知名的試飛員，飛行表演中總少不了他的身影。然而，據《飛行操作》（Flight Operations）雜誌記載，在某次飛行表演後，胡佛照常從聖地亞哥飛回洛杉磯，不料在三百英尺的高空，兩個發動機剎那間同時停止運轉。胡佛急中生智，憑藉高超的技巧成功迫降。雖然萬幸無人傷亡，他駕駛的飛機卻因這起事故而徹底報廢。

胡佛一落地，就立即去查看飛機的燃料 —— 正如他所料，這架二戰時期的螺旋槳飛機本應使用汽油，卻誤加了噴氣式發動機的燃料。

回到機場，胡佛立刻找來負責加油的機修工。那位年輕的機修工正為鑄成大錯而害怕得瑟瑟發抖，一見到胡佛，就流下痛悔的眼淚。他的失誤不僅摧毀了一架造價高昂的飛機，還險些奪去三個人的性命。

胡佛有多憤怒可想而知。機修工本以為這位功勳卓著、處事嚴謹的飛行員會把他罵得狗血淋頭，然而出人意料地，胡佛並未責怪他，甚至連一句重話都沒有說。胡佛攬過機修工的肩膀，對他說：「我相信你再也不會這麼做了，你明天來為我那架 F-51 服務吧。」

每個家長都會批評孩子。也許你以為我會勸言「別這麼做」，但我只想提一個小小的建議 —— 在批評孩子之前，請先讀一讀這篇經典之作《爸爸忘記了》。它最早刊載於《人類家園》(People's Home Journal) 雜誌，後經《讀者文摘》(Reader's Digest) 縮編。經過作者許可，我將它摘錄於此。

《爸爸忘記了》以其誠摯的情感，在億萬讀者心目中引起共鳴，成為經久不衰的經典作品。文章付梓之後，一次次地重刊。作者 W. 李文斯頓‧拉尼德寫道：「在全國的報紙媒體上，在上百種期刊雜誌中，這篇文章被譯成各國文字刊載；在學校、教堂、講座中，人們一次次地提到這篇文章；在電台裡，在大學校刊中，在中學雜誌上，這篇文章被一次次地重溫。有時候，簡單的文章也可以打動人心 —— 我相信這篇文章做到了。」

爸爸忘記了

W. 李文斯頓‧拉尼德

我想對你說，我的兒子：寫下這些話時，你睡得正酣。你的小手放在臉蛋下面，彎曲的金髮被汗水濡濕，緊貼着額頭。我獨

自一人偷偷走進你的房間。幾分鐘之前，我在書房裡讀報時，強烈的懊悔折磨着我的內心。因此，這一刻，我歉疚地來到你的床邊。

這些事始終在我心頭縈繞，我的兒子：我之前一直對你亂發脾氣。上學之前你不好好洗臉，我罵了你；你不把鞋擦乾淨，我又數落你；你把東西亂丟，我對你大聲嚷嚷。

吃早餐時我也一直在挑你的毛病──你把飯灑了，你嚼得太快，你把胳膊肘放在桌子上，你麵包上的黃油抹得太厚⋯⋯你去玩的時候我正要出門趕火車，你轉過身來，揮着小手對我喊：「爸爸再見！」我卻緊皺眉頭，以這句話回答你：「別駝背！」

下午又是如此。回家途中，我審視着你──你正跪在地上打彈珠，襪子都磨破了。我強行把你拽回家，讓你在小夥伴面前丟臉。「襪子很貴的！等你自己賺錢的時候你就知道珍惜了！」你聽聽，我的兒子，這就是一個當父親的說的話！

你還記得嗎，後來我在書房裡看報紙的時候，你怯生生地走過來，眼睛裡閃過一絲傷心。我抬了抬眼，對你的打擾很不耐煩。你在門口猶疑着，而我卻厲聲問：「又有甚麼事？」

你甚麼都沒說，只是一陣風似地跑過來，抱住我的脖子，親了親我。你的小胳膊緊緊地摟着我，上帝賜予的愛意如花朵般在你的心中盛開，連我的漠視都不曾令它枯萎。然後你就轉身跑掉了，我聽到你啪嗒啪嗒跑上樓的聲音。

就在那時，我的兒子，報紙從我手中滑落，我心裡充滿了厭惡和驚懼──我甚麼時候變成了這樣？吹毛求疵、任意斥責──這就是我對一個小男孩的回報。我不是不愛你，我的兒子，我只是對你抱有那麼多的期待，總是用大人的標準衡量你。

你個性中有那麼多優點，那麼美好，那麼真誠。你跑進來親我，同我道晚安，幼小的心靈如同黎明破曉時點亮群山的陽光。今晚，其他任何事情都不再重要，我的兒子。我在你的床邊悄悄跪下，心中充滿愧疚。

我知道這懺悔於事無補，我知道你或許還不懂得這些話的含義，但是我下定決心，從明天起，要做一個合格的父親。我要成為你最好的朋友，你難過的時候，我陪你難過，你大笑的時候，我陪你大笑。當不耐煩的言語再次湧到嘴邊，我會閉緊雙唇，提醒自己：「他還只是個孩子，一個小孩子！」

我很抱歉一直把你當作大人來對待。而現在，我仔細地端詳着你，我的兒子，端詳着你睏倦地蜷伏在嬰兒床裡，此刻我才真真切切地意識到，你還那麼小。彷彿就在昨天，你還躺在媽媽的臂彎裡，依偎着她的肩膀。我對你要求得太多了，太多了……

就讓我們以理解代替指責，設身處地去想一想對方緣何如此 —— 這比簡單的批評要有益得多，也有趣得多。同情、寬容和善意將會由此萌生。「了解一切，就能寬恕一切。」

誠如詹森博士所言：「未到末日之時，主耶和華不欲審判世人。」那麼你我又有甚麼資格武斷地評判他人呢？

原 1 則

不要批評，不要指責，不要抱怨

Section 02
人際交往秘笈

　　普天之下，讓他人為你效勞的方法只有一個。你不相信嗎？真的只有這一個 —— 讓對方心甘情願地自發去做。

　　請記住，除此以外，別無他法。

　　想要別人的手錶，你當然可以直接拿槍抵着他；想讓員工配合工作 —— 表面上配合 —— 你當然可以用開除威脅、他們；想讓孩子聽話，你當然也可以責罵或是恐嚇。但是這些粗魯的手段所引發的後果不言而喻。

　　若想請你為我做事，唯一的方法就是給你想要的。

　　那麼，你想要甚麼呢？

　　心理學家弗洛伊德稱，對性和成功的慾望是人類的永恆動機。

　　美國哲學家杜威對此看法略有不同。杜威博士說，人性中最深層的動力是「對重視的渴求」。這一至關重要的結論將在全書中得以體現，請牢記在心。

　　人類究竟需要甚麼呢？人類真正的需求並不多，但都源自最原始最堅定的渴望。下述即是人人都渴求得到的：

　　1. 健康長久的生命

　　2. 食物

　　3. 睡眠

　　4. 金錢，以及金錢能換來的東西

5. 來世靈魂不滅

6. 性生活的滿足

7. 子女幸福安康

8. 被重視的感受

通常情況下，這些需求不難實現，只有一點是例外；這一點，弗洛伊德稱之「對成功的慾望」，杜威謂之「對重視的渴求」。人們對它的渴望，與對食物和睡眠的渴望同樣迫切，卻難以饜足。

林肯曾在信中開門見山地寫下「人人都喜歡被稱讚」。威廉．詹姆士亦曾斷言「人性的根源深處，強烈渴求着他人的欣賞」。不知道你是否注意到，他並沒有用「希望」、「想要」或是「嚮往」等溫和的措辭，他的原話是「強烈渴求」。

這渴求如此強烈，在每個人的心底蠢蠢欲動，而深諳個中道理的人卻鳳毛麟角。若有人能一解他人心靈之渴，便能輕易掌控他人的心，在他不幸與世長辭的時候，「連素昧平生的人都會為他掬淚」。

希望「感到自己重要」也是人與動物的最大分別之一。我的孩提時代在密蘇里州的鄉下度過。那時，父親在農場裡飼養了杜洛克紅豬和純種白面牛。我們把家養的動物帶到中西部的鄉村集市和家畜展會上，贏得了好些頭等獎。父親把這些藍色的榮譽綬帶別在白棉布上，每當有朋友來家裡做客，他都會自豪地捧出這塊棉布。棉布那麼長，他拉着一端，我拉着另一端，把那些榮譽展示給賓客們看。

紅豬從不會在意牠們贏得的那些獎章，但父親卻那麼在意，這些榮譽讓他覺得自己是有用的。

　　如果我們的祖先沒有感受到人性的召喚，強烈渴求成就感，我們就不會有現今的文明。沒有這一渴求，人類無異於動物。

　　是這一渴求，令從未接受過教育的窮苦小工拿出得之不易的五十美分，買下被人棄於雜貨筐中的二手法律書。你也許曾經聽說過這個雜貨店小工，他的名字叫作林肯。

　　是這一渴求，激勵狄更斯著成不朽名作，令克里斯多佛·雷恩爵士創造出恢弘建築，使洛克菲勒積累了用之不竭的萬貫家財。也正是這一渴求，讓你富有的鄰居建起浮誇的豪宅哪怕他根本不需要那麼大的房子。

　　是這一渴求，讓你想擁有最新潮的時裝，開最絢麗的車，在外人面前誇耀子女有多聰慧。

　　是這一渴求，誘惑年輕人加入幫派，犯下罪行。紐約市警察局長穆魯尼曾經說過，這些年少的罪犯輕狂自大，他們入獄後索要的第一件物品，竟是那些把他們標榜為「少年英雄」的報紙。他們為和名人們出現在同一版面而沾沾自喜，刑期對他們來說似乎沒甚麼大不了。

　　如果你願意告訴我甚麼事情最讓你有滿足感，我就能知道你是怎樣的人。這一點決定了你的個性，對你的人生之路也具有最重大的影響。為了滿足自我，約翰·洛克菲勒出資在北京建起一座現代化醫院，照顧成千上萬與他素未謀面的窮苦人們；迪林格卻走上了犯罪的道路，通過搶劫和殺戮滿足自我。當聯邦調查局的探員圍捕他時，迪林格衝進明尼蘇達的一間農舍，大喊：「我就是迪林格！」被當作頭號公敵讓他自命不凡、得意洋洋地聲明：「我不會傷害你們，但我就是傳說中的迪林格！」

　　誠如你所見，同樣是為了尋求自我滿足，洛克菲勒與迪林格採取的方式迥然不同。

連名人也渴求得到他人的重視 —— 這樣的趣聞軼事在歷史上並不少見。華盛頓喜歡被人稱為「美利堅合眾國的總統閣下」，哥倫布主動請封「印度總督、海軍上將」之名，凱薩琳大帝拒絕閱讀未尊稱她為「女皇陛下」的信，而林肯夫人在白宮中像母老虎一樣對格蘭特夫人大叫：「你竟敢不經我允許就擅自坐下！」

一九二八年，富豪資助伯德上將遠征南極，是因為新發現的冰山將以他們的名字命名；維克多·雨果的最大心願是巴黎為了紀念他而改名；連呼風喚雨的莎士比亞，都曾試圖為他的家族爭取一枚盾徽以光宗耀祖。

為了博得同情和關注，人們有時會假裝弱小，從而獲得存在感。麥金利夫人就曾要求身為美國總統的丈夫把國家大事置於一旁，花好幾個小時的時間甚麼都不做，躺在床上摟着她哄她睡覺。為了得到丈夫的關心，她看牙醫時堅持讓丈夫陪在旁邊，為此不惜大鬧一場，逼迫丈夫取消和國務卿約翰·海伊的會議。

作家瑪麗·羅伯茨·萊因哈特曾經跟我講過這樣一件事。一個年輕活潑的姑娘總是把自己弄得病懨懨的，藉此得到關心。「大概是日漸增長的年齡給她帶來了很大壓力，」萊因哈特夫人說，「有一天，她突然覺得未來的生活了無生趣，自己注定孤獨終老。於是這個姑娘每天窩在三樓的閨房裡，託病在床。十年間，她的老母親每天爬上爬下地伺候她。有一天，老母親疲勞過度，倒下就再沒起來。起初，這姑娘愈加憔悴；之後某一天，她竟然想通了，起床穿上衣服，重新開始面對生活。」

一些專家證實，當民眾在殘酷現實中得不到存在感的時候，一些人就會轉而在瘋癲的夢境中追尋，從而罹患精神疾病。在美國，精神疾病的比例高於其他所有疾病的總和。

精神分裂的成因是甚麼？這個問題的涵蓋面太廣，沒有人能夠給出權威回答。但是以目前的知識，有些特定疾病會破壞腦細胞，進而導致精神分裂，譬如梅毒。大約百分之五十精神疾病病例的誘因是這一類物理損害，其中包括腦損傷、酒精中毒以及其他傷病。然而令人驚駭的是，專家在另外百分之五十病例中完全沒有發現任何腦細胞方面的異常。在高倍顯微鏡下，這些精神病患者的細胞組織如你我一樣健康。

究竟是甚麼導致這些看似正常的患者精神失常？我帶着這個問題拜訪了知名精神病醫院的主任醫師。這位醫生是業內權威人士，曾獲得這一領域的最高榮譽。他向我坦陳，就目前的研究來看，沒人能夠確切地解釋精神疾病的成因，但是他也強調説，一些精神分裂患者確實在瘋癲中得到了現實世界中無法獲得的被重視感。他給我講了下面這個故事：

---- CASE ----

我有一位病人，她的婚姻極其不幸。她原本期待從這場婚姻中得到愛情、性滿足、孩子和社會地位，但是生活無情地打碎了她所有的希望。她丈夫一點都不愛她，甚至連飯都不和她一起吃，還要求她每餐把飯送到樓上。她沒有孩子，在社會上也毫無立足之地，於是漸漸精神失常。在她的想像中，她已經和丈夫離婚，改回娘家姓；現在她堅信自己嫁入了英國皇室，堅持讓我們稱她為「史密斯夫人」。

至於孩子，每天晚上她都臆想自己有了小孩。每次我去看望她，她都熱切地説：「醫生，我昨晚生了小孩。」

> 生活殘酷地摧毀了她所有的希冀。她的夢想在現實的
> 尖石上撞得粉身碎骨。但是在她自己的幻想之島上，陽光
> 終日和暖，船帆高高飛揚，海風圍繞着桅杆歡唱。

-----CASE-----

　　我不知道這是幸運還是不幸。醫生誠懇地說：「哪怕我有機會令
她的神志恢復正常，我也不願意這麼做。她現在這樣要快樂得多。」
人們如此渴望他人的認同，甚至不惜以發瘋為代價。由此可見，人
們有多麼需要被重視，真誠的稱讚能創造多大的奇跡。

　　查爾斯·施瓦布是全美最先步入「百萬美元俱樂部」的傳奇人
物之一。那時還不用繳所得稅，每週能入賬五十美元就已經非常可
觀──而施瓦布一年的薪水竟超過了一百萬美元，相當於每週兩萬
美元，前者的四百倍。三十八歲那年，他被安德魯·卡耐基看中，
出任董事長，掌管一九〇一年新成立的美國鋼鐵公司（此後不久，
施瓦布接受伯利恆鋼鐵公司邀請，離開美國鋼鐵公司。他將前者扭
虧為盈，令其一躍成為全美最賺錢的公司之一）。

　　是甚麼令安德魯·卡耐基不惜以每天三千美元的高價留住施瓦
布？施瓦布是天才嗎？不見得。施瓦布比別人更懂鋼鐵？也未必。
施瓦布本人親口告訴我，他手下的員工比他懂行得多。

　　施瓦布說，這個價格是付給他卓越的人際交往能力。我問他是
如何做到的，下面就是他的回答。每一個家庭、學校、商店和辦公
室都應當把這些話裝裱起來，掛在牆上；孩子們應該記住這些話，
而不應把時間浪費在背誦拉丁語的動詞變化和巴西的年降水量上
面；如果你我踐行這些話，我們的一生將由此改變。

「我的能力在於激發周圍人的熱情，」施瓦布説，「我擁有的最大資本，是讚賞和鼓勵，我以此方式激發人們的潛能。

「沒有甚麼比上司的批評更打擊一個人的積極性了。我從未批評過任何人。我認為給人們正面激勵對工作至關重要，所以我喜歡鼓勵他人，不願意吹毛求疵。如果我看到任何閃光點，我會由衷地讚許，不吝嗇讚美之詞。」

這就是施瓦布的訣竅。聽起來簡單，但是普通人在日常生活中是怎麼做的呢？反其道而行之！有任何不如意，他們立刻毫不留情地斥責下屬；而遂意的時候，他們卻將下屬的努力視若無睹。就像那句老話所説：「好事不出門，壞事傳千里。」

「我交友廣泛，認識的名人雅士遍及世界各地，」施瓦布説，「我發現無論對方成就有多麼斐然，在被讚許時都會工作得更加盡力，而被批評時則截然相反。」

施瓦布提到的這一點，也正是安德魯‧卡耐基取得卓越成就的原因之一。不管在公眾場合還是私下，他都從不吝於讚美同事和下屬。

安德魯‧卡耐基甚至在墓碑上都不忘記讚美他人。他給自己寫的墓誌銘是這樣的：「此處長眠之人，幸甚曾得智者常伴左右。」

真誠的讚美也是老約翰‧洛克菲勒為人處世的秘訣之一。他的合夥人愛德華‧貝德福德曾因在南美的虧本買賣令公司損失了上百萬美元。洛克菲勒本應大動肝火，但他清楚貝德福德已經拚盡全力，無論問責與否，損失都已無法挽回。於是他發自內心地鼓勵貝德福德，稱讚他成功地保住了百分之六十的投資。「這已經很不錯了，」洛克菲勒説，「即使作為高層管理者，也有比這糟得多的時候。」

　　我的剪報中收藏着這樣一個小故事，雖然它是虛構的，但卻道出了一個真理。我想在此與你們分享。

　　這個聽起來有點無聊的故事是這樣的 —— 在一整天的辛苦勞作之後，農婦回到家裡，把一捆乾草扔在家裡老少爺們的飯桌上。男人們憤怒地質問她是不是瘋了，她回答道：「怎麼了，這會兒你們倒知道抱怨了？我給你們這些男人做了二十年飯，半句回應都沒聽到過。我還以為吃飯吃草對你們來說都一樣呢。」

　　幾年前曾經有人做過一項調查，研究妻子們離家出走的原因。請你猜猜看，最主要的原因是甚麼？答案是「不被珍惜」。我敢打賭男人離家出走的原因也會是如此。我們總是對伴侶的付出習以為常，卻忘記了他們也需要被稱讚、被感激。

　　我班上的一位學員把他和妻子之間的小故事講給我們聽。他的妻子和教會的教友們一同參加了一個自我提升的培訓。作為課後作業，她請丈夫列出她的六點不足，幫助她成為更好的妻子。這位學員對全班説：

---- CASE ----

　　剛聽到這個要求的時候，我很詫異。老實説，要找出她的六個缺點簡直是分分鐘的事兒 —— 要知道，她挑我的毛病能挑出一千個 —— 但是我沒有馬上回應。我跟她説：「我想想看，明天早上再跟你説。」

　　第二天，我早早起了床，悄悄給花店打了個電話，請他們幫我準備六枝紅玫瑰，在卡片上面寫：「我想不出任何你需要改變的地方，我愛你的全部。」

　　那天晚上我回到家，你們猜誰跑出來迎接我？沒錯，

就是我妻子。她幾乎都要哭了。不用說，我很高興我並沒有像她要求的那樣挑她的毛病。

那個週日，她去教堂做禮拜時，對教友們講了這件事。和她一起參加培訓的女孩們紛紛走過來對我說：「這真是天底下最貼心的舉動！」那時我才突然意識到，稱讚是多麼重要。

---- CASE ----

製作人佛羅倫茲・齊格菲以其「歌頌美國女性」的能力，在百老匯出盡風頭。在他的打造下，一個個其貌不揚的怯懦少女搖身一變成為耀眼巨星，在舞台上綻放出神秘性感的動人光彩。他深知讚美與自信的力量，因而體貼殷勤得無微不至，令女人深信自己魅力非凡。他的關切既實際又浪漫 —— 他曾把歌舞團女演員的工資從一週三十美元加到了一百七十五美元，也曾在《富麗秀》首演當晚親自為每個人發去賀電，還給每位參演的姑娘送上大捧嬌豔欲滴的玫瑰花。

我曾對風靡一時的禁食風潮感到好奇，跟風嘗試，六天六夜沒有進食。這並沒有聽起來那麼困難，第六天結束的時候，我的飢餓感並不比第二天強烈。但話說回來，人人都知道如果連續六天不讓家人或雇員進食就等同於犯罪，卻連續六天、六週，甚至六十年地吝嗇他們的真誠稱讚，他們忽略了這一點 —— 人們像渴求食物一樣渴求被認同。

在電影《重聚維也納》(Reunion in Vienna) 中，飾演男主角的影星亞弗雷德・倫特曾經說過這樣一句話：「除了對自尊的滋養，我別無他求。」

　　我們注意孩童、家人和員工的營養，關心他們的健康，卻忘記自尊同樣需要營養和關心；我們烤牛肉和土豆為他人提供養分，卻拒絕提供精神食糧，從未意識到讚許的話語將如同晨星一般，在他們的記憶中熠熠生輝，亙古不滅。

　　真摯的讚美能夠改變人的一生。保羅·哈維在他主持的電台節目《餘事》（The Rest of the Story）中，就講過這樣一個故事。故事發生在若干年前的底特律。史蒂夫·莫里斯的老師請他幫忙在教室裡找一隻跑丟的小老鼠。這位老師相信上天一定給了史蒂夫別的孩子不具備的天賦，因而鄭重地請他幫忙；上天確實賦予了史蒂夫更加敏銳的聽力，以彌補這個雙目失明的男孩。對於史蒂夫來說，這是人生中第一次有人肯定他的價值。這麼多年過去了，史蒂夫依然清楚地記得，老師當年的肯定如何給了他生活的勇氣。從那天起，史蒂夫專注於發揮自己在聽覺上的天賦，以史蒂夫·旺達為藝名，在舞台上大放異彩，成為七十年代當紅的歌手和作曲家。

　　一些讀者看到這裡可能會在心裡暗想：「不就是阿諛奉承嘛！我試過這個法子，不管用 —— 至少對聰明人不管用。」

　　阿諛奉承當然注定失敗。明辨是非的人一眼就能看穿其膚淺與虛偽。當然，也有些人恰恰相反，對讚美的渴求往往會令其不辨真假照單全收，正如久餓之人會飢不擇食一樣。

　　連維多利亞女王也容易被奉承話左右。英國首相本傑明·迪斯雷利透露說，他在與維多利亞女王打交道時，總是極盡誇大之能事，用他的原話說：「像抹水泥一般堆砌華麗辭藻。」迪斯雷利精明能幹，曾將大英帝國治理得井井有條，然而他對待維多利亞女王的方法卻未必對你我有效。長遠來看，諂媚對人際關係的危害遠大於一時的成效。虛情假意的奉承話如同偽鈔，一經使用，定會惹禍上身。

　　那麼讚美和奉承究竟有何分別？前者真誠，後者虛偽；前者無私，後者自私；前者發自肺腑，後者流於表面；前者為世人所歌頌，後者為世人所不齒。

　　最近，我在墨西哥城的查普爾特佩克宮殿見到了一尊阿爾瓦羅・奧夫雷貢將軍的半身像。雕像下方銘刻着他的不朽名句：「勿懼臨城之敵，慎信善柔之友。」

　　請不要誤解，我並不提倡鑽營取巧。我所倡導的，是一種全新的生活態度。請允許我在此重複 —— 這是一種全新的生活態度。

　　佐治五世曾在白金漢宮的書房牆上掛了六句格言。其中一句是這樣說的：「澄明吾心，溢美之言，不受亦不予。」溢美之言 —— 這就是奉承的本質。我曾經讀到過一個對「奉承」一詞的定義，在此與各位共饗：「奉承乃是精確地說出對方對自己的真正看法。」

　　「無論以何種語言，」愛默生曾經說過，「你所說出的每一個字都刻着自我的烙印。」

　　如果人際關係只是諂媚討好那麼簡單，那麼我們每個人都是天生的專家。

　　人們百分之九十五的時間都只想着自己。只要稍微留出一點時間，想想別人的見解，我們就不會訴諸淺薄虛妄的奉承話 —— 這些沒有內涵的話往往在出口之前，就能夠被對方識破。

　　讚許是在日常生活中最容易被人們忽視的美德。每當子女交上一張漂亮的成績單，我們總是忘記誇獎他們；當他們為第一次烘焙成功的蛋糕或是自己搭建的鳥巢而歡呼雀躍時，我們也忘記對他們的進步給予肯定。父母的關注與認可是孩子最渴求的，卻總是被我們忽視。

　　下一次，當你在餐廳吃到火候剛剛好的美味牛排時，請讓服務生把你的讚許轉告廚師；當勞累一天的店員依舊耐心有禮地招待你

時，請別忘記對他表示感謝。

每一位曾當眾演講的人都對此深有體會——台上慷慨激昂，台下卻全無回應，滿腔熱情頓時化為滿腹委屈。對我們的同事、家人、朋友，同樣的冷漠會引發雙倍的難過。與人打交道時請不要忘記，我們身邊的每個人都是渴求認同的平凡人。普天之下的每一顆心，都會因他人的讚許而歡愉。

請在足跡所至之處，讓感恩之情如火種般灑下；它們會燃起友情的火焰，以溫暖回報你。

---CASE---

　　帕米拉‧鄧納姆在康涅狄格州的一家商場工作，她的職責之一是監督門衛的工作。有名門衛的工作能力非常差，經常白白浪費時間。其他店員都嘲弄他，在門廳亂丟垃圾，表示對他的不滿。

　　為了激發門衛的積極性，帕米拉嘗試了許多方法，但都收效甚微。一次，她偶然發現門衛的工作成效比平時高了許多，於是特地當眾表揚了他。從那以後，這名門衛每天都在進步，不久就能夠勝任工作了。現在他對工作得心應手，還得到其他員工真誠的讚賞和認同。當批評和嘲諷無濟於事時，是真誠的讚許發揮了效用。

---CASE---

傷害人們感情的做法不值得提倡，也不會令對方有任何改變。下面的這句諺語是我在報紙上看到的，我把它剪下來貼在了鏡子上，用以警醒自己：

此生之路，我將走過；走過這一次，便再也無法重來。所有力所能及的善行，所有充盈於心的善意，我將毫不吝惜，即刻傾予。我將再不拖延，再不淡漠，只因此生之路，再也無法重來。

愛默生曾經說過：「我遇見的每個人都必定在某一方面勝於我。正因如此，我向每個人學習。」

如果這句話適用於愛默生，那麼也同樣適用於你我。讓我們暫時將自己的得失和慾望置於一旁，想一想他人身上值得稱許的地方。請收起諂媚的話語，以最真摯誠懇的態度稱讚他們。「由衷地讚許，不吝嗇讚美之詞。」人們會將你的話語珍藏一生，當你已經將這些話置於腦後，對方仍會在心底一遍遍重溫。

真心實意地感謝他人、讚美他人

SECTION 03

能者縱橫天下，庸者踽踽獨行

　　夏日裡，我經常去緬因州釣魚消遣。我個人非常喜歡草莓和奶油，不過我奇怪地發現，魚類居然對這些人間美味不感興趣，只喜歡吃蟲子。所以每次去釣魚的時候，我不會考慮自己想要甚麼，而是考慮魚想要甚麼。我不會用草莓和奶油當誘餌，而是把掛着蟲子或蚱蜢的魚鈎伸到牠們面前搖晃，問牠們：「想嚐嚐嗎？」

　　你可能覺得我剛剛說的是三歲小孩都懂的事。釣魚的常識確實誰都懂，那麼「釣」人的時候，諸位為甚麼不試試看同樣的方法呢？

　　前英國首相勞萊‧佐治在第一次世界大戰的時候，就用了這個方法。有人問他，當威爾遜、奧蘭多、克里蒙梭等戰時將領都已被人們漸漸淡忘時，他憑何執掌大權？勞萊回答說，如果他的成功真的有跡可循，那要歸功於他早就懂得「因魚下餌」這個道理。

　　為甚麼總把自己想要甚麼掛在嘴邊呢？那是三歲小孩才做的事情，幼稚可笑。你當然在乎你想要的一切，這是人之常情，正常人永遠都只在乎自己的慾望。然而其他人對你的慾求毫無興趣，他們和你一樣，只在意自己想要甚麼。

　　所以普天之下唯一能夠影響他人的方式，就是找出他們想要甚麼，並且教給他們如何獲得。

　　下次你再想讓人做甚麼事情的時候，不妨試試這個方法。假如你不想讓孩子們吸煙，請別說教，也別說你不希望他們這樣那樣；

你只需要簡單地告訴他們，抽煙會令他們進不了籃球隊，也贏不了百米跑。

這個道理不單單適用於孩子，簡直適用於任何生物。有這樣一個例子：一天，愛默生和他的兒子想把小牛推進農舍，但是他們犯了一個正常人都會犯的錯誤 —— 只顧着自己想要甚麼。愛默生在後邊推，兒子在前面拉，小牛卻歸然不動。牠也只想着自己想要的 —— 留在外面吃草。愛默生家的愛爾蘭女僕見他們一籌莫展，跑過來幫忙。女僕寫不出動人的文章，但她比愛默生更有常識 —— 她懂得小牛想要甚麼。她像對待嬰孩一樣，讓小牛吮吸着她的手指，溫柔地將小牛牽進了農舍。

從呱呱墜地開始，人們的每一個行為舉動，都源自他內心的慾求。你大概會反駁說，向紅十字會捐款可不是為了我自己。然而，捐款不僅因為你想伸出援助之手，更因為你的內心深處渴求着這個美好無私的舉動所帶來的滿足感。《聖經》有曰：「這些事你們既做在我這弟兄中一個最小的身上，就是做在我身上了。」

你對這一滿足感的渴求大過對金錢的渴求，因此才會做出捐款行為。當然，捐款也有可能是礙於情面，或是受人所託；但無論是何種原因，你都想藉此舉動獲得特定的心理感受，這一點不會變。

赫利‧奧佛瑞在他的著作《影響人類行為》(*Influencing Human Behavior*) 中寫道：「行為根植於人類的根本慾望……無論在商界、政界，還是家庭或學校，說服別人的首要途徑，是引發對方的強烈慾求。能者縱橫天下，庸者踽踽獨行。」

安德魯‧卡耐基曾是個每小時只掙兩美分的蘇格蘭窮小子，而他最終捐贈的財產超過三億六千五百萬美元。他很早就明白，想要影響他人，唯一的方法是以對方的需求為出發點。他畢生只上過四

年學，卻懂得如何與人相處。

曾經有這樣一件事。安德魯・卡耐基有兩個在耶魯大學唸書的侄子，他們總藉口唸書太忙，不僅從不主動給家裡寫信，更對母親的來信置之不理。他們的母親為此十分傷心失落。卡耐基以一百美元為賭注，說他有辦法讓兩個侄子回信，而且他絕不會主動提出「回信」這個要求。有人樂意跟他打賭，於是他給侄子們寫了一封信，通篇都是閒扯的廢話，只在附言的部分隨意提了一句，說他隨信附上了五美元。

然而他寄信的時候，故意「忘記」放鈔票。

侄子們果然很快回了信，開頭畢恭畢敬地感謝「親愛的安德魯叔叔」的來信 —— 後面的話我不說你也知道。

我想再講一個史丹・諾瓦克分享的小故事。他是我們班上的一個學員，來自俄亥俄州。

--- CASE ---

一天晚上，史丹下班回到家，發現他的小兒子提姆正躺在地上大哭大鬧，嚷嚷着不想被送去幼兒園。史丹通常會粗暴地把孩子趕回房間，命令他第二天乖乖上學；但這個晚上，史丹意識到那樣做並不能讓提姆的幼兒園生活順利開始。他坐下來，思考着：「如果我是提姆，甚麼能使我對上幼兒園感興趣呢？」他和妻子一起列出了幾項提姆在幼兒園裡會覺得有趣的事情，比如手指畫、唱歌、交新朋友，然後他們行動起來。「我和妻子莉爾還有我們的大兒子鮑勃坐到餐桌邊，開始畫手指畫，玩得不亦樂乎。起初提姆在角落裡偷偷張望，不一會兒，他就跑來央求我們讓

他加入。『哦，這可不行呀。你得先上幼兒園，學會怎麼畫手指畫才行。』我熱情洋溢地給他講之前列出的幼兒園裡所有好玩事兒。第二天早上，我本以為我是第一個起床的，卻看到提姆帶着睡意坐在客廳的椅子上。『你在這兒幹嗎呢？』我問他。『等着上幼兒園……我不想遲到……』提姆說。全家人的熱情激發了提姆上幼兒園的強烈渴望，而探討或是威脅的方式絕不會取得這樣的成效。」

---- CASE ----

　　下一次，你需要說服別人的時候，請先不要冒失地開口，喋喋不休地講自己想要甚麼。

　　在開口之前，先問問自己：「怎樣才能讓對方主動自發地去做這件事？」

　　我曾經租用了紐約一家酒店的大宴會廳，每季度使用二十個晚上，用來開展系列講座活動。

　　某季度之初，酒店突然通知我租金要漲三倍。那時入場券已經售罄，邀請函也都已寄出。我自然是不想按照這個價格支付，但是對酒店說「我不想」又有甚麼用呢？他們只在乎自身利益。於是幾天之後，我去拜訪酒店經理。

　　「收到信我實在很震驚，」我對他說，「但是我不怪你。如果我處在你的位置上，我可能也會寫這封信。我知道你們做酒店經理有業績壓力，完不成就有可能被開除。但在漲價之前，我們不如先來看看你的得失。」

　　我拿出一張信紙，畫下一道豎線，左右兩欄分別寫下「得」和「失」。

在「得」下面，我寫下「宴會廳空置」幾個字，對經理說：「如果宴會廳空着，你就能把它租給舞會或者商務會議使用。他們比我們做講座利潤高得多，因此你能掙到更多錢。如果我一下子佔用二十個晚上，那就意味着你們會損失這一部分收入。

「讓我們再來看看你的損失。首先，如果你堅持漲價的話，從我這兒拿到的租金不僅不會增加，反而一分錢都掙不到。這樣意味着你會失去我這筆生意。我付不起你要的價，如果你堅持漲價，我只能另找場地辦講座。

「除此之外，你還有一個損失。我辦的這系列講座會吸引高端人群到你的酒店來，這不是很好的宣傳嗎？想想看，就算你花五千美元在報紙上打廣告，也不會吸引這麼多人來你的酒店看一眼 —— 而我的講座可以。這對酒店來說很划算，不是嗎？」

我一邊把這兩點損失寫到右邊那一欄，然後把紙遞給經理，說：「我希望您能權衡一下得失，再給我個答覆。」

第二天我就收到了他的來信，告知租約的漲幅將從百分之三百降低到百分之五十。

請注意，我從始至終隻字未提我想要甚麼，就贏得了對方的讓步。我所說的都是對方的需求，以及如何滿足對方的需求。

假如我當時本能地衝進酒店經理的辦公室咆哮說：「我邀請函都發了，你這會兒漲價是甚麼意思？竟然還漲了三倍！荒唐！無理！我不同意！」

結果會怎樣呢？一場唇槍舌劍在所難免。你也知道，吵架是吵不出結果的 —— 即使我能夠說服他是他錯了，為了維護自尊，他也絕不會退讓半分。

下面這個關於人際交往的建議值得我們所有人謹記在心：「如果

成功有訣竅的話，」亨利・福特如是說，「這個訣竅就在於洞悉他人的立場，並能夠同時兼顧自己和他人的立場。」

　　這句話精闢至極，因此我想在此重複：「如果成功有訣竅的話，這個訣竅就在於洞悉他人的立場，並能夠同時兼顧自己和他人的立場。」

　　這個簡單的道理人人都明白，但是百分之九十的人卻將它置於腦後。

　　明早，請看一下你桌上的信件，你會發現大多數來信都罔顧這一重要常識。以下面這封信為例。這封信由一家知名廣告公司的廣播渠道部寄出，收件人為全國各個地方廣播電台的經理。這家廣告公司影響力頗大，分公司遍佈全美。（我在括號裡標明了我讀了每一段之後的反應。）

　　約翰・布蘭克先生
　　布蘭維爾
　　印第安納州

親愛的布蘭克先生：

　　作為廣告行業的領軍公司，本公司希望保持目前在廣播渠道的優勢地位。

　　（誰在乎你們公司「希望」怎樣啊？我自己的事兒已經夠我煩的了 —— 銀行不讓我繼續抵押房子貸款，我養的蜀葵花正在被蟲子啃，股市昨天大跌，早上錯過了八點十五分的那班車，昨晚瓊斯家的舞會居然不邀請我，醫生說我有高血壓、神經炎和頭皮屑……結果你猜怎麼着？我早上帶着這些煩心事走進辦公室，打開郵箱，這

兒有個紐約來的傲慢傢伙廢話連篇地説他們公司想要怎樣。我呸！信寫成這樣，還有臉留在廣告界？趁早改行去給羊洗澡吧！）

遍佈全國的廣告客戶是本公司最重要的屏障，對廣播黃金時段的掌控令我們連年在業內保持領先。

（噢是嘛，你們公司又有名又有錢又厲害？那又怎樣啊？就算你們有通用汽車通用電氣和美軍總參謀部加起來那麼大，也跟我沒有半毛錢關係。連傻子都知道，我只關心我自己有多厲害 —— 不是你們公司有多厲害！連篇累牘地強調説你們有多成功，是為了讓我覺得自己很渺小嗎？）

我們想要把廣播行業的最新動態帶給客戶。

（你們想要！你們想要！你這個自命不凡的傢伙。我才不在乎你想要甚麼，連美國總統想要甚麼我都不感興趣。再跟你説最後一次 —— 我只在乎我自己想要的 —— 而在你的信裡我沒看見任何和我有關係的字眼。）

您是否可以優先考慮我們公司，將任何對我們預定廣播時間段有幫助的細節信息透露給我們？

（「優先考慮」？真敢張口啊！先是自吹自擂，讓我覺得沒我甚麼事兒，然後又讓我「優先考慮」 —— 至連個「請」字都懶得説！）

及時回覆確認函，將您的近期動向告知我們，會對雙方都有裨益。

（你們是傻瓜嗎？在我滿腦子都是房貸、蜀葵、高血壓的時候，

寄給我這麼一封格式化的群發信，通篇瞎扯，還膽敢要求我「及時」坐下來寫一封確認函？你甚麼意思啊？我可比你忙多了 —— 就算我有時間，我也樂意裝作我很忙！話說回來，誰給你權利對我指手畫腳的？最後你終於説了句「都有裨益」。你終於想起我的利益了？那你也沒説對我有甚麼裨益啊！）

你誠摯的，

×　×

廣播渠道部門總監

又及：隨信附上《布蘭維爾日報》一篇文章的複印件，也許您會對它感興趣，願意在貴台播出。

（在附言裡終於看到可能對我有點用的東西了 —— 你為甚麼不在一開始就提到這點呢？這種信口開河胡言亂語的廣告人大腦延髓一定有問題 —— 你需要的不是電台的最新動態，而是一斤碘酒，來治治出毛病的甲狀腺。）

如果連廣告從業者 —— 這些號稱深諳消費者行為的專家 —— 寫出的信都是這個樣子，那這世界上的廚子和屠夫們要怎麼宣傳他們的生意？

下面這封信來自一家貨運站的主管，是我課上的學員愛德華·沃邁倫分享給大家的。收信人會怎樣想呢？不妨一起來讀讀看。

澤雷格公司

前街 28 號

紐約布魯克林 11201

致：愛德華・沃邁倫先生

先生：

　　我們鐵路運輸收貨站的運營遇到了一點問題。目前，大量貨物都是在下午被送到我們的站點，致使收件擁塞，員工加班加點，也導致了卸貨和運輸方面的延誤。十一月十日，我們接收了貴公司的五百一十件貨物，是在下午四點二十分送到的。

　　我們因此請求您配合我們一同解決收件擁塞的問題。下次您計劃運輸大宗貨物時，能否早些將貨物送來，或是分批處理，把部分貨物推遲到第二天早上？

　　如此一來，您的貨車卸貨時間將會大大縮短，我們也會確保您的貨物在收件當日安排運送。

您誠摯的，

✕✕

　　閱畢，沃邁倫對這封信做出了下述評價，一併寄給我看：

　　「這封信對我的效果適得其反。對方一開篇就形容了目前收貨站的困難，說實話我對此並不關心。隨後對方要求我們配合，也不顧是否會給我們帶來不便。在最後一段，對方才提到對我們的好處是縮短卸貨時間和保證運輸時效。

　　「換句話說，我們最關注的問題被對方放在了最後。這樣很容易引發人們的不滿，而非配合。」

　　讓我們看看能不能重新潤色一下這封信。不要浪費時間描述你的難處，想想福特的告誡 ——「洞悉他人的立場，並能夠同時兼顧自己和他人的立場。」

　　下面是修改過的信。這或許不是最佳方案，但是有很大改善。

　　　　澤雷格公司
　　　　前街 28 號
　　　　紐約布魯克林 11201
　　　　致：愛德華・沃邁倫先生

親愛的沃邁倫先生：

　　非常感謝貴公司的惠顧。過去的十四年間，與您的合作十分愉快。我們致力於為您提供最高效便捷的服務。然而遺憾的是，您的貨車在十一月十日下午運來大宗貨物時，我們並未完成任務。為甚麼呢？因為大部分客戶都選在下午送件，從而導致貨物堆積。在這種情況下，您的貨車不得不在碼頭排隊，有時甚至會延誤發貨。

　　我們對此深感抱歉，但是這個問題是可以避免的 —— 如果您能在方便的情況下改於上午送貨，您的貨車就能夠一路暢通，貨物也能得到及時處理。如此一來，我們的工作人員也能夠按時下班回家，與家人一同享用貴公司出品的美味意麵。

　　不管您的貨物何時送達，我們都會全心全意地為您服務，竭盡全力迅速配送。

　　我們知道您工作繁忙，請您不必費心回郵。

　　　　　　　　　　　　　　　　　　您誠摯的，
　　　　　　　　　　　　　　　　　　　　　✕✕

------- CASE -------

　　芭芭拉·安德森在紐約的銀行工作，為了兒子的健康，她計劃舉家遷至亞利桑那州的鳳凰城。她運用在課上學到的原則，向鳳凰城的十二家銀行寄出了下面這封求職信：

　　尊敬的先生：

　　　　本人有近十年的銀行從業經驗，相信定能在貴行騰飛之際獻上綿薄之力。

　　　　在紐約信孚銀行的工作經歷令我對銀行運營頗有心得。作為分行經理，我在儲戶關係、信用、借貸及行政管理等方方面面具備豐富的實戰經驗。

　　　　我將在五月遷至鳳凰城，並相信屆時能夠為貴公司的利潤增長做出卓越貢獻。四月三至七日我會在鳳凰城逗留，如有機會面談，我將不勝感激，並將進一步詳述如何幫助貴行達成既定目標。

　　　　　　　　　　　　　　　　　您誠摯的，
　　　　　　　　　　　　　　　　　芭芭拉·安德森

　　安德森女士的這封信反響如何呢？十二家銀行中，有十一家邀她面談，並最終為她提供了工作機會。她是如何做到的？請注意，她在信中隻字未提家庭狀況，而是強調了她將如何令銀行受益，專注於銀行的需求而非她自身的需求。

------- CASE -------

　　為了生計，銷售人員辛勞地四處奔波，卻終日在業績壓力下愁容滿面。為甚麼？因為他們只想着自己的目的，而忽略了這一點——人們其實甚麼東西都不需要。如果我們想買點甚麼，早就出門去買回來了。人們真正需要的，是解決問題的方式。人類永遠都面臨着種種問題，永遠都需要這些問題的解決方案——如果銷售人員能夠證明其服務或產品可以幫助人們解決問題，不用推銷，我們就會主動掏錢。對消費者而言，「主動買」比「被推銷」的感覺好得多。

　　許多銷售人員叫賣了一輩子，卻從未站在消費者的角度考慮過。舉個例子吧。我曾在森林崗住過好些年，這是紐約州中心一個安靜富裕的小區。一天早上，我在趕往車站的路上遇到了房產管理員。他一直在這一區工作，對森林崗的狀況了如指掌。於是我在匆忙中問他我家別墅用的是鋼板還是空心磚。他說他不清楚，讓我打電話給森林崗園藝協會問問——這個辦法不用他說我也知道。第二天早上，信箱裡躺着一封他的來信。他特意寫信告訴我答案嗎？不是。只需一分鐘，他就可以問到答案，但是他沒有這樣做。在信裡，他再次重申我可以自己打電話問問，然後力勸把保險交給他打理。

　　他並不關心怎樣能夠幫助我，他只關心怎麼能幫到他自己。

　　在阿拉巴馬州的霍華德・盧卡斯分享的故事中，你會看到同一公司兩個銷售員處理問題的不同方式：

---- CASE ----

　　幾年前我管理着一家小公司，隔壁是一家大型保險公司的總部。他們的保險員在不同區域跑銷售，負責我們這一區的是卡爾和約翰。「一天早上，卡爾來拜訪我們公司，閒聊的時候提到他們公司為高級管理人員推出了一種新型人壽保險。如果我們感興趣，等他得到進一步消息再過來告訴我們。

　　同一天，約翰在午休回來的路上看見我們，遠遠地大喊：「嘿，盧卡斯！等一下，我有超棒的消息告訴你們！」他快步跑過來，興奮地向我們介紹當天新推出的高管人壽保險 —— 就是卡爾早上提到的那個險種。他介紹了幾個我們最關注的細節，包括保險涵蓋內容和保期等，希望一等正式發行就請我們簽約。最後他說，「這個險種剛剛推出，我明天請總部的人來詳細講解一下。能不能先麻煩你們填一下申請表，這樣總部的人就能按照每個人的情況介紹最合適的產品了。」他的熱情引起了我們對這個險種的興趣。保險正式開始售賣的時候，總部的人確認了約翰介紹的細節無誤，於是我們每人購買了一份保險，還追加了投保額。

　　回想起來，卡爾原本能夠搶佔先機，促成這筆生意的，但是他並沒有花心思引起我們的興趣。

---- CASE ----

這世界從不缺少貪婪成性、自私自利之人。能夠站在他人角度考慮、真誠地幫助他人的人卻少之又少。因此後者必將卓然於眾，無可匹敵。美國知名律師、商界領袖歐文‧揚曾說過：「對於那些能夠設身處地為他人着想、洞悉他人心理的人，未來已經準備好了給他們的獎賞。」

如果你能夠從本書中得到一點收穫，開始越來越關注他人的想法和處境，你的事業必將由此牢牢扎下根基。

了解對方的需求，從而激發對方的興趣，並不等同於操縱他人、損人利己。溝通的宗旨是雙贏。基於貨運站信中的提議，貨運站能夠減少擁塞，沃邁倫先生的公司能夠及時卸貨，雙贏；銀行聘用安德森女士這位有價值的雇員，安德森女士得到一份心儀的工作，雙贏；保險員約翰獲得保單，盧卡斯先生得到保障，雙贏。

---·····CASE·····---

米高‧威登的例子同樣能夠說明激發客戶需求的重要性。威登先生是殼牌石油公司的銷售員，負責羅德島區域。他想成為公司的金牌銷售，但是羅德島區的某個服務站一直在拖他後腿。這家服務站開了很多年，變得破舊不堪，銷量因此逐年下降；然而運營經理已經上了年紀，他不願意再費力維護服務站。

無論米高怎麼懇求，這位經理都不肯更新設備。米高動之以情，曉之以理，都毫無成效。於是他決定邀請這位經理參觀他轄區內新建的殼牌加油站。

這個方法終於奏效了。經理被新加油站的現代化設備所折服，一回去就將他的服務站整修一新，業績也因此屢

創新高。米高如願成為大區的金牌銷售。他用新加油站的美好圖景激發了那位經理的興趣和好勝心，不僅達到了自己的目標，也令對方受益。

————— CASE —————

人們在大學裡閱讀維吉爾的詩作，學習微積分的解法，卻從未認真思考過他們自己的頭腦是如何運作的。我曾經受邀給空調製造商開利公司的新員工上培訓課，教授說話之道。這些員工大多剛走出大學校門。培訓中有一個訓練是說服對方在業餘時間出來打籃球。其中一名員工是這樣說的：「我想讓你出來陪我打籃球。我很愛打球，但上次去體育館的時候人特別少，都組不成隊。前幾天晚上我們兩三個人在街上打球，結果我被人給打了。我希望你們明天晚上都能來。我實在太想打球了。」

他有顧及你的任何想法嗎？完全沒有。你既不想去冷清的體育館，也不想上街被人打。至於他有多想打球，那跟你有甚麼關係呢？

同樣是邀你去體育館打球，怎樣能令你產生興趣呢？說出你能從中得到的東西 —— 在體育館打球有活力，更對你胃口，能令頭腦清醒，好玩，競爭激烈，還常有籃球比賽……這些都能激發你的興趣。

還記得奧佛瑞教授是怎麼說的嗎？「說服別人的首要途徑，是引發對方的強烈慾求。能者縱橫四海，庸者踽踽獨行。」

培訓課上的一位學員很擔心她的兒子會營養不良。這個叫喬尼的小傢伙體重過輕，卻總是不好好吃飯。父母用盡了方法，教育他，責罵他，整天喋喋不休地在他耳邊唸叨着「媽媽希望你把這些吃掉」、「爸爸想讓你快快長成男子漢」。

這些話對孩子能管用嗎？喬尼當然置若罔聞，左耳進右耳出。

　　眾所周知，三歲孩子的世界觀，和三十歲父親的世界觀，有着天壤之別；然而這位父親卻指望孩子和他的想法一致。他終於意識到這種期待的荒謬之處，開始捫心自問：「孩子想要甚麼？如何能夠既給他想要的，又滿足我的期望？」

　　這位父親很快想到，喬尼很喜歡在室外騎他的小三輪車，但是鄰街一個大男孩總是欺負他，經常粗暴地把他從車上拽下來，搶他的車騎。每次被欺負，喬尼都哭喊着跑回家找媽媽；媽媽會出門教訓那個大孩子，拿回三輪車。這一幕幾乎每天都發生。

　　聰明的讀者，你覺得喬尼想要的是甚麼呢？小孩子有着大人一樣的敏感內心。他的自尊，他的憤怒，他被輕侮的恥辱，一同在心裡激蕩吶喊。他想要報仇，揮出的小拳頭要不偏不倚地正中對方的鼻樑。於是父親對他保證，如果按照媽媽說的話好好吃飯，他早晚能把那個壞孩子打得跪地求饒。從那之後，父母再也沒擔心過孩子的飲食問題。菠菜，醃菜，青花魚……喬尼認真地吃每一餐飯，期待變得強大，痛痛快快地把那個羞辱他的男孩狠狠地揍一頓。

　　問題解決之後，父母決定趁勝追擊，糾正喬尼的尿床問題。喬尼晚上睡覺是由祖母照顧的，早上起來，祖母總會查看床單，責備地說他：「你瞧瞧，喬尼，看看你昨天晚上幹了甚麼！」

　　喬尼就會逞強地回嘴說：「不是我幹的，是你幹的！」

　　父母用盡了方法 —— 責罵，羞辱，打屁股，三令五申 —— 全都無濟於事。怎麼才能讓孩子自覺地注意不要尿床呢？父母為此束手無策。

　　他們開始關心孩子想要甚麼。喬尼討厭再穿祖母式的長睡袍，想要一身和爸爸一樣的睡衣；祖母笑着答應說，如果他願意改掉尿床的壞習慣，就給他買一身新睡衣。喬尼又提出想要一張自己的小床，祖母也沒有反對。

於是母親帶喬尼來到布魯克林的商場。她對售貨員使個眼色，大聲説：「這個小夥子想要買些東西。」

「這位年輕的紳士，請問有甚麼可以幫到您嗎？」售貨員熱情地問喬尼。

喬尼感到自己備受重視，於是踮了踮腳，努力站得更直，説：「我想給自己選一張床。」

母親悄悄暗示售貨員她看中了某個樣品，售貨員心領神會，極力向喬尼推薦那張床。第二天，那張床就被送上門了。那天晚上，父親剛下班回家，喬尼就飛奔到門口，大叫着：「爸爸！爸爸！快來看我自己買的床！」

父親對喬尼的新床稱讚不已。他正如施瓦布勸告的那樣，真誠地誇獎兒子。

「你不會把這張床弄濕的，對不對？」父親問。

「不會不會，當然不會！」喬尼堅決地説。那是他的床。他自己選、自己買的床。他穿着和大人一樣的新睡衣，也想像個大人一樣信守諾言。他做到了。

通訊工程師德茨曼是我課上的另外一位學員，也是一位父親。他三歲的女兒總是不願意吃早餐，讓他傷透了腦筋。哄也哄過，罵也罵過，都不管用。於是他開始琢磨，怎麼能讓女兒乖乖吃飯呢？

父母注意到小姑娘很喜歡模仿媽媽的一舉一動，假裝自己是個大孩子。於是這天早晨，媽媽把女兒抱到椅子上，讓她自己做早餐。爸爸也特意在這個時候走進廚房。女兒一邊攪拌着麥片，一邊興奮地説：「看呀，爸爸，今天的早餐是我做的！」

那個早晨，小姑娘主動吃了兩份麥片。自己做早餐是表達自我的途徑，讓她得到了內心渴望的重視與關注。

　　威廉・溫特曾經評論說：「表現自我是人性的重要需求。」這一心理同樣適用於商界。如果你想讓他人贊同你的想法，與其直接提議，不如引導對方像德茨曼的小女兒一樣，在他們的腦海中「攪拌」這個想法。這樣一來，他們會將你的想法當成自己的；而人總是會喜歡自己的想法的，他們一口氣「吃掉」兩個想法也說不定。

　　請記得：「說服別人的首要途徑，是引發對方的強烈慾求。能者縱橫四海，庸者隔隔獨行。」

原 3 則

激發他人的需求

小結
CONCLUSION

人際關係的基本技巧

原則 1
不要批評，不要指責，不要抱怨

原則 2
真心實意地感謝他人、讚美他人

原則 3
激發他人的需求

CHAPTER 02

贏得他人喜愛的六個方式

SIX WAYS TO MAKE PEOPLE LIKE YOU

廣受歡迎的奧秘

　　如何交友？為甚麼要從這本書中尋找答案呢？為甚麼不向世界上朋友最多的高手學習？你一定在好奇他是誰。也許明天你就會在街上遇到他 —— 當他離你還有十英尺的時候，就歡快地搖起尾巴；如果你停下腳步摸摸他，他會高興得上躥下跳，讓你知道他有多喜歡你。他沒有任何動機 —— 既不會向你推銷房子，也不會要你的電話號碼。他只是單純地想對你示好，讓你感受到他滿溢的愛意。

　　你有沒有想過，狗是唯一不用工作謀生的動物。母雞要下蛋，奶牛要產奶，金絲雀要唱歌；而狗的唯一使命，就是給予你牠全部的愛。

　　我五歲那年，父親花了五十美分，給我買了一隻小黃狗。牠照亮了我的童年，讓孩提時代充滿歡樂。我叫牠蒂皮。每天下午，一到四點三十分，蒂皮就會靜靜地等在前院，水汪汪的大眼睛專心致志地望着小徑盡頭。一聽到我飯盒擦過灌木叢的細微聲響，牠就像小炮彈一樣一躍而起，狂奔到山坡上，激動地繞着我歡蹦亂跳，汪汪叫着歡迎我。

　　整整五年，蒂皮都親暱地陪伴在我左右。我永遠無法忘記失去牠的那個夜晚 —— 那個夜晚，牠在離我只有十英尺的地方遭雷擊身亡。牠的離去，是我少年時代無法抹去的陰影。

　　你沒看過任何心理學的書，蒂皮，你也並不需要。對人的好奇是你與生俱來的本能。你在兩個月內交到的朋友，比他人費盡心機

兩年內交到的朋友都要多。事實就是這麼簡單。發自內心地關注他人，不出兩個月，你就能交到許多朋友；只想博得他人的關注，哪怕兩年，你也交不到朋友。

你我都曾見過為了引人注目，畢生取悅他人的庸碌之輩。

你我也都清楚，這種做法徒勞無功。沒有人在意他們，也沒有人在意你我。人們真正關心的只有自己，這一點永遠不會變，無論今天還是明天，無論現在還是未來。

紐約電話公司曾經做過一項調查，研究在日常電話溝通中，哪個單詞的使用頻率最高。你大概已經猜到了 —— 是「我」字。「我」、「我」、「我」。在五百通電話中，這個字被使用了三千九百次。「我」、「我」、「我」、「我」……

想想看，當你拿到和別人的合影時，你第一眼看的是誰？

無論我們多努力給他人留下好印象，引起他們的興趣，我們都交不到真心朋友。朋友，真正的朋友，無法這樣獲得。

拿破崙就曾經這樣努力過。然而，在最後一次見到約瑟芬的時候，他吐露了真實心聲：「我比世人要幸運得多，約瑟芬。但此時此刻，這世上我可以信賴的人，只有你了。」

而歷史學家懷疑，就連約瑟芬也並不值得拿破崙信任。

著名的維也納心理學家阿德勒在他的著作《生活的意義》（ *What Life Should Mean to You* ）中寫道：「漠視同胞之人，生活最為艱辛，給周遭帶來的傷害也最為深痛。置身於這樣的個體周圍，人類命運有如墮入寒冬，生機難復」。

心理學著作繁雜浩瀚，卻未有任何警句如這般切身。這句話是如此意味深長，因而我想為你再重複一遍：

　　漠視同胞之人，生活最為艱辛，給周遭帶來的傷害也最為深痛。置身於這樣的個體周圍，人類命運有如墮入寒冬，生機難復。

　　我在紐約大學進修短篇小說寫作課程的時候，一位講師是知名刊物的編輯。他說他每天收到的投稿在書桌上堆積如山，但是只讀幾段，他就知道作者是否喜歡和人打交道。「如果作者不喜歡和人打交道，」他說，「人們也不會喜歡他的故事。」

　　這位不苟言笑的編輯在寫作課上停下了兩次，為他的說教而道歉。「我不想講甚麼大道理，」他說，「但我還是希望你們記住，如果你想寫出好作品，首先要真心對人有興趣。」

　　如果這就是以文動人的訣竅，那麼同樣的技巧也適用於面對面的溝通。

　　霍華德・薩士頓是聞名遐邇的魔術大師。上一次他來百老匯演出的時候，我曾同他在後台徹夜長談。過去四十年，他馬不停蹄地在全球巡迴演出，觀眾在他創造的夢境中如癡如醉，為那些不可思議的幻術目瞪口呆。他累計售出的門票高達六千萬張，利潤回報超過兩百萬美元。

　　我對薩士頓的成功秘訣深感好奇 —— 顯然，他的非凡成就並不是從學校習得的。薩士頓在很小的時候離家出走，過着居無定所的生活。他四處扒貨車流浪，捱餓的時候沿街討飯，晚上就睡在乾草垛裡。他認識的字都是從鐵軌邊的標誌牌上自學的。

　　他的魔術知識比他人淵博嗎？並不見得。他告訴我，現在市面上關於魔術的書籍有很多，比他懂行的人也有的是。但是他身上有兩點特質是任何人都不具備的。首先，他能夠在舞台上展現個人魅

力。他是表演大師，深諳人性。他的每個手勢，每個語調，甚至每次挑眉的動作，都經過精心排練，時間精確到秒。更重要的是，薩士頓對觀眾充滿熱誠。他說許多魔術師在演出時都會暗想「面前坐的都是傻帽和鄉巴佬，看我怎麼騙倒他們」。但薩士頓的想法截然相反。每次站在聚光燈下，他都會對自己說：「很感恩有這麼多人來看我的表演。我有幸能以愛好謀生，全靠他們捧場。我要把最好的表演獻給他們。」

　　每次登台前，薩士頓都會在心中默唸：「我愛我的觀眾。我愛你們。」聽起來很可笑嗎？無論你怎麼想，我只想把這位魔術師的秘密原原本本地告訴你。

---- CASE ----

　　佐治・迪克在賓夕法尼亞州的一個加油站兢兢業業地工作了三十年。道路改建令他的加油站面臨被拆除的局面，迪克因而被迫退休。無所事事的日子讓他無所適從，為了打發時間，迪克重新拾起積灰已久的小提琴。他主動參加各種活動，和音樂名家聊天。他對每個人的經歷都深感興趣，他的謙遜和友好也贏得了所有人的好感。雖然他的演奏技巧並不是最好的，但是他收穫了許多朋友。他興致勃勃地帶着舊提琴參加各種比賽，在美國東部的鄉村音樂圈子中人氣爆棚，粉絲親暱地稱他為「來自金祖安郡的小提琴手佐治叔叔」。如今七十二歲的佐治叔叔名揚天下，每一分鐘都過得很充實。當大部分人向年齡低頭的時候，他卻憑藉對他人的旺盛好奇心，為自己開創了全新的生活。

---- CASE ----

同樣的原因令西奧多・羅斯福廣受民眾愛戴，連傭人都對他稱讚有加。他的貼身管家詹姆士・亞莫斯曾經寫了一本書，叫做《西奧多・羅斯福，我心中的英雄》（*Theodore Roosevelt, Hero to His Valet*）。在書裡，阿莫斯披露了下面這則趣聞：

> 我妻子曾經無意中問總統美洲鶉是甚麼樣子的。她從未見過這種鳥，於是總統細緻地對她描述了一番。不久後的一天，我家的電話響了 ①。妻子接起電話，發現是羅斯福總統親自打來的。他特地打電話來告訴她，有一隻小美洲鶉正停在她的窗外，讓她快抬頭看。總統的這類小故事說也說不完。每次他路過我家小屋的時候，人還沒走近，就開始大聲喊：「噢噢，安妮你在家嗎？」「嗨嗨，詹姆士！」他只想在路過的時候跟我們問聲好，讓人感覺心裡格外溫暖。

哪個員工不喜歡這樣的老闆呢？誰不喜歡這樣的人呢？

塔夫脫任總統的時候，有一天，羅斯福來白宮拜訪。塔夫脫和夫人剛巧不在，但羅斯福挨個問候了每一位在白宮工作的老員工之後才離開。他清楚地記得每一位用人的名字，連洗碗工的名字都叫得出來。他對民眾發自內心的關愛可見一斑。

「當他看到幫廚女傭艾莉絲的時候，」阿徹・巴特寫道，「羅斯福先生問她還做不做玉米麵包。艾莉絲說有時候還會給其他同事做，但是那些『樓上的』沒人願意吃。

「『他們太沒品位了，』羅斯福大聲說，『等我見到總統的時候我就這麼告訴他！』

---

① 亞莫斯與妻子住在羅斯福府邸的一棟小屋裡，位於牡蠣灣。

「艾莉絲給羅斯福先生端來一片玉米麵包,羅斯福一邊端着盤子吃,一邊到處轉悠,和花匠、工人們打招呼問好。

「他熱情地和每個人拉家常,就像從前他在的時候那樣。艾克·胡佛在白宮擔任了四十多年的總管,回想起那個時刻,他眼中噙滿熱淚。『過去兩年多,我們從來沒有那樣開心過。那一刻對我們來説,千金不換。』他喃喃地説。」

-·|- CASE -|·-

對周圍人的關切也令小愛德華·賽克斯在無意中留住了一個重要客戶。他在新澤西州做銷售工作。「幾年前我是強生公司的銷售代表,在麻薩諸塞州跑業務,」他説,「欣厄姆的一間雜貨店是我的客戶之一。每次我去這家店取訂單的時候,我都習慣先跟賣飲料的店員和收銀員聊幾句,問聲好。有一天,我照慣例請店主訂貨,沒想到店主卻很不客氣地趕我走。他覺得強生公司只願意在超市和折扣店做活動,根本不重視他們小雜貨店,所以他再也不想訂強生的東西了。我灰溜溜地出了門,垂頭喪氣地開車在鎮上轉悠了幾個小時。最後,我決心至少要澄清店主的誤會,於是鼓起勇氣又回到店裡。

「進門的時候,我像往常一樣,和其他店員打了招呼。當我忐忑不安地走向店主的時候,他竟然笑眯眯地迎接我,然後下了雙倍的訂單。我困惑不已,問他這是怎麼回事。他指指飲料櫃台的那個年輕男孩,解釋道,我剛一出門,那個男孩就跑過去告訴他,我是唯一一個肯跟店員打招呼的銷售。他對店主説,如果有誰配得上他的生意,我

是不二人選。店主被說服了，從那以後一直是我的忠實客戶。這件事讓我相信，不論做營銷還是做任何事，真誠地關心他人都非常重要。」

·--·- CASE ·-·--

　　我從自身經歷中得出了相同的結論。即使是日理萬機的大人物，也會被真心實意的關注打動，甚至願意抽出寶貴時間同你合作。我經歷過這樣一件事：

　　若干年前，我在布魯克林藝術科學學院主持一門寫作課程。我們想請一些知名作家到課堂上分享寫作經驗，凱薩琳·諾瑞斯、凡妮·赫斯特、伊達·塔貝爾、阿爾伯特·佩森·特修和魯珀特·休斯等人都在受邀之列。我們知道這些名家工作繁忙，因此特意寫信表達我們的仰慕之情，並表示熱切盼望得其指點，學習他們的成功秘訣。

　　寄出的每一封信上，都有全班一百五十名學生的簽名。我們在信中特別說明，因為理解對方日程緊湊，不一定有空準備講座，所以隨信附上一系列我們最感興趣的問題供參考之用。作家們深受感動──誰會不感動呢？他們風塵僕僕地從各地趕來布魯克林，在課堂上大放異彩。

　　用同樣的方法，我陸續說服了西奧多·羅斯福內閣的財政部長李斯利·蕭、塔夫脫內閣的首席檢察官佐治·威克爾、威廉·詹寧斯·布萊安、富蘭克林·羅斯福，以及其他名人雅士在我的公共演講課上與學生交流。

　　每個人都會對欣賞自己的人心生好感──不論工人、職員還是君主，無一例外。以德國皇帝威廉二世為例──一戰末期，他淪為全民公敵，全天下都視之為戰爭的罪魁禍首。他逃亡到荷蘭的時

候，德國人民對他恨之入骨，恨不得將其碎屍萬段。就在民眾的怒火熊熊燃燒之時，威廉二世意外收到了一個小男孩的來信。這封信純樸而真摯，字裡行間洋溢着對他的好感和崇拜。小男孩在信中寫道，不管別人怎麼想，威廉永遠都是他心中的國王。威廉二世大為感動，邀請小男孩見面。小男孩在母親的陪伴下拜訪了國君 —— 此後不久，威廉二世與男孩的母親結為連理。小男孩不用學習處事之道，他天生就懂得個中訣竅。

想要得到友誼，就別怕麻煩，全心全意地為他人做些事情吧 —— 哪怕要為此付出時間、精力、慷慨與體貼。溫莎公爵被封為威爾斯親王之後，曾受邀出訪南美。為此他預先花了幾個月的時間學習西班牙語，堅持用當地語言發表演講，贏得了南美民眾的愛戴。

這些年來，我一直堅持悄悄記下朋友生日。我是怎麼做的呢？我並不是占星學的擁躉，但是和別人聊天時，我總會問他們是否相信出生日期會影響性格，藉此把話題引到對方的生日上。比如對方告訴我他的生日是十一月二十四日，那我就會一直在心裡默唸「十一月二十四日，十一月二十四日」，一等對方轉身，我就把他的名字和生日記下來，然後匯總到通訊錄裡。每年年初，我都會在日曆上標記下每個人的生日，在生日當天，對方一定會收到我的賀信或是電報。他們收到祝賀是多麼驚喜啊！有時，我竟是唯一一個記得他們生日的人。

如果你想贏得他人的喜愛，從明天起，請熱情洋溢地向周圍人問好。接電話的時候，也請用愉悅的語調，讓對方感受到他的來電讓你多麼開心。許多公司都會要求接線生以最熱情飽滿的語氣接聽電話，將公司的重視通過聲音傳遞給客戶。明天接電話的時候，不妨試一試這個方法。

　　關心他人不僅能夠收穫友誼，還能為公司贏得客戶。位於紐約的北美國家銀行曾經在內刊 ② 中刊載過一封顧客來信，這封信是一位名叫瑪德・羅斯黛爾的儲戶寫來的：

> 　　我想在此向貴行員工表達誠摯的謝意。每一位員工都如此謙遜有禮，樂於助人。在漫長的等待之後，聽到櫃員愉快地問好，一天的心情都變得明朗起來。
>
> 　　去年我母親生病，住院五個月。經常接待我的那位櫃員名叫瑪麗・佩德賽羅，她總會關切地詢問我母親的病情是否有所好轉。

　　毋庸置疑，羅斯黛爾夫人會始終信賴這家銀行的服務。

·-·-CASE-·-·

　　查理斯・華爾特斯供職於紐約一家知名銀行。他正在撰寫一篇針對某公司的調研報告，但報告急需的內幕信息掌握在公司董事長手中，於是華爾特斯登門拜訪這位董事長。走進對方辦公室的時候，一位年輕姑娘探進頭來，對董事長說今天沒有郵票。

　　「我最近在為我兒子收集郵票，他今年十二歲了。」董事長對華爾特斯解釋說。

　　華爾特斯對董事長闡明了來訪目的，開始提問。董事長卻顧左右而言他，給出的答案都模棱兩可。顯然，他並不情願回答這些問題。華爾特斯對此束手無策。這次採訪，他一無所獲。

---

② 該信刊登於北美國家銀行於 1978 年 3 月 31 日發行的期刊《鷹》(Eagle) 中。

「老實説，我當時真是一點辦法都沒有，」華爾特斯在課堂上分享這段經歷的時候説道，「但我突然想起來他早上提到的 —— 郵票、十二歲的兒子 —— 然後我想到我們銀行的外國事務部每天都會收到來自世界各地的大量信件。

「第二天下午，我又去見了這位董事長，讓秘書帶話説我有些郵票想送給他兒子。我被熱情地迎進他的辦公室，董事長跟我握手的時候簡直比競選的議員還要熱情，滿面笑容，顯得格外和藹可親。『我的小佐治一定會喜歡的，』他一邊翻看那些郵票一邊唸叨，『看看這張！真是珍品！』

「開始的半個小時，我們一直在聊郵票，董事長還給我看了他兒子的照片。之後，我還沒有開口問，他就主動提起我的調研。他跟我聊了足足一個多小時，有問必答，把所有我想知道的信息都告訴了我。對於不確定的地方，他把下屬叫進辦公室，直接詢問他們，甚至還打電話問了他的朋友。我帶着詳實的數據、案例、報告和信件，滿載而歸。用記者的行話來說，這絕對是重磅獨家新聞。」

---- CASE ----

讓我們再來看看另外一個例子：

費城的納菲爾花費了數年時間，想為一家經營連鎖商店的大型企業供應燃油。然而對方卻堅持從外省進貨，而且每次運貨都經過納菲爾的辦公室門口。納菲爾先生不禁牢騷滿腹，在我的課上怒罵連鎖商店是美國的毒瘤。

對方憑甚麼不願意同他合作？他百思不得其解。

為了啟發納菲爾，我決定在課上發起一次辯論賽，辯題是連鎖

商店對國家利大於弊還是弊大於利。在我的建議下，納菲爾先生加入了正方，為連鎖商店辯護。為了贏得這次辯論，納菲爾硬着頭皮找到他所不齒的那家企業，向一位經理尋求幫助。「我這次不是來賣燃料的。我想請您幫我個忙，」他對這位經理講了他正參加的辯論賽，並說，「我覺得在這個問題上，沒有人比您懂得更多，所以冒昧來找您。我太想在辯論中取勝了，如果您能幫我的忙，我將感激不盡。」

　　結果如何呢？讓我們聽聽納菲爾本人是怎麼說的吧：

---- CASE ----

　　我對這位經理說只會佔用他一分鐘的時間，他才肯見我。待我表明來意，他請我坐下，跟我聊了整整一小時四十七分鐘。他把另一位高管叫進來，向我介紹他寫的那本分析連鎖商店的書；他還給全國連鎖商店協會寫信，幫我索取關於這個命題的資料。他堅信連鎖商店為人們提供了更優質的服務，並為連鎖商店給上百個社區帶來的便捷感到自豪。聊到這些的時候，他眼中的堅定和熱忱深深地打動了我。我不得不承認，這次談話打開了我的眼界，顛覆了我此前的認知。

　　告辭的時候，他親自把我送到門口，並拍了拍我的肩膀，祝我辯論順利。他還邀請我有空隨時來和他聊聊，告訴他辯論的結果。最後他對我說：「開春的時候請你來找我一下，我想從你的公司訂一些燃油。」

　　對我來說，這簡直如同奇跡，完全超出了我的預期。過去的十年裡，我竭盡全力，想讓他對我的產品感興趣，

卻屢屢碰壁；而就在剛剛兩個小時裡，我認真聆聽他的見解，關注他遇到的問題，對連鎖商店的業務深感興趣，反而取得了意想不到的進展。

—— CASE ——

日光之下，並無新事。納菲爾的故事並不令人感到意外 —— 早在耶穌誕生數百年前，偉大的羅馬詩人普布里烏斯·西魯斯就曾經說過：「我們對他人的興趣，以他人對我們的興趣為前提。」

而我想說的是，雙方的興趣，皆以「真」為前提。真誠是為人處世的基礎。無論表達關切的一方，還是被關注的一方，只有你情我願，才能互惠互利。

紐約長島的學生馬丁·金斯伯格和我分享了他小時候的經歷。一位護士真誠的關心，令他至今難以忘懷。

—— CASE ——

十歲那年的感恩節，我是在醫院的病床上度過的。我忐忑不安地等着第二天的外科手術，想到之後漫長的恢復期和不能下床的痛苦，我就憂懼不已。我的父親早逝，母親和我住在狹小的公寓裡，靠社保過活。恰巧那天她不能來看我。

那一天是如此漫長。我看着日光一點一點西墜，孤獨與絕望也一點一點攫住我的心。母親正獨自在家，為我憂愁；沒有人陪她說話，也沒有人陪她過感恩節，她連一頓像樣的感恩節晚餐都買不起。

想着這些，淚水充滿了我的眼眶。我用枕頭蒙住頭，

把床單拉過頭頂，小聲地嗚咽着。我不願被人看到，但苦澀鬱積於心，疼痛和難過讓我不住地發抖。

　　一個年輕的實習護士聽到了我的啜泣。她走過來，輕輕地把床單拉開，擦掉我臉上的淚水。她溫柔地對我説，她和我一樣孤單；為了工作，她感恩節無法趕回家和家人團聚了。她邀我一起吃晚餐，拿來了滿滿兩托盤食物──火雞片、土豆泥、蔓越莓果醬，還有當作甜點的冰淇淋。她和我聊天，安撫着我驚恐不安的心。她本應 4 點下班，為了陪伴我，她在醫院一直待到深夜，和我做遊戲，哄我睡覺。

　　時間一晃而過，許多個感恩節來了又走，卻未在我心中留下任何痕跡。只有十歲那年的感恩節，深深地印在我心底。當我被沮喪、恐懼與孤獨包圍的時候，那位素昧平生的護士以她的溫柔和善良溫暖了我幼小的心，讓一切變得不再那麼難以忍受。

----- CASE -----

　　如果你希望被他人喜愛，如果你渴求真正的友情，如果你希望助己的同時助人，請記住下面這個原則：

----- 原 1 則 -----

建立對他人的興趣，真心誠意地關注他人

Section 02
如何建立美好的第一印象

紐約的一次晚宴上，一位繼承了大筆遺產的貴婦款款而至。為了豔驚四座，她不惜下血本購置了黑貂皮衣和珠寶首飾，卻忘記了「裝飾」她的臉龐 —— 她的神態將她的尖酸刻薄與自私自利出賣無遺。她並不懂得這個眾人皆知的道理 —— 臉上的神情比身上的衣着要重要得多。

查爾斯·施瓦布曾經告訴我，他的笑容價值連城。這並不是誇大其詞，他的卓越成就完全得益於其個人魅力。他有讓人人都喜歡他的本事，而其中最令人着迷的一點，就是他那富有感染力的笑容。

行勝於言。無需開口，你的笑容就已經替你說出「我喜歡你、你讓我開心、很高興見到你」。

這也是小狗為甚麼這麼惹人喜愛的原因。牠們不會說話，但每次見到我們，都快活得上躥下跳，令我們的心情也隨之輕快起來。

孩童的笑容也有同樣的魔力。

當你在候診室排隊等候，是否觀察過身邊那些面色陰沉的人們？史蒂芬·斯普勞爾是密蘇里一家動物醫院的獸醫。春日裡的一天，他的候診室裡照例坐滿了帶寵物來接種疫苗的人們。大好天氣卻要待在醫院裡浪費時間，每個人臉上都寫滿了焦躁，候診室裡愁雲密佈。

斯普勞爾一邊回憶一邊跟我們講：「當時候診室裡有六七位客戶，其中一位等了很久的男士明顯已經很不耐煩。這時，一位年輕的女士帶着要接種疫苗的小貓和九個月大的寶寶走了進來，剛巧坐在那位男士身邊。那位男士煩躁地轉過頭時，小寶寶正好抬起頭看着他，甜甜地笑了。那位男士呢？正如你我會做的，他也對小寶寶笑了笑。很快，他自然而然地和那位女士聊起她的孩子，又聊到自己的孫輩。其他客戶也陸續加入了談話，候診室裡的低氣壓煙消雲散，無聊的等待變成了愉快的談天。」

人人都討厭虛偽，假笑是無法騙過任何人的。只有真正發自內心的笑容才能夠暖人心房，帶來積極的影響。

密歇根大學的心理學家詹姆士·麥康奈爾博士是這樣詮釋笑容的：「面帶微笑的人在管理、教學和營銷上能做出更大成績，子女也更有幸福感。微笑比蹙眉傳遞的信息要豐富得多，因而在教學中，鼓勵比懲罰有效。」

紐約一家購物中心的人事經理告訴我，她寧願雇用一個連小學都沒唸完但笑容燦爛的店員，也不願意招一個整日悶悶不樂的博士生。

即使在對方看不到你的情況下，微笑也能夠令他深受感染。全美電話公司推出過一個針對電話銷售人員的培訓項目，叫做「電話力量」。培訓師建議，儘管對方看不到你的神情，在打電話的時候也要面帶笑容，因為笑容會通過你的聲音傳遞出去。

羅拔·克萊爾是俄亥俄州一間公司的 IT 部門主管，他手下的一個職位長期空缺，遲遲招不到人。他是如何找到合適人選的呢？

-----CASE-----

　　我一直想為我的部門招一位計算機科學博士，花了很多時間都無功而返。最後我終於發現普多大學一名博士生的履歷十分理想。幾次電話溝通之後，我了解到已經有好幾個公司向他伸出了橄欖枝，其中有幾家比我們公司名氣大得多。最終他選了我們，我非常高興。在他入職的時候，我好奇地問他為甚麼選擇加入我們公司而不是其他公司。他想了一下，說：「大概是因為其他幾家公司的經理總是聽起來冷冰冰的，讓我覺得我只是他們一次例行公事的交易而已。只有你每次接到我的電話都顯得很高興，聽上去是真心希望我成為你們公司的一員。」不用說，現在我接電話的時候依然習慣面帶笑容。

-----CASE-----

　　全美規模最大的橡膠公司的董事會主席曾經告訴我，據他觀察，人們只有真心熱愛自己在做的事，才有可能取得成功。這位業界領袖並不相信「努力工作就能打開理想之門」這句老話。「我周圍有許多人在創業的時候風生水起，樂在其中，」他說，「但當創業的樂趣逐漸被繁瑣工作代替時，他們的心態就變了，生意也因此失去了昔日的風光。一旦工作不再愉快，事業注定會失敗。」

　　如果你希望人們樂於同你相處，那你自己要先樂於和對方相處。

　　我給課上的商界人士佈置過一項作業，讓他們時刻對周圍人保持微笑，一週之後回到課堂上分享他們的感受。下面這封信是威廉·史坦哈的感想。他是一名在紐約工作的證券經紀人。在上千名學員中，他的經歷絕不是個例。

---CASE---

　　我結婚十八年了，每天從早上起床一直到出門上班，我對妻子說的話不超過兩句，也很少對她笑。每天有成千上萬上班族面無表情地穿過百老匯大街，我就是其中之一。

　　為了能在課上講出微笑產生的效果，我決定嘗試一週。第二天早晨，我邊梳頭邊看着鏡子裡那張悶悶不樂的臉，對自己說：「比爾，今天你得收起愁容，學會微笑。就從現在開始吧。」於是，當我坐下吃早餐的時候，我主動微笑着對妻子說：「早上好，親愛的。」

　　你之前提醒過她可能會被我的舉動嚇一跳 —— 真是料事如神啊。她確實大吃一驚，為我的變化不知所措。我告訴她我會把這個習慣保持下去。

　　從那之後，我每天早晨都笑着向她問好。這兩個月，家裡充滿了歡聲笑語，再不像去年那樣愁雲密佈。

　　上班路上，我主動對電梯操作員和門房道早安；在地鐵售票口等找零的時候，我向收銀員微笑致意；走進證券交易所大門，我面帶笑容地跟同事們打招呼 —— 在此之前，他們大概從未見我笑過。

　　我很快發現每個人都會對我報以友善的微笑。如果有人牢騷滿腹地來找我傾訴，我也會用積極的方式應對，微笑着傾聽他們的抱怨。如此一來，事情往往比以前更容易解決。我發現微笑甚至為我帶來了額外的收入。

　　我和另外一位經紀人共用一間辦公室。經紀人的助理是個很招人喜歡的小夥子。我對最近的改變感到十分欣喜，於是和這個小夥子分享了我新學到的做人哲學。他坦

白告訴我，他剛來辦公室的時候覺得我脾氣很壞，直到最近他才改變了對我的看法。他說我笑起來的時候顯得很親切。

我改掉了批評的習慣，以讚許代替抱怨。我也不再一天到晚把我要怎樣掛在嘴邊，而是試着從別人的視角看待問題。這些改變真的顛覆了我的生活。現在的我好似變成了完全不同的人，更幸福，內心也更富足，還收穫了友誼和快樂 —— 人生中真正重要的兩件事。

—— CASE ——

哪怕你不習慣微笑，也請努力試試看。獨自一人的時候，試着吹個口哨，或是哼個小曲，假裝很開心 —— 這些舉動會令你真的開心起來。心理學家、哲學家威廉·詹姆士是這樣解釋這一現象的：

「人們往往認為感覺先於行為，但實際上，感覺與行為是同步的。相較於情緒，個人意志對行為的影響更為直接，只要調整行為，我們就能夠間接地調整情緒。

「想要找回丟失的快樂，就請愉快地坐直身體，愉快地談天或是做事，感覺快樂已經回到了你的身邊。這是通向快樂的最佳途徑……」

世人都在尋找幸福，幸福之路也的確存在。學會控制自己的想法，就能夠得到幸福。幸福並非取決於外在條件，而是取決於心理狀態。

決定快樂與否的並不是你是誰、你在哪裡或是你在做甚麼，而是你看待問題的方式。假使兩個金錢地位相當的人，在同一地點做同一件事，也極有可能一個開心，一個痛苦。為甚麼？因為二者

模式不同。在熱帶的烈日下用落後工具辛勤耕作的農民，與身處紐約、芝加哥或洛杉肌的空調房裡工作的白領，幸福感其實相差無幾。

莎士比亞說：「事無優劣，思想使然。」

亞伯拉罕・林肯也曾提到：「人們的幸福感取決於他們的心境。」他是對的。我曾經見過一個再生動不過的例證。那時，我正在紐約長島火車站沿着樓梯往上走，走在我前面的是一群拄着拐杖的男孩。他們艱難而緩慢地一步步走上台階，其中一個孩子甚至無法自己行走。然而他們無邪的笑聲灑了一路，每個人臉上都是快活的神情。我被這快樂所感染，和他們的領隊老師聊起來。那位先生說：「當孩子們意識到一輩子都得依靠拐杖的時候，最初都會震驚不已；但是過一陣子，他就會接受命運的安排，下決心要像正常孩子一樣快樂地生存下去。」

在那一刻，我深深地想向這些男孩子脫帽致敬。他們給我上的這一課，令我終生謹記於心。

獨自在封閉的辦公室工作不僅孤獨，而且減少了與其他同事交朋友的機會。在墨西哥工作的瑪利亞・岡薩雷斯女士正面臨這一困境。

------ CASE ------

新工作的第一週，她坐在自己的辦公室裡，聽着隔壁傳來的陣陣歡聲笑語，暗自羨慕着其他同事的親密關係。然而每當她經過同事身邊時，她總會因害羞而不由自主地看向別處。

過了幾週，她對自己說：「瑪利亞，你不能總是等着別人來找你。你得主動走出去。」於是下一次她經過走廊

去茶水間的時候，她以最明媚的微笑和每個同事打招呼，說：「嗨，今天過得怎麼樣？」效果立竿見影。人人都對她報以微笑，走廊似乎一下子明亮起來，氛圍也更加友善了。漸漸和大家熟悉之後，她和好幾位同事成了朋友，生活和工作都因此變得愉快有趣。

---- CASE ----

下面這則建議來自作家阿爾伯特·哈伯德，值得每個人仔細閱讀。但請記得行勝於言，只說不做是無濟於事的。

　　走出家門的時候，請收緊下頜，高昂起頭，讓空氣充滿肺腑，讓陽光沐浴身心。向朋友問好時記得微笑，握手的時候請真心誠意。不要害怕誤解，也不要在敵人身上浪費一分一秒。

　　請在腦海中牢牢記住你的心願，徑直向目的地前進。專注於你的偉大航程，你就會發現日升月落之間，你已經不知不覺地抓住了每一次接近目標的機會，如同小小的珊瑚蟲從澎湃海浪中汲取牠需要的養分。請在腦海中仔細勾勒理想的形象，篤定的想法將幫助你一步步成長為那個美好真誠、才華橫溢的自己。思想是至高無上的。請端正心態，學會無畏、坦率、樂觀，因為正確的思維是創造一切的前提。心想是事成之因，虔誠的禱告者必將得到回應。倘若你心意堅定，你就不會迷失方向。收緊下頜，高昂起頭——你將成為自己的神。

　　古代中國人富於智慧，其真知灼見放之四海皆準。他們有一句古訓是這樣說的：「非笑莫開店。」

　　微笑傳遞着善意。當人們受夠了生活中的憂愁、冷眼與漠視，你的微笑將如同透過雲層的燦爛陽光，瞬間點亮對方的生活。每個人都面對着來自老闆、客戶、老師、家庭的重重壓力與現實的種種不堪，而一個微笑就能夠令彼此感受到世間的溫情。

　　幾年前的聖誕節，洶湧的採購人潮令紐約的店員如臨大敵。為了幫助員工減壓，一家百貨公司在廣告中向讀者講述了這樣一則質樸的哲理：

笑容的意義

　　它分文不取，卻價值連城；

　　它使人富有，亦於己無妨；

　　它發生於瞬息之間，卻令人永難忘懷；

　　它使貧者豐足，令富者匱乏；

　　它為家庭帶來歡愉，為事業營造機遇，為友誼立下盟約；

　　它是疲倦者的休憩，是憂慮者的良方，是絕望者的黎明，是哀戚者的陽光；

　　它無法用金錢交換，無法經乞求而得，無法借與他人，也無法被人竊取；只有在給予之時，它才有存在的價值。

　　值此聖誕佳節之際，若我們的店員因過於疲憊，無法以笑容迎接您的蒞臨，能否請您以笑容相贈？

　　那些無力微笑的人，最需要得到一個微笑。

微笑

SECTION 03
記住他的名字

　　一八九八年，紐約州洛克蘭郡發生了一樁悲劇。正值隆冬之際，大地被茫茫積雪覆蓋，凜冽的寒風呼嘯而過。法利走進馬廄備馬，準備出席鄰家一個孩子的葬禮。馬兒已經在馬廄裡忍耐多日，當法利將牠牽到水槽旁邊時，牠興奮得高高揚起前蹄，卻意外地將法利踢倒在地。那一週，這個不幸的小鎮舉辦了兩次葬禮。

　　法利意外離世，留下家中的遺孀和三個兒子，以及幾百元保險賠償金。

　　法利的大兒子吉姆當時只有十歲。為了生計，他不得不在磚廠打工，每日運送砂土並倒入模具，將成形的磚塊在陽光下來回翻面烤乾。他沒有機會上學，卻以天生的親和力博得了身邊所有人的好感。成年後，他走上從政的道路，逐漸習得記人姓名的能力。

　　吉姆從未有機會唸高中，然而在他正值盛年之際，已經有四所大學授予他榮譽學位。他成為美國民主黨全國委員會主席，兼任美國郵政部長。

　　我曾經採訪過吉姆‧法利，並問起他成功的秘訣。「勤奮。」他說。我半信半疑地答道：「別開玩笑了。」

　　於是他反問我覺得他緣何成功。我回答說：「我知道你叫得出一萬個人的名字。」

　　「不，你錯了，」他說，「我至少記得五萬個人的名字。」

　　毫無疑問，就是這一能力使得吉姆統領富蘭克林‧羅斯福在

一九三二年的總統競選，並由此成為羅斯福入主白宮的幕後功臣。

在石膏廠當銷售員和在鎮上擔任市政文書的那些日子裡，吉姆總結出了一套方法，用來記憶所有接觸到的人名。

一開始這個方法很簡單。每次他新認識一個人的時候，他會通過閒聊了解對方的姓名、家庭狀況、從事的行業和政治觀點，並在腦海中記下這些細節。下一次再見到對方，即使是若干年之後，他也能夠準確無誤地叫出對方的名字，關切地詢問對方家人最近如何，花園裡的蜀葵長得怎樣。難怪有這麼多人願意追隨他。

在羅斯福競選總統數月之前，吉姆每天會寫上百封信寄至西部及西北部各州。他在十九天內親自拜訪了二十個州，交通工具包括馬車、貨車、汽車和船，行程超過了一萬兩千英里。每到一個城市，他都會抓住一切時機與人促膝談心，日程從清晨一直排到深夜。之後，他又匆匆上路，奔赴下一個目的地。

一結束旅程回到東部，吉姆就立刻給他拜訪過的每座城市的聯絡人寫信，索要一份與他交談過的貴賓名單。最終的名單上有成千上萬個名字，每個人都收到了吉姆的親筆信，開頭很有心地寫明每個人的名字——「親愛的比爾」，「親愛的簡」，每封信末都有吉姆的親筆簽名。

吉姆在很小的時候就意識到，人們對自己名字的在意程度，遠勝於地球上其他所有名字的總和。能夠熟稔地叫出對方姓名本身已是有效而不着痕跡的讚美。不過記錯或是寫錯名字就比較尷尬了。我在巴黎舉辦公共演講培訓的時候，向巴黎所有美國居民發出了邀請函。不料法國的打字員對英文名字太過陌生，拼錯了好幾位的姓名。其中一位在美國銀行巴黎分行工作的經理為此非常生氣，甚至寫了一封措辭嚴厲的回信表達他的不滿。

　　有些名字確實相當難記。特別是遇到那些讀音拗口的名字時，大多數人連試着唸一下都不願意，直接以暱稱代替。西德‧萊維曾經拜訪過一位名叫尼可德穆斯‧帕帕多洛斯的客戶。為了省事，大多數人都直接叫他「尼可」。萊維告訴我們：「拜訪他之前，我特意練習了好多遍怎麼讀他的名字。當我向他問好，說『下午好，尼可德穆斯‧帕帕多洛斯先生』的時候，他驚訝極了，愣了足足好幾分鐘。之後，他熱淚盈眶地對我說：『萊維先生，我來這個國家已經十五年了，但從來沒有人願意費事叫我的全名，從來沒有。』」

　　讓我們再來看看安德魯‧卡耐基的故事。

　　安德魯‧卡耐基被稱為鋼鐵大王，然而他自己卻對煉鋼知之甚少。為他工作的上百名員工，每個人都比他懂得多。

　　然而只有他深諳人性，這也是他成功的關鍵。很小的時候，他就已經顯露出組織領導的天賦。十歲的時候，他驚訝地意識到人們對自己的名字格外重視，並利用這一點贏得了合作的機會。那時他還在蘇格蘭生活。有一天，他碰巧抓到了一隻母兔。母兔很快產了仔，但卡耐基沒有食物可以餵這窩小兔子。於是小卡耐基靈機一動，召集了鄰家的小朋友們，宣佈說誰能找來餵兔子的苜蓿和蒲公英，就以誰的名字給這些小兔子命名。

　　這個方法果然奏效了。小卡耐基從此記住了這一點。數年後，他利用同樣的心理戰術，在生意上取得了巨大成功。那時他正想把鐵軌賣給賓夕法尼亞鐵路公司，當時賓夕法尼亞鐵路公司的董事長是艾各‧湯姆森，於是安德魯‧卡耐基在賓夕法尼亞西南部的匹茲堡興建了一座大型煉鋼廠，將其命名為「艾各‧湯姆森鋼廠」。

　　讀到這兒，你猜到謎底了嗎？當賓夕法尼亞鐵路公司需要鐵軌的時候，你覺得艾各‧湯姆森會從哪兒進貨呢？希爾斯與羅百克公

司,還是艾各‧湯姆森鋼廠?

當安德魯‧卡耐基和佐治‧普爾門爭奪聯合太平洋鐵路公司的臥車車廂業務時,這位鋼鐵大王再次想起了兒時的那窩小兔子教給他的道理。

當時,卡耐基掌管的中央交通公司和普爾門的公司都想拿到這筆大生意。雙方針鋒相對,打起硝煙瀰漫的價格戰,幾乎在以零利潤競爭。聯合太平洋公司的董事會最終決定在紐約同時約見卡耐基和普爾門。當晚,兩人在聖尼古拉斯酒店狹路相逢。卡耐基主動對普爾門說:「晚上好,普爾門先生。咱倆真是作繭自縛啊。」

「你這話甚麼意思?」普爾門問他。

卡耐基向普爾門提出了雙方合併的想法,他熱情洋溢地向普爾門描述了合作的種種益處,普爾門饒有興趣地聽着,但並未被完全說服。最後,他開口問道:「那新公司應該叫做甚麼名字?」卡耐基想都沒想就迅速答道:「不用問,當然叫作普爾門豪華車廂公司。」聽聞此言,普爾門臉上露出笑容,對卡耐基說:「進我屋裡來,咱們好好談談。」而這次談話改變了美國鋼鐵工業的歷史。

牢記朋友和生意夥伴的名字,並且予以尊重,是安德魯‧卡耐基卓越領導力的成因之一。他能夠叫出大部分工人的姓名,並以此為榮。他還自豪地宣稱,在他掌管公司的時候,鋼鐵廠的熊熊爐火從未熄滅,沒有一起罷工事件波及至此。

德克薩斯商業銀行的董事長本頓‧羅孚認為,公司規模越大,人情就越淡漠。「溫暖人心的方式之一,」他說,「就是記住同事的名字。如果有哪個主管告訴我他記不清下屬的全名,那就等同於在說他記不清公司的業務,我會由此對他的管理能力產生懷疑。」加利福尼亞州的凱倫‧柯什是美國環球航空公司的一名乘務員。她把記

住乘客姓名當作職責，要求自己在為乘客提供服務時叫出對方名字。許多乘客為此深受感動，特意致信航空公司提出表揚。其中一位乘客寫道：「我有一段時間沒有乘坐貴公司的班機了，但是從今往後，我將只選擇貴公司。貴公司提供的個性化服務對我而言非常重要。」

　　每個人都希望自己的名字永垂不朽，為此付出任何代價都在所不惜。連暴戾無情的馬戲團老闆巴納姆都曾開出兩萬五千美元的天價要求他的外孫 C.H. 西利改名為「巴納姆・西利」，以彌補沒有兒子傳宗接代的遺憾。

　　幾個世紀以來，貴族與富賈熱衷於資助文藝創作者，是為了後者在作品上標明「謹獻給 ××」。

　　名門望族唯恐自己的名字在歷史長河中煙消雲散，因此圖書館和博物館中的名貴藏品總是拜他們所賜。阿斯特和雷諾克斯將藏品捐給紐約公共圖書館，大都會博物館則仰仗本傑明・奧特曼和 J.P. 摩根。教堂的每一扇彩繪玻璃窗上都標有捐贈人的名字，而大學中那些冠以名人姓名的建築亦得益於對方捐助的大筆資金。

　　那些聲稱記不住名字的人，無非是不願花時間和精力專注於此。他們總是以忙碌為藉口，但是誰會比美國總統富蘭克林・羅斯福更忙呢？哪怕是只有一面之緣的機修工，羅斯福都能叫出他的全名。

　　羅斯福中年因疾病癱瘓，因此克萊斯勒公司為他量身定做了一輛車。W.F. 張伯倫和一位機修工負責把車送至白宮。張伯倫在信中這樣描述他的白宮之旅 ——

　　　我教給羅斯福總統與定製車的相處之道，而他則教給我與人的相處之道。到白宮的時候，總統親切地直呼我的名字，讓我覺得很自在。令我印象尤為深刻的是，他對我的介紹聽得非常投

入。我告訴他定製車的設計十分特別，所有操作只需要用手就能夠完成。白宮裡的工作人員都好奇地過來圍觀，羅斯福總統評價道：「這真是了不起的設計。只要一個按鍵，就可以輕鬆地駕駛它，不費吹灰之力，堪稱精妙至極啊。我不知道它是甚麼原理，要是有機會，我真想把它拆開，看看它的構造。」

當羅斯福總統的朋友和下屬對這輛車讚不絕口的時候，他當着大家的面對我說：「張伯倫先生，我非常感謝你們在這輛車上花費的精力。這是偉大的作品。」他一一稱讚着每個細節——散熱器、後視鏡和定製鐘、特殊設計的車燈、精心打造的內飾、駕駛員座椅以及後備箱裡那些特別繡有他名字的行李箱。換句話說，他把我們的良苦用心全都看在眼裡，無一遺漏。他提醒羅斯福夫人、柏金斯小姐、勞工部長和他的秘書注意這些考究的細節，甚至半開玩笑地對老門房說：「佐治，你可得好好照管這些行李箱啊。」

試駕結束時，總統轉過來看着我說：「張伯倫先生，聯邦儲備委員會已經等了我三十分鐘，我想我該回去工作了。」

那天我帶了一名機修工和我一起去送車。剛到白宮的時候，我向羅斯福總統簡單提了一句機修工的名字。他是個害羞的小夥子，一直躲在人群後，並未和總統說話。然而在我們告辭時，總統卻特意在人群中找到這位機修工，握着他的手，叫着他的名字，感謝他來到華盛頓。他的感謝如此真誠，我能夠感覺到他所說的真的是他心中所想。

回到紐約幾天之後，我意外收到一張總統簽名的照片，並附有一封簡短的親筆信，信中感謝了我的幫助。我很驚訝一位日理萬機的總統竟會親自做這些小事。

富蘭克林‧羅斯福懂得這個重要的道理 —— 只有尊重別人，才能贏得尊重。因此他通過記住對方名字讓對方感到被重視。這個方法再簡單不過了，但有幾個人能夠真正做到呢？

哪怕已經和新認識的陌生人聊了好一會兒，我們也常常記不住對方的名字。

每位政治家學到的第一課都是：「記住選民的姓名是政治家必備的才略之一，遺忘即意味着被遺忘。」

無論商務往來還是日常社交，記人姓名的能力同樣重要。

拿破崙‧波拿巴作為一國之君，在日理萬機之餘，仍然能夠記住每一個見過的人的姓名。

他的技巧是甚麼呢？很簡單。如果沒聽清對方的名字，他會說：「不好意思，我沒聽清。」如果對方名字不常見，他會直接請教對方：「請問怎麼拼？」

在和對方談話的過程中，他會不厭其煩地重複好幾次對方的名字，並在腦海中把對方的言談舉止牢牢記住。

如果對方是重要人物，拿破崙更會給予特別注意。只要有空，他就會在紙上寫下對方的名字，專注地默誦，然後再撕碎這張紙。通過視聽兩種途徑，名字就能夠牢牢地記在腦海中。

所有方法都需要付出相應的精力，正如愛默生所言：「好的習慣建立在日復一日的瑣碎犧牲之上。」

牢記並應用他人的姓名不是君王和高管的特權，如若使用得當，人人都能夠從中受益。

---- CASE ----

　　肯‧諾丁漢供職於印第安納州通用汽車公司。在公司用餐的時候，他注意到櫃台後的一位女服務員總是陰沉着臉。

　　「她已經站在那兒做了兩個小時三文治了，對她而言，我的存在不過意味着又要做一個三文治而已。我點了餐，看她用電子秤精確地稱出火腿，放上一片生菜葉和幾片土豆，面無表情地把盤子遞給我。

　　「第二天我恰巧又走到那個櫃台，還是那位女士，還是陰沉的臉。唯一的不同是，這次我注意到了她的胸牌，於是我笑着和她打招呼說，『嗨，尤妮思！』我照慣例點了餐，而這次，她似乎故意忘了用電子秤，給了我滿滿一盤火腿，上面有三片生菜和堆得像小山一樣的土豆片。」

---- CASE ----

　　每個姓名都獨立而完整地歸屬於特定的個體，而非其他任何人。名字令我們與眾不同，成為獨一無二的自己。溝通中一旦道出對方姓名，我們所傳遞的信息或是請求就增添了一層特別的色彩。無論同我們打交道的是服務生還是管理者，重視對方的名字都將帶來不可思議的影響。

—— 原 3 則 ——

無論對於何人，無論以何種語言，
自己的名字都是世界上最甜蜜最重要的詞彙。

你想變得健談嗎

不久前，我應邀參加了一次橋牌聚會。我本人不打橋牌，於是和一位同樣不打橋牌的女士站在一旁聊天。在洛厄爾・湯馬士轉行進入播音領域之前，我曾是他的主管，因而被那位女士認了出來。她聽說我曾為了幫助湯馬士準備演講而遊歷歐洲，興奮地對我說：「噢，卡耐基先生，我真想聽您說說您去過的那些地方、見過的那些美景！」

我們在沙發上坐下來，她告訴我她和丈夫剛從非洲旅行歸來。「非洲！」我驚訝地叫道，「太有意思了！我一直都想去非洲看看，但始終沒機會，只有一次碰巧在阿爾及爾逗留了一天。快跟我講講，您去沒去狩獵之地？真的去了？您太幸運了，我真羨慕您啊！您可得跟我好好講講。」

於是她整整講了四十五分鐘她的非洲之旅，再也沒有問我去過哪些國家。她對我的旅行經歷並不感興趣，真正令她興趣盎然並自我感覺良好的，是有人願意傾聽她的經歷。

她的表現只是個例嗎？不，許多人都是這樣。

還有一次，我在紐約一位出版商舉辦的晚宴上結識了一名植物學家。此前我從未和研究植物學的人打過交道，因此對他的淵博學識十分着迷。整個晚上，我都全神貫注地聽他講異國的植物、他的室內花園，以及那些創造新型品種的實驗 —— 就連貌不驚人的馬鈴薯背後都有那麼多趣事。我提起我家的小溫室，請他給些建議，他也非常專業並真誠地解答了我的問題。

正如我提到的，我們是在一次大型晚宴上結識的。宴會中還有許多賓客，但我卻失禮地忽略了其他人，和那位植物學家聊了數小時之久。

直到夜深，我才戀戀不捨地與大家互道晚安，告辭回家。在我走後，植物學家在宴會主人面前極力稱讚，誇我「非常能夠給人啟發」，誇我這個那個，最後說我是他見過的「最有趣最健談的人」。

「最有趣最健談？」我整晚都沒說幾句話啊。哪怕我想說，我也說不出甚麼——我對植物的了解比對企鵝生理構造的了解還要少，不換個話題我真是無話可說。那晚我只做了一件事——側耳聆聽。我真心對他的言談感興趣，而他也感受到了這一點，自然很受用。專注的傾聽是我們能夠給予他人的最高讚許。傑克・伍福特曾在《愛上陌生人》（Strangers in Love）一書中寫道，「關注是最含蓄的諂諛。極少有人對他人一心一意的關注無動於衷」。而我除了「一心一意的關注」之外，還給了那位植物學家「全心全意的讚美」。

我告訴他和他聊天非常愉快，讓我受益匪淺——我確確實實是這樣想的；我說希望能像他一樣學識過人——這話也不假；我還告訴他我很想和他一起去原野裡走走看看——我真的這樣做了；我對他說我必須再次拜訪他——我也確實登門拜訪了這位先生。

就這樣，他覺得我是非常健談的人；但事實上我只是善於傾聽，並鼓勵他多說而已。

商務會談的成功秘訣是甚麼？哈佛前校長查理斯・艾略特對此的回答是：「商務往來並無制勝之道可言，然而在對方說話的時候專注地傾聽，是令對方解除戒備的最佳方式。」

艾略特博士本人就深諳此道。美國文學泰斗亨利・詹姆士回憶說：「艾略特博士的聆聽並不是沉默不語，而是行動力的另一種體

現。他習慣坐得筆直，雙手交叉放在膝蓋上，時快時慢地轉着拇指。除此之外，他並沒有過多的動作。他總是直視談話對象，讓對方感受到他的關切；他全神貫注地傾聽，認真思索你話語背後的含義。每個和他交談的人都感覺在他面前能夠暢所欲言。」

你不用去哈佛唸四年書，就能夠明白這個不言而喻的道理。我們都去過這樣的商店 —— 開在昂貴地段，物美價廉，窗明几淨，廣告誘人，卻偏偏雇了些惡聲惡氣的售貨員。他們從不懂得聆聽，總是粗魯地打斷顧客的話，反駁對方的觀點，惹得消費者滿腹怨言，唯一的貢獻就是讓人們都遠離這家商店。

就是因為這樣的店員，芝加哥的一個百貨商場險些流失了一位每年消費上千美元的忠實顧客。

---- CASE ----

漢麗埃塔·道格拉斯夫人在課上講述了她的這段經歷：她在商場減價的時候買了一件大衣，但回到家裡才發現大衣的內襯上有破損。於是她第二天又返回商場，請店員幫忙換一件。誰知店員聽都不聽，沒好氣地說：「這件衣服是你在打折的時候買的。」她指了指牆上的一個標誌，大聲說：「你自己好好看看，『打折商品不退不換』。你買了就得留着，回去自己縫縫唄。」

「但這件商品質量有問題啊。」道格拉斯夫人抱怨道。

「那又怎樣，」店員不客氣地打斷了她的話，「不退不換的意思就是不退不換！」

道格拉斯夫人怒氣沖沖地轉身離開，暗自發誓再也不會光顧這間商場。這時樓層經理恰巧路過，認出了這位老

主顧，迎上來和她打招呼。道格拉斯夫人跟她講了剛剛的不快遭遇。

樓層經理認真聽道格拉斯夫人講完前因後果，仔細看了看那件外套，解釋道：「特殊折扣商品通常都是不能退換的，這樣在季末我們才能減少庫存，為新一季貨品做準備。但是有質量問題的商品不在政策限制的範圍內。我們會幫您把內襯補好或者整個換掉，如果您想退款也沒問題。」

--- CASE ---

兩位工作人員的態度真是天壤之別。如果樓層經理沒有恰巧遇到道格拉斯夫人並聽她傾訴，那麼這位忠實顧客將永不踏進這家商場的大門。

在家庭生活中，聆聽也同樣重要。紐約的米莉‧埃斯波西托把傾聽孩子的話當作身為人母的責任。一天晚上，她和兒子羅拔坐在廚房裡聊天。埃斯波西托夫人正認真聽羅拔說話，羅拔突然說：「媽媽，我知道你非常愛我。」

埃斯波西托夫人又感動又驚訝，問兒子：「我當然愛你啦。怎麼了，你之前覺得我不愛你嗎？」

羅拔說：「不是，我只是覺得每次我想跟你說點甚麼的時候，你都會放下手裡的事情，認真聽我說。所以我知道你很愛我。」

在體貼耐心的傾聽者面前，連牢騷滿腹、吹毛求疵的人都會漸漸變得和善。當後者像眼鏡王蛇一樣嘶嘶地噴吐毒液，憤懣地抱怨的時候，前者總會溫柔地以靜默相對。

---- CASE ----

　　有這樣一個例子：幾年前，紐約電話公司遇到了一個
難纏的客戶。他聲稱賬單是錯的，拒絕付款，還破口大罵；
他威脅要把電話線連根拔起，用不堪入耳的話詛咒客服代
表；他還給報紙寫信抱怨，給公共服務委員會寄出不計其
數的投訴信，甚至屢次將電話公司告上法庭。

　　公司走投無路，派出最能幹的調解員去解決這個棘手
的麻煩。與這位客戶面談時，調解員任憑對方高談闊論、
喋喋不休，只是耐心地聽着，間或點點頭，對他的不滿和
委屈表示同情。

　　「他罵了有三個多小時，我也聽了三個多小時，」這位
經驗豐富的客戶代表在我的課上分享說，「之後我再去，再
聽，一共拜訪了他四次。在第四次面談的時候，我成了他
創立的『電話用戶保護組織』的特許成員。直到現在，我都
還是這個組織的成員，不過據我所知，這個組織只有我和
他兩個人。

　　「每次面談我都耐心傾聽，對他的每個觀點都表示認
可。此前從來沒有客戶代表以這種方式和他相處，因此他
漸漸對我友善起來。我在前三次拜訪中從未提及我的目
的，而在第四次見面的時候，我圓滿地完成了任務。他付
清了全部欠款，並破天荒地主動撤銷了寫給公共服務委員
會的投訴。我想他和電話公司的持久戰應該是結束了。」

---- CASE ----

　　毋庸置疑，這位客戶把自己看作崇高的革命志士，為捍衛公眾利益免受剝削而戰；但事實上，他所需要的無非是被重視的感覺而已。起初，他通過抱怨和抗議博得關注；而客戶代表以傾聽滿足了他的需求，令他的不滿就此煙消雲散。

　　達特曼羊毛公司是全球最大的羊毛經銷商，為服裝業提供原材料。公司創始人朱利安・達特曼給我講了這樣一件事：

---CASE---

　　幾年前的一個早晨，一位客戶氣勢洶洶地衝進達特曼先生的辦公室。「那位客戶欠公司一小筆錢，」達特曼先生對我説，「他堅決不承認，但我們確信是他弄錯了，所以信用部門堅持要他付清這筆款項。他連續收到信用部門的幾封催款信之後，直接收拾行李來到芝加哥，一下飛機就直奔我的辦公室。他怒不可遏地通知我説休想讓他付款，我們公司的貨以後他一件都不會要。

　　「我耐心地聽他把話説完，中間幾次想插嘴都忍住了 —— 我知道那是下下之策。我任憑他發洩，等他情緒稍微平復，聽得進去話了，才心平氣和地對他説：『謝謝您專程趕到芝加哥來，跟我説這些話。您真是幫了我一個大忙。很抱歉我們的信用部門打擾了您，如果不是您告訴我，別的客戶很可能也會受到干擾，那就更糟糕了。請您相信我，我比您更想弄清這件事的來龍去脈。』

　　「他萬萬沒有料到我會這樣説。我覺得他大概有一點失

望。他本想來芝加哥教訓教訓我，沒想到我不僅不跟他吵，反而感謝他。我向他保證我們會把那筆款項從賬上消掉，再也不提。我對他說，我知道他是個細心的人，更何況他只需要管理一個賬戶，而我們的員工管理着上千個賬戶，難免有紕漏，因此我相信錯一定不在他。

「我還告訴他，我完全理解他的感受——如果我遇到相同的狀況，也一定會有相同的反應。鑒於他以後不打算再從我們公司進貨，我向他推薦了其他幾個羊毛廠家。

「往常他來芝加哥的時候，我們都會共進午餐，所以那天我照常邀請他一起去吃午飯。他勉強答應了。出乎我意料的是，等我們回到辦公室，他竟下了一個比往常還要高額的訂單。告辭的時候，他態度和緩多了。為了像我們一樣公平對待此事，他回去重新對了賬，發現是他漏了一筆款項。很快我們就收到了他的支票和致歉信。

「不久之後，他的妻子給他生了個兒子。他以『達特曼』作為孩子的中間名。二十二年以來，他始終是我的朋友和合作夥伴。」

-----CASE-----

若干年前，一個荷蘭小男孩隨家人移民至美國。因為家境貧寒，他每天放學後都去幫麵包房擦櫥窗補貼家用，還要拎着籃子沿街在水溝裡尋找馬車落下的煤渣。這個名叫愛德華．波克的小男孩一生當中只上過六年學，卻成為了美國新聞史上最年輕有為的雜誌編輯。他是如何取得成功的？說來話長，在這裡，我只想講一講他是怎樣邁出第一步的——沒錯，他的起步正是應用了本章所講述的原則。

波克十三歲的時候退了學，在西聯電報公司打零工，但是他從未放棄學習的念頭。無法去學校唸書，他就開始自學。他省下車票錢，午飯時也餓着肚子，用省吃儉用的錢買了一本美國傳記百科全書。然後他做了一件此前從未有人想到過的事情——他認真閱讀每個名人的傳記，然後寫信給他們，詢問他們的童年是如何度過的。他是個很好的聽眾，總是請這些名人多講講自己。他給當時正在競選總統的詹姆士·加菲爾德將軍寫信，問他小時候是不是真的在運河上當過縴夫，加菲爾德將軍給他回了信。他也給格蘭特將軍寫信，求證一次戰役的細節；格蘭特將軍為他畫了一張地圖詳細解釋，並邀請這個十四歲的小男孩共進晚餐，和他聊了一整晚。漸漸地，這個西聯公司的小雜工和全美的知名人士建立了聯繫，其中包括愛默生、奧利弗·溫德爾·霍姆斯、朗費羅、林肯夫人、路易莎·梅·阿爾科特、舍門將軍以及傑佛遜·戴維斯。他不僅和這些社會名流通信，一有空閒，他就登門拜訪，成為備受歡迎的小客人。這些經歷給了他寶貴的自信。與這些前輩的交往打開了他的眼界，激發了他的雄心壯志，從而徹底改變了他的一生。而這一切，請容我在此贅述，都是通過本章中所闡述的準則得以實現的。

著名記者艾薩克·馬克遜曾經採訪過數百位名人，他總結說，許多人給人留下的印象不佳，就是因為他們不懂得如何專注地傾聽。「他們總想着自己要說甚麼，所以聽不進去別人在說甚麼……這些大人物一致告訴我，較之能說會道的人，他們更欣賞善於傾聽的人。然而這一品質似乎比其他任何品質都罕見。」

需要傾聽的不僅僅是名人，凡夫俗子也同樣需要傾聽。正如《讀者文摘》所言：「人們請醫生有時只是需要一個聽眾而已。」

在暗無天日的內戰歲月中，林肯曾寫信邀請伊利諾州的一位老

友來華盛頓，說有些要務想和他探討。這位老鄰居來到白宮，林肯詢問此刻發表解放奴隸宣言是否為明智之舉，並就此和他傾談了數個小時。林肯悉數列出此舉的利弊，又讀了一些批評他的信件和報刊文章——一派擔心他解放奴隸，另一派譴責他舉棋不定。一番長談之後，林肯與這位老鄰居握手告別，和他互道晚安，請人送他回到伊利諾州。從始至終，林肯滔滔不絕地發表意見，始終沒問這位老友意下如何，然而正是這番傾訴幫助林肯理清了思路。「談話過後，他看起來如釋重負。」這位老友說道。林肯需要的不是建議，而是一個友好而體貼的聽眾，讓他能夠卸下心裡的重擔。這也是每個人在困厄之時的共同需要。憤懣的顧客，不滿的員工，或是傷痕累累的朋友，都迫切地想要對他人傾訴心聲。

當代最偉大的傾聽者是西格蒙德‧弗洛伊德。和弗洛伊德打過交道的人是這樣形容的：「與他見面的情景如此觸動我心，令我久久難以忘懷。他的品質世間罕有，我此前從未見過誰能夠如他一般專注。我指的並不是那種所謂『洞穿靈魂的嚴厲目光』。他的眼神溫柔親切，聲音低沉和藹，手勢極少，關切卻極為誠懇。他對我所述之事深表讚許，哪怕在我語無倫次之時，他也給予真誠的尊重。您無法想像，這樣的傾聽對一個人來說是多麼深切的慰藉。」

假如你希望別人躲著你，在背後嘲笑你甚至鄙視你，就請這樣做吧——不聽任何人說話，一味談論自己；如果在別人說話的時候想到了甚麼，不等對方說完就直接插嘴。

你認不認識這樣的人呢？很不幸，我就認識幾位。最讓人驚訝的是，有些人甚至聲名顯赫。他們總是陶醉於自我之中，沾沾自喜，不可一世，令人反感至極。

只談論自己的人，也只在乎他們自己。哥倫比亞大學的校長尼

古拉斯‧默里‧巴特勒博士曾經說過:「那些只在乎自己的人,都是尚未開化的凡庸之輩。無論他們受過多高的教育,他們都尚未開化。」

　　假如你立志要能言善辯,請先學會專注聆聽。做一個有趣的人,並對他人感興趣。問對方樂於回答的問題,鼓勵他們談論自己的經歷。

　　請記住,你的談話對象並不關心你和你的問題,而對他們自己、他們的慾望和煩惱要感興趣得多。他的牙疼遠比異國餓殍遍地的饑荒更重要,他脖子上的癤子也遠比非洲的四十次地震更讓人心煩。所以下次開口之前,請先想想這一點。

──── 原 4 則 ────

專注地傾聽,鼓勵他人談論自己

SECTION 05
如何引起他人的興趣

　　見過西奧多・羅斯福的人都會驚歎於他廣博的學識。無論座上賓是牛仔還是騎兵，是紐約政客還是外交官員，羅斯福都應對自如。他是如何做到的呢？答案很簡單。每次有客人來訪的時候，羅斯福都會在前一天晚上提前了解對方感興趣的話題，一直鑽研至深夜。

　　談論對方最在乎的事情，是直抵對方內心深處的捷徑。羅斯福深知這一點。所有領袖都深知這一點。

　　耶魯大學的文學教授、散文作家威廉・菲爾普斯在很小的時候就懂得了這個道理。菲爾普斯在他的作品《人性》（ *Human Nature* ）中寫道：

　　　　八歲那年的一個週末，我到胡沙托尼克河畔的斯特拉特福德探望琳賽姑媽，一天晚上，有位中年男人來家裡做客。他和琳賽姑媽聊了一會兒，就把注意力轉移到我身上。那時我對船非常癡迷，當那個男人和我聊到這個話題時，他的言談在我聽來有趣極了。他離開之後，我興奮地對姑媽說，我們太投緣了。姑媽告訴我，那位先生是紐約的律師，他對船可一點兒興趣都沒有。

　　　　「那他為甚麼一整晚都在跟我聊船的事情呢？」

　　　　「因為他是位紳士啊。他看到你對船那麼癡迷，知道聊這個話題能夠讓你開心，所以一直在遷就你。」

　　菲爾普斯總結道：「我從未忘記姑媽的這番話。」

　　撰寫這一章的時候，我面前正好有一封愛德華‧查利孚先生的來信。查利孚先從事童子軍相關的工作，他在信中說：

-----CASE-----

　　「那時我正急需援手，歐洲很快要舉行一次盛大的童子軍聚會，我希望一位名企的總裁能夠資助一個孩子去歐洲參加這個活動。

　　「幸運的是，在見這位總裁之前，我聽說他剛簽了一張百萬美元的支票。支票作廢後，他特意把這張支票裱了起來。

　　「於是我一走進他的辦公室，就饒有興趣地問起這張支票。那可是一張百萬美元的支票！我告訴他我從未見過這麼大金額的支票，回去以後我一定會跟童子軍的男孩子們說，我親眼看到這張支票了。他高興地把支票拿給我看。我讚歎了一番，讓他給我講講簽這張支票的緣由。」

　　你大概已經注意到了，查利孚並沒有一開始就提及童子軍、歐洲之行，或是他的任何需求。他談論的始終是對方感興趣的事。結果如何呢？

　　「過了一會兒，對方主動問我：『順便問一下，你來見我是為了甚麼事？』於是我原原本本地告訴了他。

　　「出乎我意料的是，他不僅立即應允了我的請求，還主動提供了更多幫助。我拜託他資助一個孩子去歐洲，他竟資助了五個孩子，外加我本人。他給我們一張一千美元的信用證，讓我們好好在歐洲玩兩個月，還寫介紹信給各地分公司的總經理，請他們負責接待。後來他親自到巴黎與

我們見了面，帶我們觀光遊覽。從那時起，他就成為了我們團體中活躍的一員，還給幾個家庭窮困的孩子提供了工作機會。

「我知道，如果不是一開始就找到了對方感興趣的話題，藉此拉近距離，他不會如此平易近人。」

-----CASE-----

在商界，這一技巧同樣有用嗎？讓我們一起看看亨利‧杜凡諾的例子。

-----CASE-----

杜凡諾先生是紐約杜凡諾父子烘焙食品批發公司的老闆。他一直想成為當地一家酒店的供貨商。為了促成合作，四年來，他堅持每週去拜訪酒店經理，有對方出席的活動他也必定到場，甚至還成了那家酒店的房客。然而他的鍥而不捨並未打動對方。

杜凡諾先生說：「深入學習了人際關係之後，我想是時候改變策略了。我決心找出對方的關注點，激發他的熱情。

「我發現他很熱衷於參加一個酒店高管協會的活動，這個協會叫作『全美酒店迎賓協會』。他不僅僅是會員，還因為熱心組織而被選為會長，後來又升至國際協會的會長。無論協會的活動在哪兒舉辦，他都必定到場，從不缺席。

「第二天我一見到他，就問起迎賓協會的事情。你真該看看他的反應！一提到這個協會，他的語氣立刻變得熱情洋溢，和我聊了整整三十分鐘。我完全能看出，他不僅把

這個協會當作興趣，更把畢生的激情都傾注其中。我告辭之前，他已經『推銷』給我一個會員資格。

「那天我隻字未提我家產品的事情。但是幾天後，酒店的膳務員主動給我打電話，讓我帶着樣品和報價去一趟。

「『我不知道你跟那位老兄説了些甚麼，』膳務員也為我高興，『但是他終於買賬了！』

「想想看，我花了四年時間對那位經理緊追不捨，希望能做成這筆生意。如果不是下功夫找到了他的興趣點，我肯定現在還窮追猛打呢。」

---- CASE ----

馬里蘭州的愛德華・哈里曼退伍之後遷至美麗的坎伯蘭谷定居，然而新家附近卻找不到工作機會。哈里曼發覺這一區的數家企業都在馮克豪瑟名下，那是當地一位性格乖僻的商界奇才。哈里曼對馮克豪瑟白手起家的故事頗為好奇，但是他聽説對方從不接見求職者。哈里曼先生這樣描述他的經歷：

---- CASE ----

我向好幾個人打聽過，發現馮克豪瑟的興趣只有錢和權。他的秘書作風強硬又恪盡職守，攔下了許多像我這樣的來訪者。於是我又花時間了解了這位秘書的興趣和職責。她已經為馮克豪瑟先生工作了十五年，像衛星一樣盡職盡責地守衛在他身旁。我登門拜訪的時候，開門見山地對這位秘書説，我能夠為馮克豪瑟先生帶來財務和政治上的成功，想和他當面探討。秘書果然很感興趣。於是我趁

勝追擊，讚揚了這位秘書對馮克豪瑟商業帝國的種種貢獻。聊了一會兒之後，秘書安排我與馮克豪瑟先生見面。

我走進那間氣派的辦公室，暗想絕不能直接開口要工作機會。馮克豪瑟先生坐在一個造價不菲的寫字檯後面，厲聲問我：「有何貴幹，年輕人？」我答道：「馮克豪瑟先生，我相信我能給您帶來賺錢的機會。」他立即起身，請我在扶手椅上落座。我詳述了我的種種想法和我自身的資質，並着重強調了我的提議能夠在生意上助他一臂之力。

了解到我的情況之後，馮克豪瑟先生立即雇用了我。此後的二十年，我在他的商業帝國中成長，他的帝國也因我而日益壯大。

-----CASE-----

談論對方的興趣能夠帶來雙贏。霍華德・赫茨是員工溝通領域的專家，他始終將這一原則貫徹在工作中。被問到有何收穫的時候，赫茨先生回答說，每個人都對他有不同的啟發，但更重要的是，這種溝通本身已經擴大了他生命的邊界。

—— 原 5 則 ——

談論對方感興趣的事情

SECTION 06
讓每個人都喜歡你

　　我正在紐約三十三街和第八大道交叉口的郵局排隊，等着寄一封掛號信。郵局的辦事員一臉不耐煩的樣子。稱重、找零、遞郵票、簽收據 —— 這些日復一日的瑣碎工作似乎早已磨平了他的熱情。所以我暗暗告訴自己：「不妨試着讓他喜歡我。要想讓他喜歡我，我必須說點好聽的 —— 不是說我愛聽的，而是說他愛聽的。」我又問自己：「他甚麼地方值得稱許呢？」對於一個陌生人，這個問題很難回答。不過這一次，我很快就看到了令我欣賞的一點。

　　當他給我的信封稱重的時候，我熱情洋溢地說：「我真羨慕你的頭髮啊！」他驚訝地抬起頭，臉上有了笑容。「咳，現在已經不如以前好了。」他謙虛地答道。我信誓旦旦地說：「雖然可能沒有以前有光澤，但還是很亮眼啊。」他高興極了，愉快地和我聊了幾句，最後說：「好多人都羨慕我的頭髮呢。」

　　我敢打賭，那位先生直到午飯的時候，心裡都會美滋滋的；我敢打賭，他晚上回家會把這件事告訴妻子；我敢打賭，他照鏡子的時候會對自己說：「真的很亮眼啊。」

　　我曾經在一次演講中提到過這件事。當時一個人問我：「你想從他那兒得到甚麼？」

　　我想從他那兒得到甚麼！！！我想從他那兒得到甚麼！！！

　　如果人人都如此自私陰暗，付出一點小小的善意和一句真誠的稱讚都索求回報；如果我們的靈魂渺小如塵沙，那麼失敗是注定

應得的懲罰。

　　我對郵局的那個小夥子別無他求，只想要一個無價之寶，我也確實得到了 —— 我得到了付出而不求回報的美好感受。即使這件事過後許久，這美妙的感受仍會在心中流淌，在記憶裡歡歌。

　　人類行為有一個核心法則。遵循這一法則，你將遠離災禍，得到良師益友和幸福安寧；觸犯這一律法，困難就會接踵而至。那就是 —— 令他人感到重要。如前所述，約翰‧杜威稱，人性中最深層的動力是「對重視的渴求」；威廉‧詹姆士斷言，「人性的根源深處，強烈渴求着他人的欣賞」；也正如我前文提到的，這一渴求，令人區分於獸，這一渴求，是文明的起始。

　　數千年來，哲學家苦苦思索人性的本源，而在種種臆斷之中，一個核心準則漸漸浮現於世人面前。這一準則並非新事，在人類歷史之初即存在於世。兩千五百年前，瑣羅亞斯德於波斯向追隨者傳授這一準則；二十四個世紀之前，孔子在東方寫下這條哲理；道教始祖老子在漢水流域就此對門生傳道；耶穌基督降生五百年前，佛祖在聖河河畔就此訓誡；在此之前，婆羅門教已在聖書中提及此言；而十九個世紀之前，耶穌基督在猶大山地將這一世間最重要的道理匯於此言 ——「無論何事，你們願意人怎樣待你們，你們也要怎樣待人。」

　　你想要得到他人的認同，想要證明自身的價值，想要確認自己存在的意義。你想要聽到真誠的鼓勵，不想聽廉價虛偽的奉承話。你想要朋友和同事如查爾斯‧施瓦布所言，「由衷地讚許，從不吝嗇讚美之詞」。所有人都想要這些。

　　那麼不妨遵從這法則，將己之欲，施予他人。

　　何時，何地？每時，每地。

---- CASE ----

　　威斯康星州的戴維·史密斯在課堂上分享了他的經歷。通過上述原則，他在慈善音樂會幫忙的時候成功化解了尷尬。

　　「那天晚上，我一到音樂會場地，就發現兩位老婦人正分別守在飲品台的左右，場面有點滑稽。顯然，兩位女士都認為自己才是負責人。我正在思索對策，基金會的一位成員剛巧過來給我送募捐箱，並感謝我願意來幫忙。她把這兩位女士介紹給我，說蘿絲和簡自告奮勇來當你的幫手，然後就丟下我離開了。

　　「一陣尷尬的沉默之後，我意識到募捐箱象徵着權力，於是把募捐箱交給蘿絲，鼓勵說她一定比我更擅長管錢；之後我又轉向簡，建議她教教旁邊的兩個年輕人怎麼操作飲品機，並請她負責飲品台。

　　「整晚我們都相處愉快。蘿絲計算款額，簡指導年輕人，而我呢，則在專心欣賞音樂會。」

---- CASE ----

　　你不用非等到成為法國大使或是活動組織者的時候才使用讚美的哲學。每一天，你都能用它創造奇跡。

　　譬如說，假如你在餐廳點了炸薯條，服務生卻誤給你端來一份土豆泥，請告訴她：「抱歉給你添麻煩了，不過我想換成炸薯條。」她大概會愉快地邊說「不麻煩」邊滿足你的請求，因為她感受到了你對她的尊重。

　　「抱歉給您添麻煩了……」「勞駕您……」「能不能請您……」「您

介不介意……」諸如此類的禮貌用語如同乏味生活的潤滑劑，也是
教養的體現。

　　讓我們再來看看另外一個例子。這個故事是關於作家霍爾‧柯
恩的。他的小說包括《基督徒》、《大法官》、《孟克斯人》等等，是
本世紀初家喻戶曉的暢銷作品，百萬讀者對他的作品耳熟能詳。他
是鐵匠的兒子，只上過八年學，卻成了那個時代最富有的作家。

　　霍爾‧柯恩熱愛十四行詩和敘事詩，曾如飢似渴地閱讀了但
丁‧加百利‧羅塞蒂的所有詩作。他甚至撰寫了一篇頌揚羅塞蒂藝
術成就的文章，並將複印件寄給了羅塞蒂本人。羅塞蒂收到信，十
分欣喜。「任何肯定我的能力的年輕人，」他大概在想，「都一定聰
明絕頂。」因此羅塞蒂邀請這個鐵匠的兒子到倫敦當他的助理。這
一決定對於當時的柯恩而言，如同生命的轉折點。在倫敦，柯恩利
用工作之機結交了所有文藝圈內的知名人士。他們的建議和鼓勵啟
發了柯恩，令其寫作事業勢如破竹，並最終名揚天下。

　　柯恩的家鄉位於英國屬地曼島的格里巴城堡，在其成名之後成
了讀者心目中的麥加聖地，從世界各地來訪的遊客絡繹不絕。柯恩
身後留下了百萬美元的房產。倘若當年他沒有寫下那封讚美信，或
許他的一生都只是個籍籍無名的窮苦人。

　　這就是力量。發自肺腑的讚美所產生的力量。

　　羅塞蒂自視甚高。這並不奇怪，人人都自視甚高。

　　如果得到他人的重視，很多人的生活都會因此改變。羅納德‧
羅蘭是我們的課程在加州的講師，也是一名藝術與手作教師。他寫
信分享了他的初級手作班上一名叫克里斯的學員的故事：

·|··CASE··|·

克里斯是個沉默又羞怯的小男孩。像他這樣的孩子總是得不到應有的關注，因而缺乏自信。我同時教初級班和進階班，每個孩子都以升入進階班為榮。在他們心目中，進階班如同某種地位的象徵。

這個週三，克里斯正趴在桌子上忘我地研習。他內心深處熊熊燃燒的熱情感染了我，於是我問克里斯是否願意升入進階班。我完全無法形容克里斯當時的表情——這個羞怯的十四歲男孩極力忍住眼淚，抑制着內心的洶湧情感。

「我嗎？羅蘭先生，我夠格嗎？」

「是的，克里斯，你完全夠格。」

我轉過身，不想讓誰注意到我的熱淚盈眶。放學的時候，克里斯走出校園的身影看起來似乎比平時高了兩英寸。他望着我，一雙藍眼睛澄澈明亮。他歡快地對我說：「謝謝您，羅蘭先生。」

克里斯給我上了一課，讓我懂得每個人在內心深處都渴望被重視。為了讓自己牢記這一課，我做了一個寫着「你很重要」的標語牌，把它掛在教室前面人人都看得見的地方。每當看到這句話，我都暗暗提醒自己，面前的每個學生都同等重要。

·|··CASE··|·

真相是赤裸裸的——每個人心裡都認為他在某一方面比你強。走進他們內心的方式，是不動聲色地讓對方知道，你真心覺得他們很重要。

愛默生曾經說過：「每個人都必定在某一方面勝於我，因此我向所有人學習。」

然而可悲的是，你給予對方的認同感往往令對方變得張狂自負。正如莎士比亞所言，「人啊，驕傲的人啊／一旦得了小小權力／……在神明面前上演拙劣把戲／連天使都為之痛哭流涕。」

讓我們再來看看商界人士如何利用這一原則達到非凡成效。一位康涅狄格州的律師在課上分享了他的經歷。

·--CASE--·

加入課程後不久，這位律師開車到長島，陪妻子探望娘家親屬。妻子獨自去拜訪幾個年輕親戚，留下律師陪她年邁的姑母聊天。律師想起課程要求就讚美的運用做一次演講，暗想不妨利用這個機會實踐一下。因此他環顧四周，尋找着值得讚美的地方。

「這棟房子大概是一八九○年前後建的吧？」他開口問道。

「沒錯，」老婦人說，「就是一八九○年建的。」

「它讓我想起了我出生的那座房子，」他說，「建得真美，又牢固又大氣。您知道，現在已經沒人再蓋這樣的房子了。」

「是啊，」老婦人說，「現在的年輕人才不在乎他們的家漂亮不漂亮。狹小的公寓房就能滿足他們了，他們就愛整天開着車在街上到處閒逛。」

「然而這座房子對我來說，就是夢想中的家，」她的聲音因溫暖的回憶而微微顫動，「是愛建造了它。我和我丈夫

想像了好多年，終於有能力把它建起來了。我們沒有請建築師，一磚一瓦都是自己設計的。」

老婦人帶律師參觀了整棟房子。那些奇珍異寶令他讚歎不已——綴滿花朵的羊毛披巾，來自英國的古董茶具，韋奇伍德出品的瓷器，法國運回的床和椅子，意大利的畫作，以及曾經掛在法國城堡中的絲綢裝飾畫。老婦人從世界各地親手把這些寶貝帶回家，並珍藏了一輩子。

隨後，老婦人領律師來到車庫。那裡停放着一輛嶄新的閃閃發亮的汽車。

「我丈夫去世前不久，買了這輛車給我，」她柔聲説，「他走了以後，我就再也沒有碰過這輛車⋯⋯你懂得欣賞美好的事物，我想把這輛車送給你。」

「哎呀，姑母，」律師説，「這可讓我如何是好呢。我很感激您的慷慨，但我不能接受這麼貴重的禮物。我跟您都沒見過幾次。我自己有一輛車了，您有這麼多親戚，他們一定會喜歡這輛凱迪拉克的，不如留給他們吧。」

「親戚！」她嚷嚷着，「是，我是有好多親戚，他們都盼着我死，好早點拿到這輛車呢。他們休想得逞！」

「如果您不想把車留給他們，您也可以考慮把它賣給二手經銷商。」律師建議道。

「賣掉！」她叫道，「你覺得我會賣掉它嗎？你覺得我願意讓陌生人碰我丈夫買給我的車？我做夢都沒想過賣掉它！我要把它送給你。你懂得欣賞美麗的事物。」

律師不好意思接受這輛車，但是他也不想傷了她的心。

-----CASE-----

　　這位老婦人，獨自守着綴滿花朵的羊毛披巾、得來不易的法蘭西古董，和珍藏在心底的點滴回憶，孤零零地住在這棟空曠的房子裡，渴望着一點小小的認同。她曾經那麼年輕，那麼美麗，那麼多男孩子想要一親芳澤；她為了夢想之屋傾盡心血，在路途遙遠的歐洲各處積攢裝飾品，把它裝點得獨一無二，一磚一瓦都飽含着情意；而現在，在寂寥如孤島一般的耄耋之年，她所渴望的無非是一些人性的溫暖、一些真誠的感念，卻連這小小的求救都無人聽見。律師的讚賞如同沙漠中的甘泉，她無以為報，只有用她最珍愛的那輛車來表達她的感激。

　　讓我們再來看看另外一個例子。

　　唐納德‧麥克馬洪是路易斯與瓦倫斯公司的工程監理，負責監督紐約萊恩的園林設計師和花圃工。他分享了下面這個故事。

---···CASE···---

　　　　就在參加「如何贏得朋友和影響他人」的講座後不久，我受一位知名法官的邀請，為他的莊園做園林設計。他親自接待了我，指給我看他想種杜鵑的地方。

　　　　我對他說：「法官大人，您的愛好真讓人羨慕啊。我一直佩服您能把小狗養得這麼漂亮。我聽說您的小狗每年都在麥迪遜廣場花園的會展上贏回好多獎項。」

　　　　這句簡單的褒獎效果十分驚人。

　　　　「是啊，」法官說，「牠們確實給我的生活帶來了很多樂趣。想不想來看看牠們住的地方？」

　　　　他花了整整一個小時的時間給我看他的狗，和牠們贏

得的那些榮譽。他甚至拿出狗狗的家譜，給我講血統對狗
狗的影響。

最後，他轉過頭來問我：「你有小孩嗎？」

「有啊，」我說，「有個兒子。」

「那他想不想要隻小狗？」法官問。

「啊，那他一定要樂得合不攏嘴了。」

「好，我要送他一隻。」法官宣佈說。

他開始給我講解如何餵養小狗，緊接着頓了一下，說：
「我這麼跟你說你一定會忘的，我給你寫下來吧。」法官走
進屋，寫下小狗的族譜和餵養守則，之後把那隻價值七百
美元的小狗幼仔抱給我。他在繁忙工作中抽了一小時十五
分鐘的寶貴時間和我聊天，只因我對他的愛好和成就表達
了真摯的欽佩。

-·-·-CASE-·-·-

　　柯達公司創始人佐治・伊斯曼發明的透明膠片令電影成為可
能，並因此累積了萬貫家財，成為享譽全球的商界領袖。但是在顯
赫聲名背後，他和你我一樣，同樣渴望着小小的認同感。

　　伊斯曼在羅徹斯特出資興建了伊斯曼音樂學院與基爾伯恩音樂
廳。紐約高檔座椅公司的總經理詹姆士・艾達森得知後，想要藉此
機會拓展生意。於是他請負責這一項目的建築師引薦，約請伊斯曼
在羅徹斯特面談。

　　一到羅徹斯特，那位建築師就提醒艾達森説：「我知道你想拿到
這筆訂單，但你要是佔用伊斯曼先生五分鐘以上的時間，你就絕對

沒戲了。他非常講規矩，也非常忙。所以把你要説的話快點説兒，趕緊走人。」

艾達森打算就照他説的辦。

走進伊斯曼辦公室的時候，伊斯曼先生正在書桌前伏案工作，面前有厚厚一摞文件。片刻後，他抬起頭，摘下眼鏡，向建築師和艾達森走過來，説：「早上好，先生們。兩位有何貴幹？」

建築師為兩人做了介紹，艾達森開口説道：「伊斯曼先生，我們在外邊等您的時候，我一直在欣賞您的辦公室。我真希望自己也有一間這樣的屋子。雖然我是做木藝裝潢這一行的，但這真是我這輩子見過的最漂亮的辦公室。」

伊斯曼回答説：「要不是你提醒我，我差點忘了。確實很漂亮對不對？辦公室剛建好的時候我非常喜歡。但現在我每天都有太多事情要處理，有時都熟視無睹了。」

艾達森走過去，摩挲着一塊桌板，問道：「這是英國橡木吧？和意大利橡木的質地略有不同。」

「沒錯，」伊斯曼回答説，「進口的英國橡木，是一位對木材頗有研究的朋友幫我選的。」

伊斯曼帶艾達森參觀了他的辦公室，品評着房間結構、色彩、手工雕刻，以及他參與設計的其他細節。

之後，他們在窗前停下。伊斯曼以一貫謙遜溫和的語氣，指點着窗外那些他曾經資助過的人文機構：羅徹斯特大學、中央醫院、順勢醫院、友誼之家以及兒童醫院。艾達森對其以一己之力令眾生受益的舉動欽佩不已。之後，伊斯曼打開玻璃櫥，取出他人生中的第一架相機——當年他從一個英國人手中買下的發明。

艾達森順勢問起伊斯曼坎坷創業的經歷。回憶起童年的困苦，

伊斯曼先生感慨萬千。他在保險公司當小職員，母親獨自艱難地經營着小公寓，兩人相依為命。對貧窮的恐懼日夜纏繞着他，為了掙到足夠的錢，讓母親不必辛勞，他拚命工作。當他講到照相乾版的實驗時，艾達森饒有興趣地追問着細節，並專注地傾聽。伊斯曼回憶起那時一整天都泡在工作室裡，有時通宵做實驗，只在等待化學反應的時候打個盹；有時一口氣工作三天三夜，睏了就在辦公室裡和衣而睡。

艾達森在十點十五分的時候走進伊斯曼的辦公室，被告知他只有五分鐘的時間。然而一個小時過去了，兩個小時過去了，他們還在熱烈交談。

最後，伊斯曼對艾達森説：「上次我去日本的時候，買了幾把椅子帶回了美國，擺在我家的露台上。但是椅子上的漆因為日曬脫落了不少，所以我到城裡買了一些顏料，自己把漆補上了。你想不想看看我手藝如何？好，跟我到我家吃午飯吧，我給你看這幾把椅子。」

午飯後，伊斯曼先生把那幾把日本椅子指給艾達森看。這些椅子不值幾塊錢，但是伊斯曼，這位千萬富豪，卻將它們視若珍寶——因為他親自給這些椅子上了漆。

新建築的座椅訂單價值九萬美元。你覺得誰會拿到訂單呢？詹姆士·艾達森，還是他的其他同行？

這次拜訪之後，詹姆士·艾達森和伊斯曼先生建立了終生的友誼。

-----·CASE·-----

克勞德·馬雷在法國魯昂經營着一家餐廳。他通過這一原則，成功地挽留了一名核心員工。這位女士已經在馬雷先生的餐廳工作了五年，是他的左膀右臂，也是餐廳的二十一名員工的主管。收到她的辭呈之時，馬雷先生深感震驚。

馬雷先生説：「訝異之餘，我也十分沮喪。我一直覺得自己待她不錯，有求必應。對我而言，她不僅是雇員，更是朋友。我大概太把她的貢獻當作理所當然了，對她也比對一般員工更苛刻。

「我無法接受這樣不明不白的辭職信，就把她叫到一邊，説：『寶萊特，請你理解，我無法接受你的辭呈。無論對我個人，還是對於這家公司，你都非常重要。沒有你，餐廳絕不會有今日的成功。』我在全體員工面前再次重申了這番話，並邀請她到我家做客，在家人面前強調我對她的信賴。

「寶萊特收回了辭職申請。現在我比從前更加仰仗她，並常常感謝她的付出，親口告訴她對我和公司來講她有多重要。」

-----·CASE·-----

政治家迪斯雷利曾經統領大英帝國，且精於人情世故。他曾説過：「和對方談談他們自己，對方聽上幾個小時也不會厭倦。」

——原 6 則——
真心實意地讓對方知道他有多重要

贏得他人喜愛的六個方式

原則 1
建立對他人的興趣，真心誠意地關注他人

原則 2
微笑

原則 3
無論對於何人，無論以何種語言，
自己的名字都是世界上最甜蜜最重要的詞彙

原則 4
專注地傾聽，鼓勵他人談論自己

原則 5
談論對方感興趣的事情

原則 6
真心實意地讓對方知道他有多重要

CHAPTER 03

如何讓他人
想你之所想

HOW TO WIN PEOPLE TO
YOUR WAY OF THINKING

Section 01
爭論永無贏家

　　一戰後的某個晚上，我在倫敦學到了無價的一課。當時我正為羅斯・史密斯爵士擔任經理人。戰爭期間，羅斯爵士曾代表澳大利亞出征巴勒斯坦；戰爭結束後，他以三十天環遊半個地球的壯舉震驚了全世界。在此之前，從未有人完成過如此偉大的飛行旅程。澳大利亞政府為此授予他五萬美元獎金，英國國王也親自授予他爵位。在英格蘭國旗飄揚之處，無人不知他的大名。那天晚上，我出席了為羅斯爵士舉辦的宴會。晚餐時，坐在我旁邊的一位男士給我講了一個幽默故事，故事的梗在於一句名言：「神早已為世人寫下結局，世人辛苦掙扎又怎能擺脫。」

　　這位男士聲稱這句話引自《聖經》(Bible)。毫無疑問他是錯的，這一點我確信無誤。為了顯擺我的才識，取得優越感，我任命自己為糾察官，自命不凡地指出他的錯誤。沒想到，他竟然頑固不化。甚麼？你說這句話是莎士比亞說的？怎麼可能！荒謬至極！絕對出自《聖經》。他對此深信不疑。

　　這位男士坐在我右邊，而我的左邊是我的老朋友法蘭克・加蒙。加蒙先生曾致力於研究莎士比亞及其著作，因此我們把這個問題拋給他。加蒙先生聽完我們的爭論，偷偷踢了踢我，說：「戴爾，你錯了。這位先生是對的。這句話引自《聖經》。」

　　當晚在回家路上，我不滿地說：「法蘭克，你知道那句話絕對是莎士比亞說的。」

「毫無疑問，」他説，「出自《哈姆雷特》（*Hamlet*），第五幕第二場。但是戴爾，別忘了我們是宴會上的客人。為甚麼一定要分個勝負呢？這樣會讓他對你有好印象嗎？為甚麼就不能給他留點面子呢？人家又沒有問你的意見——他根本不需要你的意見。你又何必一定要和他爭？別總是自己往槍口上撞。」他的一席話讓我豁然開朗，愧赧至極。我不僅讓那位來賓心生芥蒂，還讓我的朋友立場尷尬。如果我沒那麼好鬥，一切本可以避免。

對於把辯論當作愛好的我來説，這次教訓猶如醍醐灌頂。年輕的時候，我事事都和表哥爭論；在大學裡，我選修了邏輯學和辯論學，並且是辯論會上的常客。「證明給我看」是我們密蘇里人的口頭禪，因此我習慣於説服別人，或是被別人説服。大學畢業後不久，我在紐約教授辯論學，還一度計劃就這個課題寫一本書——現在我很羞於承認這一點。從那時起，我觀摩、參加、研究過的辯論賽多達上千場。這些經歷教給我一個道理——普天之下，贏得爭論的方法只有一個，那就是避免爭論。請把爭論視同響尾蛇，或是地震——人人避之唯恐不及。

在大多數情況下，爭論非但不會令雙方和解，反而會火上澆油，令雙方更加堅信自己言之有理。

辯論永無勝負。輸即是輸，贏亦是輸。此話怎講？不妨問問自己，即使你的辯論無懈可擊，證明了對方漏洞百出、滿口胡言，那又能怎樣呢？你當然會自我感覺良好。但對方呢？你傷害了他的自尊，讓他感到低人一等，並且對你的勝利忿忿不平。更重要的是，「即使對方被相悖的意見説服，他也並不會因此改變自己的想法」。

幾年前，帕特里克·奧海爾參加了我的課程。他沒怎麼唸過書，非常喜歡和人吵架。他曾經當過司機，上我的課時他正想轉行做卡

車銷售，但並不順利。簡單詢問過後，我了解到他經常和客戶發生爭執。如果客戶對卡車的質量有任何質疑，帕特里克就會暴跳如雷，恨不得上前拗斷對方的脖子。帕特里克吵贏了許多次，正如他對我描述的：「我經常一邊走出對方辦公室，一邊對自己說：『我給那傢伙上了一課。』我確實給那傢伙上了一課，但也甚麼都沒賣出去啊。」

我的首要任務不是教奧海爾先生講話，而是教他克制講話，避免言語衝突。

後來，奧海爾先生成為紐約懷特汽車公司的一名金牌銷售人員。他是怎麼做到的？聽聽他自己是怎麼説的吧：

---- CASE ----

假如我走進客戶的辦公室，他對我説：「甚麼？懷特卡車！這牌子不好，白給我我都不要。我要買別的牌子。」不管他説的是甚麼牌子，我都會順着他説：「那個牌子的確很棒。買他們的車絕不會錯。那公司很好，銷售員也是一流的。」

這樣一來他就沒話説了，我完全不給他爭論的機會。如果對方説某某公司是最好的，而我表示同意，那他一定不知道接下來該説些甚麼好。他總不能整個下午都重複説「××公司最好」吧。趁他啞口無言，我就乘機把話題引到懷特卡車的優點上。

以前聽到客戶説類似的話，我一定會很憤怒，竭力爭辯懷特卡車比他説的牌子好。但是我越爭辯，對方越會反駁我；他越反駁我，他自己就越覺得那個牌子好。

> 　　現在回想起來，我都覺得那時候的自己能賣出東西才怪呢。我竟然把生命中那麼多的寶貴時間浪費在和人吵架上。現在我習慣閉上嘴，這樣反而管用多了。

——— CASE ———

正如本傑明·富蘭克林的智慧箴言所述：

「爭辯、抱怨和反駁或許會帶來暫時的勝利，但你永遠無法通過這表面上的勝利贏得對方的尊敬。」

想想看，你更願意得到形式上的勝利，還是對方的善意與尊重？二者無法兼而得之。

《波士頓文抄報》(Boston Transcript) 曾經刊載過一首意味深長的打油詩：

　　威廉姆·傑長眠於此
　　為他的真理爭辯至死
　　每次爭辯都是他贏
　　每次真理都站在他這一邊
　　但是輸贏又有甚麼意義呢
　　如今他再也聽不見

也許你總是對的，也許你總能駁倒別人，但是那又有甚麼意義呢。無論輸贏，你都無法改變他人的想法。

---CASE---

　　為了一筆九千美元的款項，稅務顧問法雷迪‧帕森斯已經和政府的稅收稽查員吵了整整一個小時了。帕森斯先生堅稱這筆錢是壞賬，收不回來，因此不應當繳稅。「壞賬？胡說八道！」稽查員毫不相讓，「必須上稅！」

　　「這個稽查員又冷漠又囂張，簡直就是不可理喻，」帕森斯先生在課堂上講起這件事的時候說道，「跟他擺事實講道理都沒用。越跟他吵，他就越來勁。所以我決定不跟他吵了，我話鋒一轉，開始誇他。

　　「我對他說，『這件事在你眼裡肯定是區區小事，你工作中一定遇到過很多更重要也更棘手的問題。我以前自學過稅務，但是我的知識都是書本上得來的。而您的經驗卻是一線實戰得來的。我真是羨慕您啊。如果我有您這樣一份工作，一定能從中學到很多東西』。」我說的確實是真心話。

　　那位稽查員聽我這麼說，坐直身子，向後靠了靠，跟我聊起他的工作。他告訴我他如何識破逼真的假賬，語調越來越友善，還聊到了他的孩子們。他告辭的時候說他會再考慮一下這筆錢的問題，過幾天給我答覆。

　　三天後，他專程來到我的辦公室，告訴我他決定把我填的納稅申報表原樣上交，不做任何改動。

---CASE---

　　這位稽查員恰恰表現了人性中最普遍的弱點之一 ── 渴求重視。當帕森斯先生對他產生質疑的時候，他以厲聲駁斥來維護他的權威，試圖通過這種方式證明自己的價值。一旦帕森斯先生表現出尊重，唇槍舌劍立刻停火了。稽查員找到了存在感，因此反而變得通情達理起來。

　　佛家有言曰：「冤冤相報，了無盡時，唯有愛方能終結怨仇。」同理，若以爭吵對抗誤解，怨恨則無休無止。唯有得體的處世能力、懷柔技巧和同理心才能夠化解爭執。

　　林肯曾經因為下屬之間一次激烈的爭吵而批評了一位年輕的軍官。「有遠大志向的人不會把時間浪費在無益的爭執上，」林肯說道，「因為意氣用事毫無意義。你的私事再大也大不過天，所以在個人問題上要懂得讓步。有狗攔路的時候，最好給牠讓道，而不要為了爭路被牠反咬一口；若是被咬了，即使殺了牠，你的傷口也不會馬上癒合。」

　　《點點滴滴》①（ Bits and Pieces ）雜誌曾經刊登過一篇文章，講解如何避免分歧升級為爭吵：

　　　　接受分歧。請記住這句話：「如果兩個合作夥伴總是意見一致，那麼其中一個人就沒有存在的意義。」如果對方提出了你從未想到的觀點，請心存感激。不同的意見或許會幫助你避免犯錯。

　　　　不要縱容直覺反應。面對不利處境，人類的本能使我們下意識地進入戒備模式。這時請格外注意。保持冷靜，警惕你的

────────────
① 《點點滴滴》，新澤西州費爾菲爾德的美國經濟出版社出版。

本能反應——它會使你成為最糟的那個你，而非狀態最好的那個你。

控制情緒。觀察對方是否易怒，你就能知道他是君子還是小人。

先聽，後說。給對方說話的機會，聽他們把話說完。反駁和爭辯只會徒增隔閡。建立溝通的橋樑，不要築起誤解的壁壘。

求同存異。聽到對方的看法之後，請先想想你認可的部分。

誠懇。在能夠讓步的時候讓步，在應該認錯的時候認錯。這會令對方放下戒心，從而減少摩擦。

向對方承諾你會認真考慮他的想法，並且說到做到。對方很有可能是正確的。藉這個機會深思熟慮，總好過事後被對方指責「我們告訴過你，可你就是不聽」。

真心誠意地感謝對方的重視。對方願意花時間和你爭辯，是因為他和你對同一件事感興趣。將他們視為真心願意幫助你的人，也許就能化敵為友。

給雙方足夠時間找出癥結所在，不要急於採取行動。主動建議推遲討論時間，將所有細節都考慮清楚。再次交涉之前，請坦誠地問問自己這些關鍵問題：

對方有沒有可能是正確的，或是部分正確？他的論點中是否有值得肯定的地方？我的建議能夠解決問題，還是只會引發不快？我的行為是會把對方推向對立面，還是拉近我們的關係？我的決策是否能讓人們更尊重我？我會贏，還是會輸？如果我贏了，我會付出甚麼代價？如果我保持緘默，紛爭是否會就此平息？目前的局面對我而言，是否意味着機會？

　　歌劇男高音簡・皮爾斯在金婚之時說：「很早之前，我和妻子就立下了一個規矩 —— 一個人發火的時候，另外一個人必須聽着。如果兩個人都在大叫大嚷，那不叫溝通，叫噪音。無論我們對彼此有多不滿，都不曾違背這個約定。」

──── 原 **1** 則 ────
贏得爭論的方法只有一個，那就是避免爭論

SECTION 02
如何避免樹敵

　　西奧多・羅斯福入主白宮之時曾經坦言，如果他的判斷有百分之七十五是正確的，那已超出自己的期望值了。

　　如果連二十世紀最偉大的人物對自己的期望值也不過如此，那麼你我又怎敢聲稱自己永遠是對的？

　　如果你能夠保證百分之五十五的正確率，那麼你完全有資格在華爾街日進斗金；如果你不能保證，那麼有何底氣斷定是別人錯了？

　　如果你想指摘別人，無需開口，你的表情、語調和手勢就足以說明一切。當你對指出方的錯誤，他會認同嗎？當然不會！你的批評否定了他們的智慧和判斷力，打擊了他們的驕傲和自尊。他們非但不會因此改變想法，反而只想回擊。哪怕你拋出柏拉圖或是康德的邏輯，你也無法扭轉對方的觀念，因為你已經傷害了他的感情。

　　永遠別以「讓我證明你哪裡錯了……」為開頭。這是一步差棋。說這句話就等同於在說：「我比你聰明。我要教教你，讓你改變想法。」這就如同下戰書一樣，引發對方的敵意。還沒等你開口，聽者就想和你決鬥。

　　哪怕雙方都心平氣和，改變他人的既有觀點也是非常困難的。那麼為甚麼要火上澆油，給自己添堵呢？

　　如果你想要證明甚麼，請不着痕跡地道出，不要讓對方察覺你的意圖。亞歷山大・蒲柏的名句簡明扼要地詮釋了這一觀點：

「潛移默化，人方受教；斥其無知，不如稱其易忘。」

三百年前，伽利略也曾說過：

「你無法教會他人，唯一能做的，只是引導他自行領悟。」

查斯特菲爾德勳爵也曾告誡其子：

「要比所有人都聰明，但不要告訴他們這一點。」

蘇格拉底在希臘一再向信眾強調：

「我唯一知道的，是我一無所知。」

我的智慧遠遠不及蘇格拉底，所以我從此再也不指摘任何人。事實證明此舉行之有效。

如果有人說了錯話，即使你確信他錯了，也不妨試着這樣說：「這個嘛，你看，我本來不是這樣想的，但是估計是我錯了。我常常犯錯。如果真是我錯了，我想趕快改正過來。讓我們一起弄清事實吧。」

「估計是我錯了。我常常犯錯。讓我們一起弄清事實。」這幾句簡單的話裡蘊涵着積極的魔力。「估計是我錯了。我常常犯錯。讓我們一起弄清事實。」當你說出這句話的時候，天上地下，無人能夠抵擋。

我課上的學員哈羅德・萊因克就在和客戶的溝通中運用了這一方式。

----- CASE -----

萊因克先生在蒙大拿州從事道奇車的銷售工作。他對我們說，因為汽車行業的極大壓力，他在處理客戶投訴的時候難免變得麻木冷漠，從而引發許多不快，好幾次和人大吵起來，業績也因此下滑。

> 　　他對全班講：「我意識到這樣下去不行，得換一種方式
> 了。於是我嘗試對客戶說：『經銷商難免有疏忽之處，為此
> 我感到非常抱歉。在這件事上很可能是我們的錯。請您把
> 詳情告訴我吧。』
> 　　「這番話能讓對方立刻消氣。一旦客戶的負面情緒被疏
> 導了，他就能夠理智地對待實際問題。有好幾位客戶對我
> 的通情達理表達了謝意，其中兩位還介紹朋友來買我們的
> 新車。在競爭激烈的汽車市場上，我們急需這樣的客戶。
> 我相信有禮有節地對待客戶、對他們的意見表示尊重能夠
> 令我們在競爭中保持領先地位。」

---CASE---

　　承認自己有可能犯錯並不意味着惹禍上身，反而會令你遠離紛
爭。你的開闊胸懷會感染對方，令對方力求如你一般公正寬容，甚
至承認他也有可能是錯的。

　　如果你直言不諱地指出對方的錯誤，結果會怎樣呢？讓我舉個
例子吧。

---CASE---

> 　　S先生是紐約的年輕律師。他曾為一起要案擔任辯護
> 律師，在美國聯邦最高法院出庭（魯斯特加藤訴菲利特公
> 司美國聯邦最高法院判決書，第二百八十卷，第三百二十
> 頁）。此案涉及的賠償金額數目驚人，其判決方式也將會
> 對法律界產生重大影響。在辯護過程中，最高法院的法官
> 問S先生說：「海事法的訴時效是六年，沒錯吧？」

> 　　S先生愣住了，盯着法官看了一會兒，直截了當地説：「法官大人，海事法沒有規定訴訟時效。」
>
> 　　「法庭上頓時一片寂靜，」S先生在課上回憶説，「氣氛瞬間降至冰點。我説的是事實，法官錯了，我當面向他指出了這一常識性錯誤。這令他對我更友善了嗎？當然沒有。雖然我相信法律是傾向我這邊的，而且我在庭上辯論時超常發揮，但是我沒有勝訴。我竟然當着那麼多人指出這位學富五車的法官犯了錯，我才是大錯特錯啊。」

CASE

　　世間理性之人極少，大部分人都充滿偏見，其認知被成見、戒備、猜疑、恐懼、妒忌和傲慢所束縛。沒有人願意改變他們對信仰、髮型或是偶像的看法。如果你習慣給別人挑毛病，請在每天早餐前讀一遍下面這段話。這段話摘自詹姆士・哈維・羅賓遜的作品《理智的形成》（ *The Mind in the Making* ）。

　　有時我們會在不知不覺之間轉變想法，並對此毫無抵觸。然而被人指出錯誤的時候，我們卻拒絕改變，並且狠狠關上心門。我們毫不在意自己的價值觀如何莫名成型，卻在他人質疑之時，對這些價值觀陡增感情。珍貴的並非價值觀，而是受到威脅的自尊心。「我的」——這個不起眼的詞彙是人類事務中最重要的詞彙，人類對這個詞的認識是智慧的開始。無論是「我的」晚餐，「我的」狗，「我的」房子，還是「我的」父親，「我的」國家，「我的」信仰，這個定語都具有不可小覷的力量。我們不僅厭惡別人指責我們的錶不準、車子破，更厭惡別人指責我們對事物的看法——

無論是火星河道的位置、「埃皮克提圖」的讀音、水楊苷的藥性
還是薩爾貢的年代。我們總是固守那些早已成型的認知，一旦遭
受質疑，我們就會心生抵觸，為了保護自己認定的事實而尋找各
種理由。結果導致我們所宣稱的「理性」，實際上只是徒然地捍
衛自己的成見而已。

卓越的心理學家卡爾‧羅傑斯在他的著作《人格形成論》（*On Becoming a Person*）中寫道：

> 我意識到，准許自己理解他人具有難以估量的價值。這句
> 話或許聽起來很奇怪——理解他人難道還需要得到自己的批准
> 嗎？是的，我確實這樣認為。對於（我們從別人那裡聽到的）種
> 種說法，我們的第一反應總是評判，而不是試圖理解。當他人表
> 達感情、態度或是信仰時，總會首先引發我們自己的感受——
> 「沒錯」、「真蠢」、「不正常」、「荒誕」、「不對」、「不太妙」……
> 我們很少准許自己去試着理解他人的感受。[1]

我曾經請了一位室內設計師為我家做一些布藝裝飾，結果天價
賬單讓我非常鬱悶。

幾天之後，一位朋友來家裡做客，參觀了我家的新佈置。聽我
說了價格之後，她用充滿優越感的語調驚叫道：「甚麼？這也太貴
了！你肯定是被坑了。」

她說的是事實嗎？是的，她確實道出了真相。但是沒人希望自

---

[1]　本段改寫自卡爾‧羅傑斯著作《人格形成論》（波士頓米弗林出版公司，1961 年），第 18 頁。

己的判斷力被他人質疑。作為一個凡夫俗子，我本能地想為自己辯護。我對她說，同等價格下，貴的東西自然有它的價值，一分錢一分貨，低價買不到好品味和好質量，等等。

第二天，另外一個朋友順道來我家小坐。她稱讚着那些裝飾品，熱情地對我說，她希望她家也能買得起這麼精美高檔的設計。而我的反應和前一天全然不同。「呃，說實話，」我說，「我也差點付不起賬單。設計師多收了我的錢。我很後悔買這些裝飾品。」

當我們犯錯的時候，也許會向自己承認；如果對方溫和友善，也許我們會向對方承認，並為自己的廣闊胸襟感到自豪；但如果對方道出了難堪的事實，並強令我們接受，我們絕不會妥協。

美國內戰時期，著名社評人霍勒斯·格里利曾激烈地抨擊林肯的政策。他堅信譏諷和謾罵能夠讓林肯同意他的觀點。日復一日，年復一年，他始終對林肯惡言相加。就在林肯遇刺當晚，他還寫了一封尖酸刻薄的信辱罵林肯。

這些人身攻擊令林肯改變想法了嗎？當然沒有。譏諷和謾罵永遠不會奏效。

如果你想了解為人處世之道，提升個人魅力，不妨讀一讀本傑明·富蘭克林的自傳。他的人生故事引人入勝，是美國文學史上的不朽經典。這位精明強幹的政治領袖在書中道出了他從魯莽少年成長為謙謙君子的歷程。

當本傑明·富蘭克林還是個行事浮躁的年輕人的時候，一位貴格會 ② 的朋友把他叫到一旁，道出了刺耳的事實：

---

② 貴格會即教友派，為基督教新教的一個派別，興起於 17 世紀中期的英國，後隨部分信徒傳至美洲殖民地。該教會堅決反對奴隸制，在美國南北戰爭前後的廢奴運動中起過重要作用。

「本，你太讓人難以忍受了。但凡有人和你意見相左，你就口出狂言。你的話就像是狠狠給了對方一耳光，沒人聽得進去。朋友們都覺得你不在身邊的時候要自在得多。你自以為才高八斗，沒人敢和你爭辯；事實上，別人只是不願和你爭罷了。他們深知這樣白費工夫，只會引起不快。這樣下去你永遠無法進步 —— 你現在就已經無知得可憐了。」

本傑明‧富蘭克林的英明之處在於他接受了對方的逆耳忠言。他足夠聰明，也足夠豁達，他知道對方的話是對的，再這樣下去，迎接他的將是社交敗局。因此他決心徹底改變，立刻開始糾正粗魯無禮和剛愎自用的惡習。

「我給自己定了個規矩，」富蘭克林説，「不可直接反駁他人，也不可妄下斷言。我禁止自己使用意見明確的話，例如『肯定是這樣』、『毋庸置疑』等等，而以『我估計』、『我擔心』、『我猜』、『目前看來我覺得可能是這樣』等詞語來代替。發現對方的主張有誤的時候，我克制住立即反駁他的衝動，不再以指出對方的荒謬之處為樂；相反地，我會先肯定對方的觀點在特定情況下是正確的，再暗示目前的狀況可能略有不同。我很快意識到這一改變令我受益良多，與他人的交流變得融洽起來。我表明態度時的謙遜姿態贏得了對方的積極回應，並減少了對方的抵觸情緒。被指出錯誤的時候，我不再覺得那麼恥辱；若我碰巧是正確的，我也更容易讓對方放棄錯誤觀念，站在我這邊。

「一開始，當我做出上述改變的時候，我不得不強行壓制自己的本能；但最終，行為演變成了自然而然的習慣。這五十年來，幾乎沒人再從我口中聽到任何武斷的言論。這個習慣（以及正直的品格）幫了我大忙，當我推行新制度或想改變舊制度時，總會得到民眾的

大力支持；在各類公共委員會上，我的提議也一呼百應。我口才不
佳，不善言辭，措辭總是猶豫不決，在語言上沒有任何優勢，但是
這並不妨礙我清晰地表達自己的觀點。」

　　本傑明・富蘭克林的方法在商業領域也能夠奏效嗎？讓我們一
起來看看下面兩個例子。

　　凱薩琳・奧爾雷德是北卡羅來納州的一名工業工程監理人，
監管一家紗線生產廠。在課堂上，她同我們分享了處理敏感問題的
經歷：

---CASE---

　　我的職責之一是制定並實施獎勵制度及考核標準。在
廠裡，操作員生產的紗線越多，賺的錢就越多。我們之前
只有兩三種紗線，因此這套制度一直很管用；但近期我們
擴大了庫存和產能，同時生產十二種不同的產品。現行制
度漸漸不再適用，既不能公平地獎勵操作員，也無法有效
地激勵他們的生產力。於是我制定了一套新制度，以操作
員生產的紗線等級作為獎勵標準。我帶着新制度去見管
理層，決心向他們證明這一標準行之有效。我指出他們的
失誤，告訴他們目前的標準對操作員不公平，而我找到了
解決方式，制定了新的方案。結果如何呢？簡直是一敗塗
地。我急於捍衛新制度，絲毫不給對方台階下，以至於陷
入僵局。

　　上了幾次課之後，我立即意識到我犯的錯誤。我再次
召開會議，這一次，我先問他們認為甚麼地方有可能出問
題。深入討論了每個環節之後，我又問他們決定從哪兒着

手處理。我在恰當的時機低調地提了幾個建議，他們跟着我的思路，得出了和我此前相同的結論。最後他們熱情地批准了我的新方案。

現在我確信，直言不諱地說對方錯了非但沒有任何益處，還會引發種種惡果。你唯一的收穫就是踐踏了對方的自尊，讓你自己在任何場合都不受歡迎。

———— CASE ————

讓我們再來看看另外一個例子 —— 請記住我引述的這些例子並不是個例，而是千萬人的典型經歷。

克羅利是紐約一家木材公司的銷售員。他坦陳，多年以來，他一直對那些自以為是的木材檢驗員説他們錯了。每次糾紛贏的都是他，但這卻並沒有給他帶來任何好處。「那些木材檢驗員就和棒球裁判一樣，」克羅利先生説，「一旦做了決定，就絕不會更改。」

克羅利先生發現儘管他在糾紛中取勝，卻給公司造成了上千美元的損失。在我的課上，他下決心要改變策略，不再和人爭辯。結果如何呢？我們一起來聽聽他是怎麼説的：

———— CASE ————

一天早上，我辦公室的電話響了。電話那端怒氣沖沖地説我們運到他工廠的木材全部不合格，工廠已經停止卸貨，要求我們立即安排人手把貨物拉走。他説卸貨卸到四分之一的時候，他們的木材檢驗員報告説百分之五十五的木材不合格，因此他們拒絕收貨。

我立刻出發趕往對方工廠。在路上，我靈機一動，想

到了最佳解決方式。往常遇到這種情況，我會引用木材的檢驗標準，結合我自己的實際經驗，説服檢驗員木材是合乎標準的，是他自己在驗貨的時候沒用對方法。然而這一次我決定運用在課上學到的原則。

我到了工廠，發現場面又糟糕又有點好笑 —— 採購專員和檢驗員正劍拔弩張地等着跟我打架呢。我們走到貨車旁邊，我請他們繼續卸貨，讓我看看他們的操作過程。檢驗員應我的請求把不合格的貨品放一堆，把通過檢查的放在另外一堆。

看了一會兒，我意識到問題出自檢驗員。他曲解了檢驗標準，驗貨的時候過分嚴格。當天的木材是白松，而那位檢驗員只具備硬木材的檢驗知識，對白松毫無經驗。我對白松再熟悉不過了，但我並沒有當場質疑對方的檢驗標準。我繼續觀察，間或詢問為甚麼某塊木材不合格。我向他強調説我之所以這樣問，是為了確保以後能夠滿足對方的需求，而不是在暗示他錯了。

我提問的態度很友好，並且再三肯定了他們把不合乎要求的板材單獨拿出來的做法。漸漸地，我和這位檢驗員熟絡起來，一開始的緊張關係也逐步緩和了。他不經意間察覺到我的弦外之音，開始下意識地思考會不會是他誤用了高價木材的檢驗標準。而我非常謹慎，不想讓他誤解我要藉着這一點大做文章。

他的態度終於有了轉變，向我承認他對白松木沒甚麼經驗。每塊木材從車上卸下來的時候，他都徵詢我的意見。我耐心地向他解釋為甚麼這塊木材合乎檢驗標準，並保證

說如果這批木材不能滿足他們的需要，我們可以接受退
貨。後來，他每把一塊木材評為不合格，都會覺得很歉疚。
最後他終於意識到，我們的木材是合乎標準的，問題是他
們沒有訂購價位更高的木材。

　　我告辭之後，他重新查驗了所有木材，悉數簽收並給
我們寄了全額支票。

　　在這件事上，我用了一點小技巧，克制住指責對方的
本能，為公司挽回了巨大損失。而此舉挽回的信譽更是無
法估量。

------- CASE -------

　　馬丁‧路德‧金曾經被人質疑，身為和平主義者，為甚麼他會
對一位黑人指揮官、空軍上將丹尼‧詹姆士大加讚賞？馬丁‧路
德‧金回答說：「我對他人的判斷是基於對方的原則，而非自己的
原則。」

　　同樣，羅伯特‧李將軍曾經在南軍總統傑斐遜‧戴維斯面前極
力稱讚他的一位下屬。在場的另一位軍官吃驚地問：「將軍，你難道
不知道這個人是你的對手嗎？一有機會他就在你背後中傷你！」李
將軍答道：「我知道，但是總統在問我對他的看法，而不是他對我的
看法。」

　　順便說一下，我在本章中所述內容並不是甚麼新觀點。早在
兩千年前，耶穌就曾說：「你同告你的對頭還在路上，就趕緊與他
和息。」

　　而在基督降世的兩千兩百年前，埃及法老也曾經告誡子孫：「圓
融處事，方能達到目的。」這句話直到今天仍然成立。

　　換句話說，請不要與客戶、愛人或是敵人爭辯。不要直接指出他們的錯誤或激怒他們。請圓融處事。

────── 原 2 則 ──────

尊重他人的觀點，絕不要說「你錯了」

SECTION 03
坦率承認錯誤

我家附近有一片未經開墾的林地。春天的時候，黑莓叢搖曳着白色花朵，飛蓬草茂盛得像是真的要飛起來，松鼠在這裡做窩，哺育後代。這片處女地被稱為森林公園，而它也確確實實當得上森林之稱，似乎從哥倫布發現美洲大陸之後，它就未有絲毫改變。我常常帶着我的雷克斯在這裡漫步。雷克斯是一隻友善無害的波士頓鬥牛犬。公園裡罕見人跡，因此我從不給雷克斯拴鏈子或是戴口套。

一天，我們在散步的時候遇到了一位騎警。這位騎警急於顯示他的權威，質問道：

「不拴繩子不戴口套就敢讓狗在公園裡亂跑？」他訓斥我說，「你知不知道這樣是違法的？」

「我知道，」我溫和地答道，「但是我認為牠不會給任何人造成傷害。」

「你認為！你認為！法律才不在乎你怎麼認為！這隻狗有可能咬死松鼠，或是誤傷孩子。我這次放過你，但你再讓我看見一次這狗不拴繩子不戴口套，你就自己去跟法官解釋吧。」

我立刻表示順從，允諾下次注意。

我也確實注意了 —— 幾次。雷克斯很討厭口套，我也不喜歡，所以我們決定鋌而走險。一開始風平浪靜，但很快我們就撞槍口了。一天下午，雷克斯和我衝到山坡上，突然看見這位法律的化身高高

騎在一匹栗色大馬上。雷克斯在我前面，直接衝着這位警官跑過去。

我垂頭喪氣，知道這下完蛋了。還沒等警官開口，我就搶先説：「長官，您真是把我抓了個正着。我有罪。我沒有不在場證明，也沒有任何藉口。我記得您上週警告我説要是再不給狗戴口套，您就罰款。」

「這個嘛，」警官一聽我這麼説，態度軟了下來，「我知道周圍沒人的時候，你肯定很想讓小狗好好跑一跑。」

「我當然想啊，」我回答説，「但是這是違法的。」

「呃，這麼小的狗，不會傷害到別人的。」警官退讓一步説。

「確實不會，但牠也有可能咬松鼠啊。」我説。

「行了，我覺得你有點認真過頭了，」他説，「照我説的做。你讓牠跑過山頭，跑到我看不見的地方，然後咱倆就假裝這件事沒發生過。」

警官也是凡夫俗子，也渴望被重視；當我搶先開始自責時，唯一能夠讓他自我感覺良好的方式，是通過對我的憐憫顯示他的寬宏大量。

假如我當時非要為自己辯護的話 —— 你敢和一個警察爭辯嗎？

因此我沒有和他爭，而是直接承認他百分之一百正確，我百分之一百錯了。因為我坦率地積極認錯，爭端和平地解決了，雙方都理解對方的立場。就在一週前，這位騎警還威脅要將我繩之以法，但剛才他卻表現得比查斯特菲爾德勳爵還要和藹可親。

當責罵在所難免時，與其從對方口中聽到攻擊的言辭，不如搶先認錯 —— 比起被他人的指責，自我批評要好受多了，不是嗎？

在對方開口之前搶得先機，自己檢討，把對方想説的話説出來，不給他留任何餘地。百分之九十九的情況下，等待你的將會是

寬容和原諒。就像那位警官對我和雷克斯的態度一樣，你的錯誤會被一筆勾銷。

---CASE---

　　商業廣告藝術家費迪南‧華倫就是使用這一技巧，給一位壞脾氣的客戶留下了好印象。

　　「廣告和出版用的畫作對精細度和準確度的要求非常高。」華倫告訴我們。

　　「一些美術編輯總是派急活兒，時間一緊很容易產生一些小問題。我認識的一位美術總監就把挑毛病當消遣。我每次走出他辦公室的時候都滿心厭惡，不是因為被刁難，而是因為他總是進行人身攻擊。最近我剛交了一個急件給這位總監，結果他給我打電話，讓我馬上到他的辦公室去一趟，說是有地方出錯了。如我所料，我一趕到那兒就發現他正在幸災樂禍，為挑出了毛病而自鳴得意，質問我為甚麼這樣那樣。這次，我可算有機會實踐自我批評的方法了。我說：『如果您說的都是真的，那絕對是我的責任，我不會給我造成的錯誤找任何藉口。我為您工作了這麼久，本該了解您的要求。我為自己感到慚愧。』

　　「聽了我的話，他竟然立刻開始向着我了：『是，你說得沒錯，但是這算不得甚麼大問題。這只是……』

　　「我打斷了他：『不管甚麼錯誤，都代價高昂，也讓您惱火。』

　　「他三番五次地想要插話，但我沒給他機會。我很享受這個過程。這是我人生中第一次批評自己 —— 感覺良好啊。

「『我應該更用心一些，』我接着說，『您給了我很多合作機會，理應得到最好的作品。所以我決定重新畫。』

「『別，別這樣，』他反對說，『我沒想這樣麻煩你。』他誇了我的作品，向我保證他只想改一個小地方而已，而且這一點細微的誤差不會給公司帶來任何損失，完全不值得擔心。

「他在我的自責面前繳械投降，還請我吃了午飯。我告辭之前，他結清了我的賬，還給我派了另一個活兒。」

----- CASE -----

勇於承認錯誤能夠令人產生自豪感。認錯不僅能夠減輕自己的內疚和對方的防備，還能夠彌補錯誤引發的後果。

----- CASE -----

新墨西哥州的布魯斯·哈維誤給一位休病假的員工簽發了全額工資。他一發現自己的失誤，就立即通知了這名員工，解釋說誤發的工資需要從下個月的工資中扣除。那名員工表示近期經濟困難，央求過一段時間再還錢。躊躇之下，哈維決定試試看能不能取得上級主管的許可。「我心裡很清楚，」哈維說，「一旦讓老闆知道這件事，他肯定會勃然大怒。我不知道怎樣才能化解這次危機，但既然問題因我而起，我必須向老闆承認過失。

「我走進老闆的辦公室，告訴他我犯了大錯，並向他彙報了前因後果。他憤怒地說這是人事部的問題。我重複說這是我的錯，他又大罵會計部不負責任。我再次申明過失

在我，結果老闆開始責怪辦公室裡另外兩個人。我仍然堅持說後果應該由我一人承擔。最終，他盯着我說：『好吧，確實是你的錯。現在給我改過來。』就這樣，我彌補了自己犯下的錯誤，而沒有使任何人受到牽連。我很開心自己沒有找藉口，獨立化解了危機。從那之後，老闆更加尊重我了。」

------CASE------

　　再愚蠢的人也懂得推諉塞責——事實上，蠢人也是這樣做的——承認過失是高尚之舉，你會為自己感到由衷的喜悅。歷史上曾經有過這樣一段佳話——蓋茲堡戰役慘敗之後，羅伯特‧李將軍沒有歸咎於匹克德或其他下屬，自己一人扛起了全部責任。

　　匹克德衝鋒堪稱西方歷史上最壯觀恢弘的一次戰鬥。佐治‧匹克德本人也可謂瀟灑倜儻——栗色鬈髮垂落於肩，每日在戰鬥間隙寫下火熱的情書，如同意大利戰役中的拿破崙。在那個七月的午後，悲劇發生之前，他威風凜凜地騎馬奔赴前線，帽子不羈地歪向一邊。忠誠的部隊一路為他歡呼，步調劃一地緊隨其後，旗幟在風中飛揚，刺刀在陽光下閃閃發亮。聯邦軍見到這樣氣勢雄偉的場面，也不由得默默豔羨，讚歎聲傳遍前線。

　　匹克德的軍隊大踏步前進，橫掃果林和麥田，經過牧場和山澗。敵人的加農炮一次次撕裂他們的隊形，留下觸目驚心的空洞，然而這支沉着的部隊在炮火中一次次重新集結，一路勇往直前。

　　當他們抵達墓地嶺之時，一直埋伏在石牆背後的聯邦步兵團突然間發動攻擊。密集的炮火逼得匹克德大軍四下逃散。墓地嶺迅速淪為一片火海，慘烈之狀如同人間煉獄。短短幾分鐘之內，匹克德

軍隊的將領就幾乎全部陣亡，五千精兵已損失了五分之四。

　　路易斯‧亞米斯德將軍率領殘餘部隊進行最後一搏，他踉蹌地穿過炮火，跨過石牆，把帽子掛在刀尖上高高揮舞，怒吼道：「弟兄們，跟他們拚了！」

　　士兵們照做了。他們越過城牆，奮力刺向敵人，用步槍敲碎敵人的頭骨，把戰旗深深插入墓地嶺南側的土地上。

　　然而戰旗只飄揚了短短一瞬。自此，聯盟軍潰敗如潮。

　　壯烈的匹克德衝鋒淪為了失敗的開端。李將軍深知敗局已定，經此一役，他再也無力攻入北方。

　　南方軍團的命運就此終結。

　　李將軍悲痛至極。他向聯盟軍統帥傑斐遜‧戴維斯遞交辭呈，請對方另覓一位「更年輕有為的將領」。他原本可以將匹克德衝鋒慘敗的責任推卸得一乾二淨，指責他手下的指揮官辜負了他的信任，步兵受困時騎兵並未及時支援，這裡那裡出了差池等等。

　　但是李將軍並未歸咎於任何人。匹克德軍團敗北之後，傷痕累累的殘餘部隊退回聯盟軍的陣營。羅伯特‧李將軍逐一面見他們，不斷責備自己。「一切都是我的錯，」他說，「是我個人導致了戰役的失敗。」其人格之高尚由此可見一斑。縱觀歷史，有勇氣和品格承認錯誤的將領鳳毛麟角。

　　米高‧張是香港卡耐基課程的一名教員。他分享說，中國傳統文化有時會引發一些特定問題。他認為，根據課上的原則靈活處理人際關係比堅守傳統更有益。

---- CASE ----

他班上有一名中年男子，曾因鴉片成癮和兒子疏遠多年。成功戒毒後，他想和兒子重歸於好，然而中國傳統觀念認為長輩不應先邁出這一步。在前幾堂課中，他談及從未謀面的孫輩，流露出對團聚的深切渴望，班上的中國同學也紛紛對傳統與現實之間的矛盾表示理解。這位父親不願放下架子，堅持認為晚輩應當尊重長輩，主動提出和解，然而他心裡卻始終癡癡地盼着兒子回家。

課程將近結束的時候，這位父親再次站到全班面前。「我認真考慮過了，」他說，「戴爾·卡耐基曾說：『如果是你錯了，那就堅決果斷地承認。』我猶豫了太久太久，已經沒有機會『果斷地』承認，那就讓我堅決地承認我的錯誤吧。我辜負了我的兒子。他不願意見我，把我從他的生活中抹去，都是我一手造成的。請求一個年輕人的原諒是很丟臉的事，但是我有錯在先，我有責任面對這一點。」課堂上的掌聲經久不息，全班同學都支持他的決定。第二堂課上，他告訴全班他已經拜訪了兒子的新家，得到了他的原諒，並見到了兒媳婦和孫輩們，一家人正在逐步建立新的關係。

---- CASE ----

美國作家阿爾伯特·哈伯德的作品見解獨到，在美國爭議如潮。他犀利的言辭經常引起讀者的強烈不滿，但是哈伯德憑藉為人處世的高超技巧，總能化干戈為玉帛。

當惱火的讀者在來信中大放厥詞，還對他進行人身攻擊的時候，阿爾伯特‧哈伯德通常會這樣回覆：

再三斟酌過後，我自己也並不完全贊成此前的觀點。昨日寫下的語句對今日的我或許已然不再成立。我很高興了解到您對此事的看法。下次如您方便，敬請到府上小敘，就這個問題聊個痛快。在千里之外向您致敬。

您誠摯的朋友
阿爾伯特‧哈伯德

對於這樣誠摯的回信，還有甚麼可說的呢？

如果你是對的，請以婉轉友善的方式贏得對方的贊同。如果你是錯的 —— 倘若你對自己誠實，這種情況往往比你想像的要多 —— 那就果斷誠懇地承認錯誤。這一舉動不僅會產生驚人的效果，而且比辯白自己更有趣 —— 不管你相不相信。

請記得這句古老的格言：「鬥爭無法饜足人類，退讓卻能令人受益匪淺。」

—— 原 3 則 ——

如果你錯了，請堅決果斷地承認錯誤

SECTION 04
一滴蜜糖

　　每次大發雷霆教訓別人的時候，你的情緒得以宣洩，心情也會隨之變得愉快。但對方會怎麼想呢？他會分享你的愉快嗎？挑釁的語氣和敵意的態度能說服他嗎？

　　「若你緊握雙拳，來勢洶洶，」伍德羅・威爾遜曾經說過，「那我也必將揮拳迎戰。若你說：『讓我們坐下談談，如果我們意見相左，那麼這正是了解彼此觀點的好機會。』如此一來，或許我們會發現彼此的共識比差異多得多，針鋒相對是沒有必要的。如果我們有耐心、誠心和決心握手言和，我們必將握手言和。」

　　對於這個觀點，約翰・洛克菲勒再認同不過了。一九一五年，洛克菲勒在科羅拉多州淪為人人喊打的惡霸。震驚全美的罷工事件持續了兩年之久，成為美國工業史上最慘烈的一次鬥爭。

　　工人要求科羅拉多燃料鋼鐵廠支付更高薪水，而這家公司的管理者正是洛克菲勒。憤怒的工人們砸毀了工廠的設備，政府不得不出動軍隊鎮壓。流血衝突一再發生，罷工者被無情的子彈掃射，屍體上佈滿彈孔。

　　怨恨在空氣中沸騰。在這樣劍拔弩張的階段，洛克菲勒希望得到工人們的理解，他也確實做到了。如何做到的？他花了數週時間和工人們懇談，終於有機會在工人代表面前發言。這次史詩般的演講產生了驚人的效果，令聲討洛克菲勒的憤怒之火得以平息，也為他贏得了眾多追隨者。他以謙恭友善的姿態將事實一一道來，令工

人們心悅誠服地回去工作，而加薪的要求再也沒有人提。

　　他的態度如此誠懇真摯，彷彿面前的聽眾是和善的傳教士，而不是幾天前還想將他在酸蘋果樹上絞死的工人代表。他的演講中充斥着這樣的措辭：「我很榮幸來到這裡」，「拜訪了尊府」，「認識了你們的妻兒」，「今天我們雙方站在這裡，並不是陌生人，而是朋友」……「雙方的共同友誼」，「共同利益」，「我今天站在這裡，全憑你們的寬宏大量」。

　　「今天是我一生當中最值得紀念的日子，」洛克菲勒是這樣開始他的演講的，「這是我第一次有機會同這家偉大公司的員工代表、主管和負責人聚在一起。我很榮幸能夠站在這裡，我會用餘生銘記我們的這次相聚。就在兩週之前，我對於諸位而言大概還很陌生，我也只能認出你們當中的幾位。然而上週我有幸到南方煤田的營地做客，和今天站在這裡的所有代表一一見了面。除了當時不在的幾位代表，我幾乎見過了所有人，拜訪了尊府，認識了你們的妻兒。今天我們雙方站在這裡，並不是陌生人，而是朋友。基於我們的共同友誼，我很高興能有機會和大家探討我們的共同利益。

　　「今天是公司管理者和員工代表的聚會。很不幸地，不才既不是管理者，也不是員工代表，全憑大家的寬宏大量，我才能夠站在這裡。然而我內心深處卻深深感到我與諸位是緊密地聯繫在一起的。因為在某種意義上，我同時代表着股東和董事。」

　　這難道不是化敵為友的最佳範例嗎？

　　假如洛克菲勒用了另一種方式 —— 同工人爭執，直截了當地指出目前災難性的局面，或是明刺暗諷地說罷工大錯特錯 —— 即使他佔了上風，結果又會如何？毫無疑問，等待他的將會是更多仇恨，更多怒火，更多抗爭。

如果對方心中充滿了對你的怨言和猜忌，你用任何邏輯也無法說服他站在你這一邊。無論是抱怨的父母、專橫的領導，還是跋扈的丈夫、嘮叨的妻子，每個人都需要認識到這一點——沒有人願意改變自己的想法。你無法強迫他們認同你的觀點。然而如果我們溫和友好，永遠溫和友好，也許他們終有一天會被感動。

這是林肯在一百年前道出的真理。他解釋道：

「一滴蜜比一加侖膽汁更能吸引飛蠅。」這一古老的諺語對於人類同樣適用。如果你想要得到他人的贊同，請先讓他相信你是他忠實的夥伴，這是俘獲他心靈的那一滴蜜糖；憑藉這一滴蜜糖，你就能夠贏得他的心。

商界高管從實踐中總結出對待罷工應當採取友善態度。面對着兩千五百名罷工者要求加薪並成立工會的混亂局面，懷特汽車公司的董事長羅伯特·布萊克沒有大動肝火，也並未採用暴力或威脅的手段震懾罷工者，反而在克利夫蘭當地報紙上刊登告示，稱讚罷工者採用了「和平的方式放下工具」。當他發現罷工糾察隊無所事事地在街上閒逛時，他出資購買了棒球棍和手套，邀請工人們在閒置的車間裡打球，甚至還為喜歡保齡球的工人租用保齡球道。

布萊克先生的友善為他帶來了回報。罷工的工人主動帶來掃帚、鐵鏟和垃圾車，將工廠附近的火柴、廢紙和煙蒂清理得一乾二淨。想想看，罷工者一面爭取薪資和工會權益，一面竟然在打掃廠房——這樣的局面在美國漫長而激烈的勞工鬥爭史上聞所未聞。一週之內，罷工就通過和平協商解決了，沒有任何人對此心懷不滿。

丹尼·韋伯斯特是美國歷史上最成功的律師之一，出庭時如同神明在側，氣勢磅礡，不容置喙。但即使在辯護最激烈的時候，他也總是佐以下述友善的言辭：「提請陪審團斟酌」，「這一點值得我

們深思」,「我相信對方不會對這些證據視而不見」,「以您對人性的
深刻洞察,您一定明白這些細節意味着甚麼」⋯⋯韋伯斯特不用恫
嚇政策,不用高壓手段,絲毫未把自己的觀點強加於人。他以溫文
爾雅、友善沉靜的方式贏得了聲望與敬重。

　　罷工與出庭大概離你的生活很遙遠,但你或許會需要請房東減
租。這時,友善的方式還能奏效嗎?讓我們一起來看看。

⸻ CASE ⸻

　　　工程師斯特勞布想和房東商量降低房租,但他知道房
東是個不好說話的人。斯特勞布在課前的演講環節中分享
了他的這一段經歷。他說:「我給他寫信聲明,一等租約到
期,我就把房子騰空。但是事實上我並不想搬家。如果房
租能少一點,我還想續租。不過情況不太樂觀,我知道其
他房客試過跟房東講價,但都失敗了。人人都說房東難打
交道,我給自己打氣說:『反正我正在學習怎麼和人打交
道,就當是練練手吧。』

　　「他一收到我的信,就帶着秘書來找我。我熱情地開門
迎接他,友善地向他問好。我並沒有提到房租太貴,只是說
我有多喜歡他的公寓。相信我,我說這話的時候絕對是『由
衷地讚許,不吝嗇讚美之詞』。我誇他把公寓管理得井井有
條,告訴他我非常想再多住一年,但是我付不起這個價錢。

　　「顯然,之前從來沒有房客這麼友好地和他溝通。他似
乎有些無所適從。

　　「之後,他開始向我傾訴他的苦衷。房客總是跟他抱
怨個不停,其中一位寫了十四封信來辱罵他,另一位要求

他讓樓上的住戶停止打鼾，否則就立即毀約搬走。他感慨道：『有你這樣善解人意的房客，真是個安慰啊！』還沒等我開口，他就主動提出給我減一部分房租。我希望他再讓步一些，提了個我能負擔的數字，他二話不說就同意了。

「走到門口，他還回過頭來問我：『需不需要我把你的房子重新佈置一下？』」

「如果我用其他房客的方式要求房東減租，勢必會遭到拒絕。友善、感激而體諒對方的談判方式最終奏效了。」

----CASE----

----CASE----

迪安‧伍德科克是賓夕法尼亞州一家電氣公司的部門經理。他們部門剛接到一項任務，負責維護電線杆頂的設備。這類工作原本是另一個部門的職責，最近才被移交至伍德科克的部門。儘管他手下的員工接受過相關培訓，但實際操作還是第一次，公司裡的人都想看看他們水平如何。於是伍德科克帶着幾名下級主管，和其他部門的員工一起來到施工現場。他們把車停在一旁，開始觀摩電線杆上兩名員工的操作。

伍德科克環顧四周的時候，發現不遠處有一位男士從車裡鑽出來，拿着相機開始對施工現場拍照。公共設施公司對公共關係非常敏感，伍德科克立刻意識到那位男士是如何看待這一場景的——兩個人的工作卻有十幾個人參與，典型的人浮於事。於是他向那位拍照的男子走過去。

「您好像對我們的施工非常感興趣啊。」

「沒錯,而且我媽媽會更感興趣的。她買了你們公司的股票。這場面一定會令她大開眼界。她肯定覺得她的投資愚蠢至極。我已經跟她說了好幾年,像你們這種公司人員冗雜,這就是證據。報紙肯定也會對這些照片感興趣的。」

「看起來像是這樣,是吧?如果我是你,我大概也會這麼想。但是今天的情況比較特殊……」迪安·伍德科克告訴對方,這是他的部門第一次從事這項工作,所以公司上上下下都非常重視。他向對方保證,通常情況下,兩名員工就足以完成任務了。那名男子信服地收起相機,和伍德科克握了握手,感謝他願意花時間向自己解釋。

----- CASE -----

通過善意的交涉,迪安·伍德科克成功地為公司化解了一次公關危機。

新罕布夏州的傑拉爾德·溫是班上的另外一名學員。他同樣分享了友善處事的妙處:

----- CASE -----

早春二月,土壤尚未解凍的時候,下了一場暴雨,誰知雨水並未順勢排到附近的排水溝中,而是流到了我家剛建的新房附近。

雨水排不出去,都積在我家房子的地基上。混凝土基底在水壓下迸裂,整個地下室裡都是水,把火爐和熱水器全浸壞了。最後我在維修上花了兩千多美元,而且我沒有購買房屋保險。

我很快發現問題的起因是由於土地擁有者沒在我家房子附近挖排水溝。於是我決定去找他面談。我家距離他的辦公室有二十五公里。一路上，我仔細分析了目前的局面，想起在課上學到的原則，告誡自己發火是沒有用的。到了對方公司，我保持冷靜，先和對方聊起他最近的西印度群島之旅。之後，我在恰當的時機提到了那次漏水的「小問題」。他立即答應擔起責任，盡快幫助我解決問題。

幾天之後，他打電話來說願意賠償我的損失，並且會在我家附近開鑿排水溝，避免類似事情再次發生。

儘管這確實是他應盡的責任，但是倘若我並未以友善的方式與他交涉，那麼事情未必會解決得如此圓滿。

·-·-·CASE·-·-·

在我年少的時候，我每天光着腳丫穿過森林，去密蘇里州西北部的一所鄉村學校上學。那時我曾讀到過一則關於太陽和風的寓言。

太陽和風爭論誰更強大，風說：「我更強。你看到那邊那個穿着外套的老人沒有？我打賭我能比你更快讓他脫下外套。」

於是太陽躲到雲彩背後。風賣力地吹着，幾乎要形成了龍捲風，但是風越大，老人把外套抓得越緊。

風最終平息了，甘願認輸。太陽從雲後冒出腦袋，笑眯眯地望着老人。漸漸地，老人緊皺的眉頭舒展開了，脫下外套拿在手中。太陽對風說，溫柔友善永遠強於暴力。

懂得一滴蜜的道理的人們在生活中踐行着溫柔友善的準則。馬里蘭州的蓋爾·康納就是其中一位。

---- CASE ----

　　他剛買的新車總是出毛病，他不得不把車送到售後服務部維修，這已經是四個月內的第三次了。他在課上說：「很明顯，擺事實講道理或是對客服經理發火都沒甚麼用。

　　「我走到展示廳，要求與公司老闆懷特先生面談。等了一會兒，我被帶進懷特先生的辦公室。我簡單介紹了自己，解釋說朋友推薦他家價格合理，服務也好，所以從他的店裡買了這輛車。懷特先生聽到這些，露出滿意的微笑。之後，我提到在售後服務部遇到的麻煩。

　　『我知道您格外重視您的聲譽。』我補充了一句。他感謝了我的提醒，向我保證我的問題一定會得到妥善解決。他不僅親自過問這件事，在我的車維修期間，還把他的車借給我用。」

---- CASE ----

　　基督誕生六百年前，克洛伊索斯王的一名奴隸在希臘寫下了不朽的寓言，他的名字叫伊索。他所揭露的人性不僅適用於二十六世紀前的雅典，也適用於今天的波士頓和伯明翰 —— 太陽可以比風更快地讓人脫下外套，友好和善的態度比恫嚇與暴力更有說服力。請記住林肯的話：「一滴蜜比一加侖膽汁更能吸引飛蠅。」

原 **4** 則

溝通始於友善

SECTION 05
蘇格拉底的秘密

與人商談時，請先強調你贊同的觀點，不要急於挑明分歧。如果可能的話，請讓對方了解，你們的差異在於方法而非目的。

從一開始，就努力讓對方說「是」，不要給他機會說「不」。

根據奧佛瑞教授的觀點 ①，「不」字是最難逾越的障礙。一旦說出了「不」字，你的自尊心就會迫使你堅持己見。即使你意識到這個「不」說得太輕率，你的尊嚴也不會給你食言的機會。話一出口，你就會下意識地捍衛它。因此，交談中最重要的是先拋出對方認同的觀點。

有技巧的演講者總會在一開始就讓聽眾連連稱「是」，由此奠定聽眾的心理基礎，讓對方的反饋走向積極的方向。好比打台球，當你向一個方向擊出球，就很難再讓它轉變方向，轉到相反方向更是難上加難。

此處所述的心理機制再清晰不過了。當人們堅決地說「不」的時候，他不僅僅只是說出了一個簡單音節，而是從腺體、神經到肌肉都進入了「拒絕」模式，整個機體都緊繃起來。有時他可能會有短暫的反悔，但整個肌肉神經系統都進入了防禦模式，阻止他自己食言。與之相反，人們稱「是」的時候，就不會引發這樣的神經活動，機體會進入活躍而開放的狀態。因此，制勝之道取決於談話之初的正面反饋。

---

① 引用自赫利·奧佛瑞著作《影響人類行為》（紐約諾頓出版社，1925 年）。

讓對方稱「是」的策略聽起來簡單，卻總是被人忽視。人們似乎習慣以冒犯他人的方式找尋存在感。

無論你面對的是學生、顧客、孩童還是伴侶，如果對方在一開始以「不」作答，那麼你需要過人的智慧和耐心，才能變拒絕為肯定。

紐約格林尼治儲蓄銀行的櫃員詹姆士・艾柏森正是運用這一方法，令一名客戶回心轉意。

---CASE---

「這位顧客想要開戶，」艾柏森先生說，「於是我例行公事地請他填表。但是他拒絕回答表上的一些問題，只填寫了一部分內容。

「在我學習人際關係之前，我很可能會告訴這位儲戶，如果他拒絕向銀行透露這些信息，我們也會拒絕給他開戶。現在我為這種態度感到羞愧。這種居高臨下的感覺一度讓我覺得飄飄然，就好像這裡我說了算，銀行的規章制度如同王法；但是對於儲戶來說，這樣的態度絕不會讓他們有被重視的感受。

「於是這天早晨，我決定用一些簡單的技巧。我決定不再提銀行的要求，而是從客戶的角度看待問題。除此以外，我還打算從一開始就讓他說『是』。所以我站在他的立場，向他表示他沒填的內容確實不是必需的。

「『不過我想問一下，』我說，『假設有緊急情況發生，您是否希望把您在本行的存款轉給您的家屬？』

「『是啊，當然了。』他回答說。

「如果您把家屬的信息告訴銀行，我們就能夠遵照您的意願準確把存款轉至對方賬上，您不覺得這樣更妥當一些嗎？

「他再次回答『是的』。

「當這位年輕人意識到銀行需要他的信息是為了他好，而非為了銀行自身時，他的態度立刻轉變了。離開銀行之前，這名年輕人留下了完整資料，並在我的建議下另外開了一個信託賬戶，將他的母親列為受益人，並補充了母親的相關信息。

「最終他打消了疑慮，愉快地聽從了我的建議。」

—···—CASE—···—

約瑟夫·艾利遜是西屋電氣公司的一名銷售代表，他也分享了他的個人經歷：

—···—CASE—···—

我們一直想把轄區內的一家公司爭取為客戶，但是之前負責這一區的銷售員花了十年工夫，也沒和這家公司談成一筆生意。我接手這個區域之後的前三年，也是一個訂單都沒拿到。十三年的遊說之後，他們終於買了我家的幾個發動機。我暗暗鬆了一口氣，心想如果這次交易順利，再賣出幾百件就不是甚麼難事了。

我的預期合情合理，不是嗎？而且我知道我們公司的產品質量向來可靠。所以三個星期後，我滿懷信心地給那家公司打電話跟進。

　　結果對方的反應卻讓我無比震驚。那家公司的總工程師通知我說：「艾利遜，我們不能再從你們公司進貨了。」

　　「為甚麼？」我驚愕地問，「怎麼回事？」

　　「你們的電機太熱了，熱得燙手。」

　　我已經因為爭辯吃夠苦頭了，於是我想到了「是」的策略。

　　「您看，是這樣的，史密斯先生，」我說，「我百分之一百站在你這邊。如果真的是電機過熱，您當然一個也不用買。我想問一下，你們要求電機滿足國家電器製造商協會的標準，對嗎？」

　　他表示同意。我贏得了第一個「是」。

　　「電器製造商協會規定，電機運行溫度不超出室溫 72 華氏度都算合格，對嗎？」

　　「是的，」他再次認可了我的說法，「你說得沒錯，但是你們的電機比規定的溫度要高。」

　　我並沒有反駁，只是問他：「工廠的室溫有多高？」

　　「這個麼，」他說，「大概七十五華氏度吧。」

　　「那麼，」我說，「如果工廠是七十五華氏度，加上協會規定的七十二華氏度，那麼總共就是一百四十七華氏度。如果你把手放到一百四十七華氏度的水裡，手早就燙傷了，對嗎？」

　　他不得不承認「是的」。

　　「那麼，」我建議說，「我覺得咱們還是別再用手測試了。」「呃，你大概是對的。」他做出了讓步。稍作商議之後，他請秘書追加了價值三萬五千美元的訂單。

我浪費了這麼多年時間，錯失了這麼多生意，才最終懂得爭辯毫無意義。站在對方角度看待問題並爭取對方稱「是」，令我受益良多，也更有樂趣。

-----CASE-----

艾迪‧斯諾贊助了我們在加州奧克蘭市的課程。他分享說，一個商店老闆曾成功地用「是」的策略讓他成為忠實顧客。艾迪熱衷於弓箭狩獵，曾在當地一家弓箭器材店裡花重金購買了裝備和配件。一天，他想從店裡租一套弓箭裝備給遠道而來的家人，銷售員卻說店裡的設備只賣不租。他只好給另外一家店打電話詢問。他的經歷是這樣的：

-----CASE-----

電話那端的聲音彬彬有禮。他聽說我想租弓箭，給出了與先前那店全然不同的答覆。他先道歉說出租裝備的損耗太高，他們負擔不起，因此不再出租了。接着他問我之前是不是租過。我說：「是的，好幾年前了。」他提醒我那時的價格大概是二十五到三十美元之間。我再次點頭稱「是」。他又問我想不想省錢。我當然說「是」。於是他解釋道，他們店裡正在打折促銷，一套弓箭套裝只需要三十四美元九十五美分，而且包含所有配件，只比租用多出四美元九十五美分。他說他不再做租賃生意也是因為差價太小。我覺得他說得很有道理。最終，我的一系列「是」引導我買了一套弓箭。去商店取貨的時候，我又買了些別的東西，並從此成為那家店舖的忠實顧客。

-----CASE-----

蘇格拉底是古往今來最有智慧的哲學家之一，有「雅典牛虻」之稱。他改變了人類的思想進程，他的成就極少有人能夠企及。二十四個世紀後的今天，他依舊被尊稱為這個充滿矛盾的世界上最令人信服的思想家。

他是如何使人信服的呢？直接指出對方的謬誤之處？那可不是蘇格拉底的風格。蘇格拉底獨創的「蘇格拉底對話法」正是構建於「是」的策略之上。他提問的角度十分巧妙，令對方不得不點頭贊同。他乘勝追擊，接二連三地拋出問題，令對方連連稱「是」。不知不覺中，對方已經得出了與此前截然相反的結論。

想要反駁對方的時候，請記得蘇格拉底的謀略，溫和地拋出問題 —— 一個答案為「是」的問題。

中國古諺云：「輕履者行遠。」

五千年的文化令中國人深諳人性，「輕履者行遠」這句話飽含着古老的東方智慧。

原 **5** 則

讓對方點頭稱「是」

對待抱怨的安全方式

　　人們總是喋喋不休，期望藉此改變對方的觀點。請給對方一點說話的時間，聽聽他們的所思所想。他們比你更了解自己的生意和自己的難題。不妨向他們提問，讓他們告訴你答案。

　　聽到相悖的意見時，我們總會情不自禁地打斷對方。請不要這樣。這種做法有百害而無一利。當對方急於傾訴的時候，無論你說甚麼他都聽不進去。所以請耐心地聽他們說完，鼓勵對方將他的想法和盤托出。

　　這樣的方法在生意場上同樣適用嗎？讓我們一起來看看下面這個故事。一位銷售人員在走投無路之時，被迫嘗試了這一方法。結果如何呢？

---- CASE ----

　　當時，全美最大的汽車廠商正在為全年內飾配件甄選供應商。三家頗具實力的供應商參與了競標。汽車廠商的高管仔細檢查了樣品之後，通知三方各派一名代表進行最終遊說。

　　競標當日，某公司的代表 R 先生不幸患了急性喉炎。「輪到我和管理人員面談的時候，」R 先生對全班說，「我已經說不出話了，連小聲說話都做不到。我被帶進會議室，面前坐着紡織材料工程師、採購專員、銷售部總監和公司

董事長。我站在他們面前，努力張口，卻發不出聲音。

「他們正坐在圓桌旁等我解釋，我只好在紙上寫下：
『先生們，我失聲了，說不出話。』

「『那我替你說吧。』董事長善解人意地說。他替我做
了介紹，展示了我們公司的樣品，並稱讚我們的若干優點。
在座的人圍繞產品的特質展開了激烈的討論。替我介紹的
董事長自然而然地為我們公司辯護。我唯一能做的就是微
笑、點頭和打手勢。

「這次特殊會議的結果是，我贏得了合同。我公司將提
供五十萬碼內飾材料，價值一百六十萬美元。我這輩子從
未簽過這麼大金額的合同。

「如果我沒有恰巧失聲，我一定會輸。之前我一直習慣
在討論中佔據主導，通過這次意外我才明白讓對方講話有
多麼重要。」

---- CASE ----

讓對方主導話語權不僅適用於商務場合，在家庭關係中也同樣
有意義。芭芭拉‧威爾遜和女兒勞麗的關係最近非常惡劣。勞麗原
本是個乖巧安靜的小姑娘，卻在青春期變得異常叛逆。威爾遜太太
試過教育、威脅、懲罰等種種方式，均未奏效。

---- CASE ----

「我終於徹底放棄了，」威爾遜太太在課上講，「那天，
勞麗又一次頂撞了我，扔下家務去找她的朋友。要是以前，
她進家門的時候我早就衝她嚷嚷了，但是那天我已經心灰

意冷。我難過地望着她，喃喃地問：『為甚麼，勞麗，為甚麼會變成這樣？』

「勞麗注意到我的反常，平靜地反問我：『你真的想知道嗎？』我點了點頭。勞麗開了口，一開始她還有些遲疑，後來就把心裡話一股腦全都說出來了。她說我總讓她做這做那，從不認真聽她說話。每次她想和我分享她的感受和想法的時候，我都蠻橫地打斷她。我突然意識到她是多麼地需要我——不是需要一個專斷的母親，而是需要一個能夠分擔她成長困惑的知心朋友。她不希望自己的傾訴淹沒在我的喋喋不休之中。

「從那以後，我總是認真聆聽她的心聲。她有甚麼想法也都會和我講。現在，我們像以前一樣親密無間。」

---- CASE ----

紐約一家公司在當地報紙上刊登了一則醒目的啟事，招聘才華出眾、經驗豐富的金融人才。看到消息，查理斯・柯伯尼思當即毛遂自薦。幾天之後，他就收到公司的回函，邀請他參加面試。拜訪公司之前，查理斯特意花了數個小時，在華爾街上打聽公司創始人的背景。面試時，他不慌不忙地娓娓道來：「貴公司歷史悠久，聲名顯赫，能有機會來面試是我莫大的榮幸。我聽說您在二十八年前創業的時候，公司裡只有一張辦公桌和一位速記員，請問這是真的嗎？」

每個成功人士都喜歡追憶當年的奮鬥史，這位總裁也不例外。他驕傲地講起如何僅憑四百五十塊錢和一個構想白手起家，如何在譏諷聲中打下一片天地，如何夜以繼日地工作，以及如何戰勝了一

切困難站穩腳跟。現今，就連華爾街上最有聲望的管理者都來向他取經。他在回憶崢嶸歲月的時候神采飛揚，忍不住為自己感到驕傲。他的經歷也確實值得他驕傲。最後，他簡短地詢問了柯伯尼思先生的履歷，把副手叫進辦公室，指着柯伯尼思先生對他說：「我想這位就是我們要找的人。」

柯伯尼思先生下了很大功夫了解未來雇主的種種成就，並在面試時表現出對對方經歷的極大興趣。他鼓勵對方成為談話的主角，最終給雇主留下了良好印象。

加利福尼亞州的羅伊‧布拉德利的故事剛好相反。他在面試者躊躇不定的時候耐心傾聽，並最終為公司納入了一位優秀人才。羅伊是這樣說的：

---CASE---

我們公司規模不大，沒有住院保險、醫療保險和養老金等補充福利。每個銷售代表都以獨立證券經紀人的身份工作，我們也無法像大型公司那樣，向雇員承諾甚麼遠大前景。

候選人李察‧普賴爾的經驗正是我們所需要的，我的助手面試他的時候，向他坦陳了公司的一些弊端。因此他走進我辦公室的時候顯得很猶疑。我告訴他我們公司的最大優勢是他可以獨立工作，因此相對自由，沒有約束。

聊到這裡，他吐露了自己內心的想法。他把公司令他擔憂的地方一一道出，好像是在向我傾訴，又好像是在理清思路。中間我幾次想插話否定他的說法，但都忍住了。

最後他說服了自己，同意來我的公司工作。

　　我耐心傾聽普賴爾的想法，讓他主導談話過程，並給他充分的時間衡量利弊。最終他打消了顧慮，決心接受挑戰。現在他是我們公司傑出的一員。

------CASE------

再知心的朋友也更願意在我們面前談論他們的成就，而不是聽我們自吹自擂。

　　法國哲學家拉‧羅什富科曾言：「若想樹敵，就勝於你的朋友；若想交友，請讓朋友勝於你。」

　　為甚麼呢？如果朋友勝過我們，他們會覺得自己很重要；如果我們勝過他們，他們中的一部分人會對此感到自卑，甚至心生妒忌。

------CASE------

　　漢麗埃塔在紐約中城一家職業代理機構從事就業諮詢工作，是全公司人緣最好的職員。但她剛入職的時候可不是這樣。剛到公司的前幾個月，沒有一位同事願意和她交朋友。怎麼回事呢？她每天都在吹噓她拿下的業務、新找的客戶和取得的各種成就。

　　「我很擅長我的工作，並為此感到自豪，」漢麗埃塔在課上說，「但是我的同事並不會為我的業績感到高興，反而充滿反感。我想要討人喜歡，真心想和他們成為朋友。聽取了課堂上的一些建議之後，我在談話中開始注意多傾

聽，少開口。我發現同事很樂於講一些他們引以為榮的事
情——而不是聽我自誇。現在，每當有機會和同事聊天的
時候，我都會問他們最近有甚麼高興事，再也不會主動提
到我自己的成就。」

＊＊＊ CASE ＊＊＊

原 **6** 則

讓對方主導談話

Section 07
如何取得合作

較之別人灌輸給你的想法，你是不是更相信自己得出的結論？
如果答案是肯定的，為甚麼還要把自己的觀點強加於人呢？循循善
誘，讓對方自己得出結論才是明智之舉。

---···CASE···---

　　阿道夫・塞爾茨是賓夕法尼亞州的汽車銷售經理，也
是我課上的一名學員。他發現下屬近來行為散漫，工作拖
拖拉拉，急需提振士氣。於是他召開會議，詢問銷售員們
對他有何期望。大家七嘴八舌地給出答案。塞爾茨把這些
答案一一列在黑板上，對他們說：「我一定會盡力滿足大家
的期望。現在我想聽聽我能對你們有甚麼期待。」銷售員
們很快給出了答覆──忠誠，正直，積極性，樂觀，團隊
精神，每天充滿激情地工作八小時。這次會議令全體員工
鼓足了幹勁，其中一名銷售員甚至主動提出每天工作十四
個小時。塞爾茨先生告訴我，那次會議之後，部門業績有
了顯著提升。

　　「這相當於一次道德上的交換，」塞爾茨先生總結道，
「如果我兌現了我的承諾，他們也會兌現他們的承諾。給員
工機會讓他們說出期望，如同給他們打了一劑強心針。」

---···CASE···---

　　沒有人喜歡強買強賣，也沒有人願意被迫完成任務。我們更喜歡自己做決定的感覺。我們喜歡被問及我們的心願、我們的需求、我們的想法。

　　再來看看尤金‧韋森的經歷吧。懂得上述道理之前，他錯失的生意不計其數。他的工作是把設計圖紙賣給設計師和紡織廠。三年中，韋森先生堅持每週都去紐約拜訪一位頂尖設計師。「我從沒吃過閉門羹，」韋森先生說，「但也沒賣掉一張圖紙。他總是審視着圖紙告訴我說：『不行，韋森，我覺得我們不對路。』」

---- CASE ----

　　第一百五十次失敗之後，韋森終於意識到，他已經陷入了思維慣性。於是他決定每週騰出一晚時間參加我們的課程學習，希望藉此打開思路，重新找回自己的熱情。

　　他帶着新的靈感和六張未完成的草圖，第一百五十一次衝進買主的辦公室。「如果您願意的話，能不能請您幫我個小忙？」他對那位設計師說，「這些設計圖還沒有完成，能不能請您講講您的思路，說說這些設計圖怎樣才能達到您的標準？」

　　這位設計師看着草圖沉吟許久，最後開口說：「韋森，先把這些圖留在我這兒吧，過幾天再來見我。」

　　幾天後，韋森如約得到了對方的建議，並按照對方的想法完成了畫稿。結果如何呢？全部售出！

　　從那以後，韋森的畫作全部依照設計師的意見完成，這位設計師也因此成了韋森的常客。「我終於明白了之前為甚麼失敗了那麼多次，」韋森說，「我總是急着勸對方買

我想賣掉的。現在我改變策略，主動詢問他的需求。這樣一來，他會覺得這些設計的靈感都源自他，事實也確實如此。還沒等我推銷，他就會主動買下這些作品。」

-----CASE-----

這一方法在家庭生活中也同樣有效。奧克拉荷馬州的保羅·戴維斯在課上講述了他的故事：

-----CASE-----

我們全家剛剛度過了一個難忘的假期，探訪了許多有意思的景點。但出發之前，我們為去哪玩爭執了很久。我對歷史名勝很感興趣，一直想去參觀蓋茲堡的內戰遺址、費城的獨立宣言簽署地和首都華盛頓。福吉谷、詹姆斯敦還有威廉斯堡的保留殖民地也都被我列入了必去之地。

三月份，我妻子南希說她已經想好了暑期計劃，她想去西部玩，看看新墨西哥州、亞利桑那州、加利福尼亞州和內華達州。這些地方她已經唸叨了好幾年，但是很顯然我們不可能既去東部又去西部。

我們的女兒安妮那會兒正在上初中，剛在學校裡了解了美國歷史，對影響國家的歷史事件很有興趣。我問她想不想親自看看那些課本上提到的地方，她簡直歡呼雀躍。

兩天之後，當我們共進晚餐的時候，妻子宣佈說如果我們都沒有異議的話，暑期旅行就去東部，這樣既可以滿足安妮的心願，大家也都會玩得開心。我們一致贊同了這個提議。

-----CASE-----

　　X 光設備生產商利用同樣的心理，成功拿到了布魯克林一家大
醫院的訂單。

---···- CASE -···---

　　這家醫院正在擴建，打算為放射科購置最好的 X 光診
療設備。聽聞此訊的銷售代表蜂擁而至，放射科主任 L 醫
生不勝其煩。

　　然而其中一位銷售代表卻巧妙地從競爭者中脫穎而出。
他遠比其他人更懂得人性。他給 L 醫生寫了這樣一封信：

　　　　本公司近期剛研發出新一代 X 光設備，第一批產
　　品剛剛走下生產線。我們深知這些設備並不十全十美，
　　為了更好地滿足您的工作需求，我們懇請您在百忙之
　　中抽空測試一下新設備，以您專業的眼光告知我們有
　　何不足，我們定會加以改進。我們知道您工作繁忙，
　　如果您願意，我們會在您方便的時間親自送貨上門。

　　「這封信非常出乎我的意料，」L 醫生回憶道，「讓我
在訝異之餘還有些許得意。在那之前，從來沒有設備廠商
徵詢過我的意見。這封信讓我感到備受重視。那一週我原
本事務纏身，但是為了測試設備，我推掉了一個晚宴邀請。
沒想到我測試得越仔細，就越欣賞他們的設備。

　　「這家公司從始至終都沒有向我推銷產品，讓我覺得買
與不買完全是我的自主決定。產品的優良品質令我說服了
自己，決定從這家訂貨。」

---···- CASE -···---

拉爾夫‧瓦爾多‧愛默生在《論自助》（*Self-Reliance*）一文中寫道：「在每一部偉大作品中，我們都會發現被自己摒棄的思想；它們帶着某種疏遠的威嚴，重新回到我們面前。」

愛德華‧豪斯上校在美國政界和國際社會都頗具影響力。伍德羅‧威爾遜擔任總統的時候，經常私下向豪斯上校尋求建議，拜訪他的次數比拜訪任何內閣成員的次數都多。

總統為何偏偏對豪斯上校言聽計從？豪斯上校曾親自對亞瑟‧豪頓‧史密斯透露過內幕。後者在《星期六晚郵報》（*Saturday Evening Post*）的一篇文章中回憶道：

> 了解總統之後，我找到了說服他的最佳方式——不經意地拋出想法，引起他的興趣，讓他自行揣摩。我找到這一訣竅全屬偶然。當時我正造訪白宮，試圖說服總統通過一項政策，但他看起來不太同意。誰知幾天後的晚宴上，我驚訝地聽見他把我的提議當作自己的想法說了出來。

豪斯上校是否當場打斷他說「那不是您的想法，是我的想法」？當然沒有。這麼做就不是豪斯上校了。他對總統的這一舉動求之不得。他只在乎結果，毫不介意總統是否將這個想法歸功於自己。因此他任憑威爾遜為這個「自己的」想法洋洋自得，甚至公開讚揚總統見解獨到。

請記住，我們身邊的人和伍德羅‧威爾遜總統別無二致。豪斯上校的技巧適用於每個人。

一位商人利用同樣的技巧，令我光顧了他的生意。那時我正計劃去加拿大新不倫瑞克省釣魚泛舟，休憩幾日，於是我寫信給當地

旅遊局諮詢相關信息。自那以後,我就源源不斷地收到旅行社和露營地寄來的各種宣傳冊。海量廣告令我有些選擇困難。但我發現其中一位生意人用了一個很聰明的小技巧 —— 他在來信中推薦了幾位在他營地住宿過的紐約客人,並留下了他們的聯絡方式,請我問問他們的感受。

我意外地發現他的名單上竟然有一位我的熟人。我給這個朋友打了電話,詢問了他的經歷,後來一到加拿大就聯絡了這個營地。

當其他人忙着向我推銷服務的時候,這位先生巧妙地讓我自己說服了自己,從而贏得了這筆生意。

二十五個世紀前,中國先哲老子曾經說過這樣的名言,讓我們受用至今:

「江海之所以能為百谷王者,以其善下之,故能為百谷王。是以聖人欲上民,必以言下之;欲先民,必以身後之。是以聖人處上而民不重,處前而民不害。是以天下樂推而不厭。以其不爭,故天下莫能與之爭。」

—— 原 **7** 則 ——

循循善誘,讓對方自行得出結論

SECTION 08
創造奇跡的妙方

　　請記住，即使對方錯了，他也不會承認這一點。智者以理解代替指責。願意這樣做的人鳳毛麟角，也因此出類拔萃。

　　萬事皆有因。任何想法和行為背後都有其緣由。一旦找出動機，對方的脾氣秉性就盡在掌握之中。

　　因此，請放下架子，設身處地地站在對方的角度思考問題。

　　認真問問自己：「如果我是他，我會怎麼想，又會怎麼做？」這會為你節省時間，避開不必要的麻煩，你的人際交往能力也會因此日益精進。「一旦理解了昨日之因，我們就不再糾結於今日之果。」

　　「停下腳步，看看自己，」肯尼斯・古德在他的著作《如何點人成金》（ How to Turn People into Gold ）一書中寫道，「你對個人事務有多上心，對世間萬物就有多冷漠。然而世人皆是如此。只要認識到這一點，你就像林肯和羅斯福一樣，抓住了人際關係的本質。同理心是為人處世的制勝之道。」

　　紐約的山姆・道格拉斯總是抱怨妻子浪費太多時間照料草坪，每週都在除草、施肥、修剪枝葉，而他家的草坪看起來和四年前並無區別。他的責怪自然令妻子惱火，美妙的夜晚毀於無休止的爭吵。

　　學習了人性的弱點之後，道格拉斯終於意識到這些年來他有多混蛋。他竟然從未肯定過妻子的愛好，也從未對妻子的辛勤勞動有過半句誇獎。

　　這天晚飯過後，道格拉斯的妻子說想去院子裡除除雜草，希望他能陪她一起。一開始，道格拉斯下意識地拒絕了，但很快就醒悟過來，決定去幫忙。妻子看到他自然很開心，兩人有說有笑地幹着活，一個小時就忙完了。

　　從那以後，道格拉斯經常幫助妻子做園藝，也經常誇獎草坪看起來很漂亮。這塊地當初像水泥地一樣毫無生氣，多虧了妻子的精心照料才能面貌一新。哪怕導火索是無關緊要的雜草，一旦道格拉斯懂得了將心比心，問題就圓滿解決了，生活重新變得美好如初。

　　傑拉德‧尼倫伯格在《進入人們的內心世界》(*Getting Through to People*)[1] 一書中評論道：「若想讓交流變得順暢，請像重視自己的感受一樣重視對方。請在商談之初就表明議題，並在開口之前先斟酌一下，如果你是對方，你願不願意聽這些話。如果你希望對方認可你的觀點，請先接受他的觀點。」

　　我常常在我家附近的森林公園裡騎馬或是散步。我像古高盧人的祭司一樣，對樹木懷抱着崇敬之情，公園裡的老橡樹對我如圖騰一般重要。那些每年在森林大火中無辜塗炭的小樹總會令我深感痛心。這些火災並不是亂丟的煙蒂導致的，而是那些來遊玩的年輕人在樹下烤香腸煎雞蛋引發的。森林野火通常來勢迅猛，令消防部門苦不堪言。

　　森林一角的告示上寫明了縱火者會被罰款或監禁，但是由於立標語牌的地方人跡罕至，很少有人看到這則告示。公園裡原本配置了一名騎警巡察全園，但由於他的玩忽職守，每年森林都會發生火

---

[1] 引自傑拉德‧尼倫伯格著作《進入人們的內心世界》(新澤西普倫蒂斯霍爾出版社，1963 年)，第 31 頁。

災。有一次我發現公園起火，趕忙請警察通知消防人員，但是他竟然若無其事地說這不是他的轄區，不關他的事。這件事讓我失望至極。從此以後，每次在公園騎馬的時候，我都主動擔當起巡察的職責，以保護森林為己任。一開始的時候，我太急於糾錯而採取了錯誤的方式，絲毫沒有顧及他人的感受。每次看到樹下燃起火苗我都怒火中燒，縱馬衝到那些年輕人面前，警告他們點火會進監獄。我居高臨下地命令他們滅火，如果他們反抗，我就威脅說要把他們都抓起來。那個時候我只顧着發泄自己的怒氣，從未將心比心地思考。

結果如何呢？孩子們確實屈服了 —— 忿忿不平、不情不願地屈服了。很可能等我一轉身，他們就重新點起火，巴不得林子燒光才好。

隨着年紀增長，我對人性的了解增加了些許，掌握了一些小技巧，更傾向於站在他人的角度考慮問題。現在我再也不會橫衝直撞地下命令了，我通常會這樣說：

「玩得不錯啊，孩子們？你們晚飯打算做甚麼吃？我小時候很喜歡野炊，現在也喜歡。但是你看，在森林裡，明火是很危險的。我知道你們肯定很小心，但其他人就難說了。他們可能會學你們生火玩兒，走的時候卻不把火熄滅。這樣很容易點燃枯葉。再這樣下去，林子裡就沒有樹了。按理說你們在這裡生火是違法的，但是看見你們玩得這麼開心，我實在不忍心打斷。能不能請你們把那些枯葉挪遠一點，免得它們燒着？走的時候你們會用土把火種蓋上，確保它熄滅，對嗎？下次你們再來玩的時候，不如去那邊的沙坑裡野炊，那樣就不會有任何危險了。謝謝你們，孩子們。祝你們玩得開心！」

這樣的措辭產生了積極的效應，年輕人都非常配合，再也沒有忿忿不平或是不情不願。我以請求代替命令，令他們保存了顏面，

自我感覺良好。而我也感覺良好，因為我成功地站在對方的角度解決了這一難題。

　　將心比心同樣有助於化解個人危機。

---- CASE ----

　　澳大利亞新南威爾斯州的伊利沙白・諾瓦克正在為拖欠了六個月的汽車貸款發愁。她回憶道：「那個週五我接到經銷商的電話，對方很不客氣地通知我，如果我週一早晨之前交不齊一百二十二美元，他們公司就會採取進一步行動。我一個週末根本籌不到這些錢。所以週一早晨電話如約而至的時候，我已經做好了最壞的打算。我收起不快，站在對方的角度思考着應對方式。我先誠懇地為欠款向他道對不起，滿懷歉意地説我給他添了這麼多麻煩，一定是最讓他頭疼的客戶。聽我這麼説，他的語氣馬上緩和下來。他説和其他幾個客戶比起來我的事兒根本不算甚麼，還給我講了好幾個例子，抱怨其他客戶對他惡聲惡氣，對他説謊還掛他電話。我甚麼都沒説，只是安靜地聽他傾訴自己的煩惱。最後，還未等我開口，他就主動説如果我現在還不了錢也沒關係，只要月底前付二十塊錢，餘下的等我方便的時候補上就好。」

---- CASE ----

　　如果你想讓人撲滅林火、購買你的產品或是向你心儀的慈善機構捐款，請先不要急於行動。閉上眼睛，站在對方的角度考慮一下，問問你自己：「對方為甚麼要這樣做？」儘管這樣很花時間，但卻能

夠減少摩擦、化敵為友，讓你少走冤枉路。

　　哈佛商學院院長多納姆曾經說過：「面談之前，我寧願花兩個小時站在門口，想清楚我要說甚麼，對方的興趣如何、動機如何、會怎樣回答，而不是貿然地衝進對方辦公室。」

　　這段話如此重要，我想在此強調一遍：

　　「面談之前，我寧願花兩個小時站在門口，想清楚我要說甚麼，對方的興趣如何、動機如何、會怎樣回答，而不是貿然地衝進對方辦公室。」

　　即使從本書中你只學會了「站在對方的角度思考問題」這一個方法，也請堅持不懈地將其付諸實踐。如果你能夠持之以恆，它必將成為你事業的基石。

原 **8** 則

拋開成見，將心比心

SECTION 09
體諒他人

世間存在這樣一個神奇的句式。它能夠平息爭執，消除猜忌，引發好感，並讓對方側耳傾聽。

想知道這句話嗎？請聽好 ——「我一點都不怪你這樣想。如果我是你，我也會有完全相同的感受。」

聽到這樣的回答，脾氣暴躁的老頑固也會啞口無言。這句話無懈可擊 —— 如果你是他，你當然會和他想法一致。以阿爾·卡朋為例，假如你和他互換角色，你所處的環境和經歷與他別無二致，那麼你的脾氣秉性、思維方式和行為舉動也會和他一模一樣。個性、環境、經歷等種種因素共同鑄就了阿爾·卡朋的惡行。響尾蛇的後代必定是響尾蛇 —— 個中道理不言而喻。

同理，你之所以成為你，並不完全是由你自己主觀決定的；你身邊那些脾氣惡劣、固執己見、蠻不講理的人，也並非故意如此。請憐憫這些可憐的傢伙，並提醒自己：「我之所以沒有變成他們，全憑上帝恩賜。」

在你一生遇到的人中，有四分之三的人都渴求他人的體諒。那就如他們所願吧，他們會因此對你產生好感。

我曾受邀上電台介紹《小婦人》（ Little Women ）的作者路易莎·梅·奧爾科特。我知道她在麻薩諸塞州的康科德創作出了她的不朽名作，但卻一時口誤，誤說成了我曾去新罕布夏州的康科德拜訪過她。如果我說錯了一次，或許聽眾還能原諒我；但是我竟然口誤了

兩次。批評我的郵件和電報洶湧而至，而我對此毫無心理準備。傷人的話語在我腦海中嗡嗡作響，刺痛着我的心，其中一些信極盡侮辱之能事。一位在麻薩諸塞州康科德長大、現居費城的貴婦人氣勢洶洶地在信中辱罵我，就好像我把奧爾科特小姐冤枉成了新幾內亞的食人族。我一邊讀信一邊暗自想，「謝天謝地，幸好這女人不是我老婆。」我很想回信給她，跟她說雖然我犯了個地理上的錯誤，但是她卻連最基本的禮節常識都沒有。這句話只是我的開場白而已，接下來我將撸胳膊挽袖子，原原本本地告訴她我的真實想法。但是我克制住自己，並沒有這樣做。這種話所有蠢人都會說，也說得出口，但我不想變成蠢人。我決心做一件更有挑戰的事情 —— 化敵為友。我把這次挑戰當作遊戲，告訴自己：「無論如何，如果我是她的話，大概也會和她有同樣的感受。」所以我決定接受她的觀點。隨後，在某次路過費城的時候，我特地給她打了電話。我們的對話如下所述：

我：「您好，女士。您幾週前給我寫過一封信，我打電話來是想感謝您。」

她（高貴冷豔的語氣）：「請問閣下尊姓大名？」

我：「您可能不認識我，我的名字叫做戴爾・卡耐基。幾週前我在電台上介紹了作家路易莎・梅・奧爾科特，您收聽了我的節目。我當時犯了滔天大罪，竟敢說奧爾科特小姐住在新罕布夏州的康科德，真是愚蠢至極。我想誠懇地向您道歉。您真好，還特意抽時間給我寫信。」

她：「很抱歉我寫了那樣一封信，卡耐基先生。我當時真是亂發脾氣。我向您道歉。」

我：「不不不，您不需要道歉，應該道歉的人是我。小學生都不

會犯我這樣的錯誤。我後來已經在電台上公開致歉了，現在我想以個人的名義對您說聲對不起。」

她：「我在麻薩諸塞州的康科德出生，我的家族在麻薩諸塞州聲名顯赫，我也為我的家鄉感到驕傲。當時聽您說奧爾科特小姐住在新罕布夏，我難過得心都要碎了。但是我為那封信感到羞愧。」

我：「我向您保證我比您還要難過。相信我，我的失誤並沒有傷害到麻薩諸塞州的聲名，但是傷害到了我自己的聲名。像您這般才識和背景的人能夠特意給電台寫信實屬難得，因此我真心希望下次您再發現我說錯話的時候，肯再屈尊指正。」

她：「瞧您說的，我真的非常欣賞您對待批評的態度。您一定是個好人。真想多了解您一些。」

我真誠地向她道歉並體諒她的立場，她便同樣以道歉和諒解回報我。我很滿意自己當時克制住了情緒，以友善作為對侮辱的回答。我原本可以衝過去對她喊「你怎麼不去跳河啊」，但是我並沒有那樣做，因為我發現博得她的好感比直接罵回去更有意思。

每位總統入主白宮之時，都躲不開棘手的人際關係問題，塔夫脫總統也不例外。經驗告訴他，同情所產生的化學作用能夠平息怨氣。在其著作《公共事業的倫理》（ Ethics in Service ）一書中，塔夫脫總統提到他的親身經歷，妙趣橫生地記錄下他如何安撫了一位氣勢洶洶的母親。他是這樣寫的：

　　華盛頓的一位女士已經求了我一個多月，想給她兒子謀個一官半職。她的丈夫是政界的大人物，因此她動用關係請了好些參議員和眾議員一起來找我，當面為她兒子說情。她看上的職位要求很強的技術背景，因此我最終遵照部門負責人的建議，聘用了

另一位候選者。這位母親聞訊立即寫信指責我忘恩負義，說我眼睜睜地看着她在痛苦中煎熬，也不願意動動手指幫她這個小忙。她還抱怨說她早已經遊說了所在州的代表，讓他們支持我想推進的一項行政法案，而我卻不知好歹，以這樣的方式報答她的一番好意。

當你收到這樣一封信，第一反應大概是覺得對方不僅逾矩還理直氣壯，簡直豈有此理。也許你會當即寫信回擊，但如果你夠聰明的話，你就應該把回信鎖在抽屜裡，過兩天再拿出來重新審視。這樣一封信等兩天再回也沒關係。當你再度拿出之前寫的回信時，你大概會和我一樣，不再想把它寄出了。我平靜地坐下來，另外起草了一封措辭禮貌的信，告訴她我非常理解她作為一位母親的傷心失落，並解釋說我的個人喜好並不能左右這個職位的任命。這一職位對技術方面有很高要求，因此我遵從了部門領導的舉薦。我衷心祝願她兒子能夠不辜負她的厚望，順利找到令她滿意的工作。我的體諒平息了她的怒氣，她回信說她很抱歉寫信指責我。

那個崗位的新人入職之前，我又收到了一封來信，署名是這位女士的丈夫，可字跡卻和這位女士此前的來信一模一樣。信中寫道，由於對我極度失望，這位女士患了神經衰弱症，後來又發展成了胃癌晚期，臥床不起，性命垂危。為了讓她病情得以好轉，能否請我撤銷任命，讓他兒子出任這個職位？我不得不再次回信，表示理解他對重病的太太的關切之情，希望是醫生診斷失誤；但是我先前提交的人選已經板上釘釘，無法更改了。很快，新人順利到崗。兩天後，在白宮舉辦的音樂會上，我和夫人最先遇到的就是這位先生和他所謂「性命垂危」的太太。

---- CASE ----

　　簡‧曼格姆是奧克拉荷馬州塔爾薩市一家電梯維修公司的負責人，負責維護當地所有高端酒店的手扶電梯。每次維護需要至少八個小時。但一位酒店經理不想給賓客造成不便，不同意電梯關閉那麼長的時間，只接受暫停運行兩個小時。如此一來，安全就難以保障，而且酒店方便的時間機修工也未必有空。

　　在這種情況下，曼格姆先生特意安排公司裡技術最好的員工負責這家酒店的工作，然後給這位經理打了電話。他並沒有直接和對方爭吵，或是要求對方確保八小時時間，而是委婉地說道：

　　「里克，我知道你們酒店客流量很大，所以你想把電梯維護時間壓縮至最短。我完全理解你的顧慮，也會竭盡全力協助你。但是根據我們的經驗，如果這次不把電梯徹底修好，很可能會留下隱患。這樣一來，下次電梯要是再出問題的話，就不只是關閉八小時的事兒了。我知道你絕對不想讓客人好幾天都沒有電梯乘。」

　　酒店經理不得不承認八小時的全面檢修總好過連續多天的暫停使用。曼格姆先生體諒酒店經理為賓客着想的心情，順利地取得了酒店經理的理解。

---- CASE ----

　　密蘇里州的鋼琴教師喬伊斯‧諾里斯講述了她與青春期女孩之間的小摩擦。

---- CASE ----

　　她的學生芭貝特喜歡留長長的指甲，這對鋼琴彈奏者來說可不是個好習慣。諾里斯夫人說：

　　「如果她想學好鋼琴的話，她的指甲肯定會成為阻礙。在第一次課前溝通的時候，我隻字未提指甲的事情。我不想打消她學鋼琴的積極性，我也知道她花了很多精力美甲，漂亮的指甲讓她引以為豪。

　　「第一節課後，我找了個恰當的時機，對她說：『芭貝特，你的手很漂亮，指甲也很漂亮。你在鋼琴上很有天賦，如果你想彈好鋼琴的話，不妨把指甲剪短一點，這樣彈鋼琴會變得更容易更流暢。回去考慮一下，好嗎？』聽了我的話，她一臉抗拒的表情。我又向她母親稱讚了她的指甲很可愛，順帶着提到了這個問題。她母親同樣面露難色。可見美甲對芭貝特而言確實很重要。

　　「第二週，當芭貝特回來上課的時候，我驚訝地發現她的指甲已經修短了。我誇獎了她做出的犧牲，也私下感謝了她母親的協助。不料她母親卻說：『這可不是我的功勞。她自己做的決定，而且這是她第一次聽從別人的建議把指甲修短。』」

---- CASE ----

　　諾里斯夫人有沒有威脅芭貝特？她有沒有對芭貝特説不剪指甲就不要來上課？完全沒有。她稱讚芭貝特的指甲很美，也理解修剪指甲對她而言意味着一種犧牲。她暗示説：「我懂得你的為難，我

也知道這對你來說是非常困難的決定，但是這對你的音樂發展是值得的。」

索爾‧胡洛克是美國首屈一指的音樂經紀人。半個世紀以來，他輔佐的藝術家名揚四海，其中包括夏里亞賓、伊莎多拉‧鄧肯、帕甫洛娃等等。胡洛克先生告訴我，在與這些性情中人打交道的過程中，他學到的第一課就是諒解對方並學會接受每個人的獨特之處。

他曾為男低音歌唱家費奧多爾‧夏里亞賓當了三年的經紀人。在台前，夏里亞賓的歌聲震撼了紐約大都會歌劇院最挑剔的觀眾；但在幕後，他卻像個被寵壞了的孩子一樣麻煩不斷。用胡洛克先生的原話說：「他是個不折不扣的混蛋。」

比如，夏里亞賓曾經中午給胡洛克先生打電話說：「索爾，我覺得很不舒服，嗓子直冒煙。晚上我不能上台了。」胡洛克先生會對他大吼大叫嗎？當然不會。他深知一個專業的經紀人不能這樣對待他負責的明星。他直接趕到夏里亞賓下榻的酒店，同情地說：「真不幸啊！」他憂心忡忡地安撫着對方：「可憐的傢伙，你這樣當然沒法唱了。我會馬上取消演出。你大概會損失幾千美元的收入，不過你的名聲比這點錢重要多了。」

夏里亞賓唉聲歎氣地說：「不然你晚一點再來看看我吧。五點鐘過來，看我到時候會不會好一些。」

五點鐘，胡洛克準時折回酒店，充滿憐惜地看望夏里亞賓。夏里亞賓依然堅持取消演出，歎着氣說：「你最好再來一趟。過會兒我可能會好點。」

七點三十分，這位偉大的歌唱家提出條件，要求胡洛克對大都會的觀眾宣佈夏里亞賓得了重感冒，可能會影響聲音。胡洛克知道只有這樣夏里亞賓才肯登台演唱，於是敷衍他說一定照做不誤。

亞瑟‧蓋茨博士在其著作《教育心理學》（ *Educational Psychology* ）一書中說道：「人類普遍渴求同情。孩童給別人看傷口，甚至故意把自己弄傷，藉此博取同情……成人同樣如此。他們展示創傷，講述所經歷的事故、病痛或是手術細節。無論這些不幸是現實還是假想，『自憐』都普遍存在於人類行為之中。」

如果你想得到他人的支持，請踐行這一點：

原 9 則

體諒他人的想法和願望

Section 10

沒人會拒絕這樣的請求

　　我在密蘇里州的邊陲小鎮上長大，那是江洋大盜傑西‧詹姆士
生活過的地方。我曾特意拜訪過密蘇里州科爾尼的詹姆士農場，詹
姆士之子就住在那裡。

　　他妻子跟我講了傑西當年的軼事。他扒火車、搶銀行，把搶來
的錢分給鄰里付不起房貸的農人。

　　傑西‧詹姆士大概發自內心地視自己為俠義之士，就如同在他
之後的達奇‧舒茲、「雙槍」克羅利、阿爾‧卡朋，以及其他的黑幫
「教父」一樣。事實上，我們周圍的每個人都自視甚高，認為自己品
行高尚、慷慨無私。

　　通過介入式分析方法，皮爾龐特‧摩根發現每個人的行為背後
都有兩個原因 —— 一個高尚的藉口，和一個真正的動機。

　　人們當然知道自己真正的動機，不需要你幫他們指出來。但是
每個人的內心都會把自己高尚化，因而也需要一個聽起來更高尚的
動機。如果你想改變他人，請幫他們想出這個更高尚的理由。

　　聽上去很難嗎？讓我們一起來看看這個例子。

---- CASE ----

　　咸美頓‧法利爾是賓夕法尼亞州一家房屋租賃公司的
合夥人。有一名不滿的房客威脅說要馬上搬家。這名房客
的租約還有四個月才到期，但是他公然毀約，告訴法利爾

先生他馬上就搬走。

「這些人在我的房子裡住了一整個冬天，那可是成本最高的季節，」法利爾先生在課上說，「如果他們現在搬走，秋天之前很難再把這房子租出去了。租金完全泡湯了，想到這一點我當時就火冒三丈。

「依我的個性，我會當即衝到那名房客面前，讓他睜大眼睛好好看看他的合同。我會警告他，他要是敢搬，就必須把剩下幾個月的租金馬上補給我。

「但是這一次，我並沒有當場發飆，或是跟對方大吵大鬧。我決定試試其他方式。所以我對他說：『多伊先生，我聽說了您最近的想法，但我相信搬家並不是您的本意。我做房屋租賃這一行很多年了，很有看人的經驗。我一看您就是守信之人，這一點我敢跟您打賭。』

「我建議咱們這樣解決這件事。請您先別忙着做決定，再多考慮幾天，這個月的租金到期之前您隨時可以來找我。如果到時候您告訴我您仍決定搬走，那我向您保證，我會二話不説地接受您的決定，告訴自己我看錯人了。但我還是相信您是個言而有信的君子，不會輕易違約。無論如何，如何做人的決定權在於我們自己。

「第二個月，這位先生來找我續交房租。他和妻子商量過了，決定留下來。他們一致覺得，只有住到合約期滿才是君子的行為。」

------ CASE ------

北岩勳爵發現報紙上刊載了一張他不想發表的照片，於是給該社編輯寫了一封信。他是否直言「我不喜歡那張照片，請把它撤換掉」？不，他的理由高尚多了。他利用每個人對母親的尊敬與愛意，在信中寫道：「我母親不喜歡那張照片，請您把它撤換掉。」

小約翰‧洛克菲勒想要制止報刊記者偷拍孩子照片的時候，同樣以高尚的理由打動人心。他並沒有說：「我不想讓這些照片見報。」他以每個人保護孩子的天性作為訴求，對記者說：「兄弟們，你們也身為人父，你們懂的，讓小孩子曝光不利於他們的成長。」

緬因州的窮孩子賽勒斯‧柯蒂茲白手起家的時候，並未想到日後能夠飛黃騰達，成為《星期六晚郵報》（ Saturday Evening Post ）和《婦女家庭雜誌》（ Ladies' Home Journal ）的創始人。創業之初，他無法像其他雜誌那樣支付高額稿酬，於是他就以高尚的動機來打動那些一流作家。在《小婦人》的作者路易莎‧梅‧奧爾科特最當紅的時候，賽勒斯‧柯蒂茲想說服她加盟，於是開出了一張一百美元的支票。這張支票並未寄給作者本人，而是寄給了她最欣賞的慈善機構。

懷疑論者看到這裡可能會想：「這個方法對於北岩勳爵、洛克菲勒或是感情用事的作家可能管用，我倒想瞧瞧你怎麼用這個方法管那些難纏的傢伙要賬！」

你的懷疑大概是正確的。正如任何妙方都不能醫治百病，同一個方法也不會在所有人身上奏效。如果你對目前的現狀滿意，那麼何必要有所改變呢？如果你並不滿意，為甚麼不至少試一試呢？

不管怎樣，我都希望你讀一讀我學生詹姆士‧湯馬士經歷的真實故事：

------ CASE ------

一家汽車公司正面臨着一個難題 —— 有六名顧客拒絕支付保養費。他們並沒有否定整個賬單，但是都聲稱被多收了錢。然而每一個收費項目當初都有顧客簽字確認，所以公司知道賬目沒算錯 —— 他們也是這樣告訴顧客的。這是他們犯的第一個錯誤。

以下是信用部門收賬時採取的步驟。你覺得他們會成功嗎？

1. 他們挨個拜訪每位顧客，直接告訴對方他們是來上門收賬的；

2. 他們不容置疑地說公司絕不可能搞錯，一定是顧客錯了；

3. 他們暗示說公司是汽車領域的佼佼者，顧客這輩子也不可能比他們更懂車，所以還有甚麼好爭辯的呢？

4. 結果：雙方爭辯不休。

上述步驟中有任何一個環節能夠化解糾紛、讓客戶掏錢嗎？我想你對答案已經心知肚明了。

面對僵持不下的局面，信用部門打算拿起法律武器解決問題。幸運的是這件事引起了總經理的注意。總經理查閱了這些問題客戶的信用記錄，發現他們通常都會按時付款。一定是哪裡出了問題 —— 收賬的方式出了問題。因此他請來詹姆士・湯馬士，讓他出面收取這些「收不回」的欠款。

湯馬士先生的方式有何不同呢？來看看他自己是怎麼說的：

「1. 我的目的同樣是收賬，我也相信公司的賬單沒錯，但是我對此隻字未提。我向顧客解釋說，我來拜訪他是想弄明白公司做錯了甚麼，有甚麼地方沒處理好。

「2. 我向對方表明，在聽他說完前因後果之前，我絕不會發表任何看法，同時讓對方知道公司絕不認為自己永遠是對的。

「3. 我告訴對方我只對他的車感興趣，沒人比他更了解他自己的車，他在這一點上有絕對權威。

「4. 對方說話的時候，我會認真傾聽，並讓他感受到我對他的關注和理解。

「5. 最後，等對方情緒平復之後，我表明公司一定會公平地處理這件事情，並趁機將動機高尚化。我說：『我希望您知道，我也覺得這件事是我們處理不當。很抱歉我們的客戶代表打擾了您，給您帶來種種不便，還引起您的不快。這些都是不應當發生的，我代表公司向您道歉。我剛剛坐在這兒聽了您的想法，您的正直和耐心讓我印象深刻。也正因如此，我想請您幫我一個忙。這件事也有您才能做到。這是您的賬單，我知道我可以放心地把它交給您，請您幫忙核實。假設您是我們公司的董事長，您會怎麼做呢？我把它留給您決定，您說怎樣就怎樣。』

「對方核實賬單了嗎？當然，他們很樂意這樣做。就沒有顧客藉這個機會謀取私利嗎？其中一位顧客確實這樣做了。對於有爭議的那一項，這位顧客一個子都不想付，但

25

其他五名客戶都自願付清了欠款，金額從一百五十美元到四百美元不等。整件事最妙的地方是，兩年之內，這六名客戶每人都從我們這裡買了新車！

「經驗告訴我，如果我們對客戶一無所知，就應當假定對方真誠正直、值得信賴、願意盡其義務。換句話說，大部分人都是誠實的，也願意盡早清償應付的債務，例外之人是少數。並且我相信，哪怕是存心欺騙的人，一旦知道你認為他真誠正直，他們也不想辜負你的信任。」

CASE

原 10 則

激發對方內心深處的高尚情操

SECTION 11
電影電視都是這樣做的

　　多年前，費城的《晚間新聞報》(*Philadelphia Evening Bulletin*)
遭到了惡意誹謗。有人居心叵測地告訴廣告主報紙上廣告太多，新
聞太少，讀者已經不買賬了。謠言愈演愈烈，《晚間新聞報》必須立
刻採取行動，制止這些流言蜚語。

　　該怎麼做呢？

　　他們是這樣應對的。

　　《晚間新聞報》找出尋常一天的報紙，將其中的內容分門別類，
並合訂成書重新出版，取名為《一天》。這本書共有三百零七頁，
看起來和其他的精裝書無甚分別，但是卻未像其他書那樣標價幾美
元，而是將售價降至幾分錢。

　　這本書的問世戲劇化地證明《晚間新聞報》內容精彩紛呈，令謠
言不攻自破。較之搬出數字或論據辯駁傳言，這一手段更加引人注
目，給人留下深刻的印象。

　　這就是戲劇化的作用。道出事實遠遠不夠；你需要以生動、有
趣、戲劇化的手段吸引受眾。電影是這樣做的，電視也是這樣做的；
如果想引起人們的關注，你也必須這樣做。

　　櫥窗裝潢師深知戲劇化的力量有多強大。譬如說，某滅鼠藥的
廠商為了推銷產品，給經銷商提供了兩隻活老鼠作櫥窗展示之用。
老鼠一被放進櫥窗，滅鼠藥的銷量立刻翻了五番。

　　戲劇化手段的運用在電視廣告中隨處可見。不妨找個晚上坐在

電視機前，觀察一下廣告商如何宣傳他們的產品。你會注意到某品牌的抗酸劑明顯改變了試管中酸性溶劑的顏色，競爭對手的產品卻毫無變化；某品牌的肥皂讓沾滿油漬的襯衫潔淨如新，而競爭品牌的產品洗過的襯衫卻灰蒙蒙的。你還會看到汽車在彎道上行駛自如，這一視覺表現手段遠比解說的衝擊力更強。各種各樣心滿意足的笑臉也頻頻出現在廣告中。所有廣告都戲劇化地展示了產品的優點，有效地激發了觀眾的購買慾望。

　　無論在工作上還是在生活中，你都可以戲劇性地誇大你的想法，這一手段簡單易行。一起來看個例子吧。

CASE

　　維吉尼亞州的吉姆‧葉曼斯是收銀機公司的銷售人員。他使用誇張的展示方法成功地做成了一筆生意。

　　「上週我去小區雜貨店的時候，注意到店裡在用的收銀機已經過時了。於是我湊過去對店主說：『每次顧客結賬的時候，你都在扔錢啊。』說着我扔了一把硬幣在地上。對方立刻把全部注意力都集中到我身上。只用語言介紹也許能讓他感興趣，但是硬幣砸在地上丁丁當當的聲音令他全神貫注。我成功地讓他下訂單換掉了所有的舊收銀機。」

CASE

　　家庭生活中，這種方法也同樣奏效。男人在向心上人求婚的時候，只是説説情話就夠了嗎？當然不是！他必定單膝跪地，以示忠誠。如今人們已經很少做單膝跪地這樣老派的舉動了，但是求婚的男人在問出那個問題之前，還是會特意營造出浪漫的氛圍。

　　誇大的手法同樣適用於孩童。阿拉巴馬州的喬‧凡特有一個五歲的兒子和一個三歲的女兒。每天他都為孩子們滿地亂丟的玩具頭疼不已，因此他發明了一輛「列車」，任命騎三輪車的小喬伊為總工程師，珍妮特的小車掛在哥哥的三輪車後邊。每天晚上，珍妮特負責把她的「燃料」放進她的小車裡，然後自己跳上車，讓哥哥載着她在房間裡旅行。凡特先生沒有用一句說教或是訓斥，房間就變得整整齊齊了。

---- CASE ----

　　印第安納州的瑪麗‧凱薩琳‧伍爾芙在工作上遇到了一些問題，急需和老闆討論。週一早晨，她想和老闆談談，但是老闆說他正忙，讓瑪麗和秘書另約時間。她又去找秘書，秘書說老闆的行程非常緊湊，她會盡量安排。

伍爾芙小姐說：

　　「整整一週，我都沒收到任何回覆。每次我去問秘書，她都用不同的理由說老闆當天沒時間見我。週五早晨，我還是沒有約到時間，但這些問題週末之前必須解決。所以我開始琢磨怎樣才能讓他同意見我。

　　「最後我是這樣做的。我鄭重其事地給老闆寫了一封信，告訴他我完全理解他時間很緊，但是我要和他談的事情非常重要。我隨信附上了回執和信封，請他或秘書填好回給我。回執是這樣的：

　　　　伍爾芙小姐：我 ＿＿＿ 日（上午／下午）有空見你。我給你 ＿＿＿ 分鐘時間。

「我上午十一點把這封信放到了老闆的收件筐裡。下午兩點的時候，我在信箱裡找到了回執。老闆説他下午抽出十分鐘的時間見我。那天下午，我聊了一個多小時，圓滿地解決了全部問題。

「如果我沒用這一戲劇化的方式向他表明我急需見他，我可能還在傻等着被接見呢。」

------ CASE ------

詹姆士・博因頓剛為一個知名品牌的護膚霜做了詳盡的市場調研，準備去對方公司講解這份冗長的市場報告。對方在廣告業內大名鼎鼎，正等着用這份市場競爭數據。

然而，博因頓先生的第一次嘗試還未開始就宣告失敗。博因頓先生説：

------ CASE ------

我第一次彙報的時候完全跑偏了，一直在和客戶討論我們所用的調研方法，而不是結論。我們爭個不休，他質疑我們的方法，而我竭力證明我們沒錯。

我最終贏得了爭論，自己還頗為得意。但是我把全部時間都浪費在沒意義的事情上，報告中最關鍵的部分隻字未提。

第二次面談的時候，我決定抛開數據和圖表，直接去見他。我下決心戲劇化地展示我的結論。

當我走進他辦公室的時候，他正忙着打電話。他剛一掛掉電話，我就打開公文包，一股腦倒出三十二瓶護膚霜，

在他辦公桌上擺成一排。全部都是競爭對手的產品，他一望便知。

我在每瓶護膚霜上貼了標籤，簡明生動地寫上我的結論。然後呢？

這次他再也沒有異議了。這種方式對他來說既新鮮又有趣。他一個個地拿起那些瓶子，讀着上面的標籤。我們圍繞這些瓶子展開了友好的討論。他對我們的研究深感興趣，問了很多問題。他原本只給我十分鐘的時間彙報調研結果，但是十分鐘過去了，二十分鐘過去了，四十分鐘過去了，我們仍在聊個不停。

其實我想說的內容和上次完全一樣，唯一不同的是這次我用了戲劇化的小技巧 —— 看看它帶來多麼大的改變啊！

------- CASE -------

原 **11** 則

戲劇化你的想法

SECTION 12
任何方法都不奏效的時候，請使用殺手鐗

查爾斯‧施瓦布的公司裡有一位車間經理。這位經理盡職盡責，可手下的工人卻玩忽職守，轄區內的業績始終不達標。

施瓦布問那名經理：「有你這麼能幹的管理者，怎麼廠裡的業績就提不上來呢？」

「我也摸不着頭腦啊，」那名經理如實回答，「我甚麼方法都用過了，獎懲分明，恩威並施，甚至還以開除威脅他們……甚麼都不管用，他們就是不好好幹活。」

此時正是傍晚，白班工人和夜班工人交接的時候。施瓦布讓經理拿來一根粉筆，隨口問旁邊的工人說：「你們白天熔了幾爐？」

「6 爐。」

施瓦布在地上寫下一個大大的「6」，甚麼都沒說，就走了。

夜班工人上崗的時候，看到了地上的「6」，好奇地問這是甚麼意思。

「大老闆今天來了，」白班工人說，「他問我們白天熔了幾爐，我們說 6 爐，他就寫下來了。」

第二天早晨，施瓦布又來到這個車間。夜班工人已經擦去了那個「6」，寫了個大大的「7」。

白班來交接的時候，也看到了地上的「7」。夜班覺得他們了不起啊？那就讓咱們給他們點顏色看看！白班鉚足了勁，賣力幹活。那天晚上他們下班的時候，在地上留下了一個神氣活現的「10」。

就這樣，車間裡的氛圍越來越好。很快，這個原本業績遠遠落後於他人的車間，一躍成為全廠產量最高的部門。

甚麼原理呢？

以查爾斯·施瓦布的原話說：「競爭產生效率。這裡的競爭並不是指名利心，而是超越他人的渴望。」

超越他人的渴望！激將法！下戰書！但凡對方有一點好勝心，這個方法絕對有效。

如果不是被他人挑戰，西奧多·羅斯福就不會成為美國總統。這位「莽騎兵」從古巴凱旋之後，被推舉為紐約州州長。然而政敵發現羅斯福並不是紐約州的常住居民。羅斯福在驚惶之下計劃請辭。這時，來自紐約的參議員湯馬士·科利爾·普拉特將了羅斯福一軍。他聲音洪亮地當面激將羅斯福說：「聖胡安山的英雄難道是個懦夫嗎？」

羅斯福接受了對方的挑戰。後來的事兒就眾所周知了。這一挑戰不僅改變了羅斯福的人生，也改變了整個國家的未來。

「人人心間都有恐懼，唯有勇士能夠放下恐懼，奮勇前行。即使戰死沙場，也是值得自豪的勝利。」古希臘國王的侍衛以這句話為座右銘。戰勝對死亡的恐懼大概是人世間最大的挑戰。

阿爾·史密斯任職紐約州州長的時候曾經遇到過一個難題。魔鬼島最西端的興格監獄曾是人人談之色變的險惡之地，沒有人願意去那裡當典獄長。面對興格監獄裡不時傳出的醜聞，史密斯急需一位能兵強將 —— 一個硬漢。誰能勝任呢？他派人請來新漢普頓的路易斯·勞斯。

「你去掌管興格怎麼樣？」史密斯用輕鬆的語調詢問站在面前的勞斯，「那兒需要一個經驗豐富的人。」

聽到這個提議，勞斯目瞪口呆。他當然知道興格有多危險。這一任命是出於政治需要，也會隨政治的風向而左右搖擺。興格的典

獄官如走馬燈般來了又走，其中一位甚至沒有撐過三個禮拜。他多少要為自己的事業發展考慮一下 —— 值得冒這麼大風險嗎？

史密斯看出了他的躊躇，靠在椅背上笑了。「小夥子，」他說，「你要是被嚇住了，我不怪你。那地方確實是個是非之地。有魄力的人才能在那兒站穩腳跟。」

史密斯這是在激將呢，不是嗎？勞斯果然決心挑戰這份需要「魄力」的工作。

他去了興格監獄，也站穩了腳跟，成為劃時代的典獄官。他的著作《在興格監獄的兩萬年》(20,000 Years in Sing Sing)在美國家喻戶曉。他的故事廣為流傳，並成為數十部電影的靈感之源。他對罪犯的「感化」促進了美國的監獄改革。

「我從不認為單憑薪水就能吸引人才並留住他們，」費爾史東輪胎橡膠公司的創始人哈維‧費爾史東如是說，「留住他們的是競爭本身。」

著名行為科學家法雷迪‧赫茨堡與費爾史東的觀點不謀而合。他深入調查了上千人的工作態度，希望能夠從中發現工作的激勵因素，調查對象包括工廠工人和高級管理人員。那麼工作中的哪一點最能讓人產生動力呢？收入？福利？工作環境？以上皆錯。最激勵人的因素就是工作本身。如果工作有趣、激動人心，員工就會對工作充滿期待，並渴望把它做好。

每位成功人士都熱愛競爭，這是他們表現自我、證明自身價值、超越他人的方式。這也是競走比賽、豬叫比賽和吃蘋果派大賽的本質 —— 激發人們對勝利的渴望，對「感到自己重要」的渴望。

—— 原 12 則 ——

激將法

小結
CONCLUSION

如何讓他人想你之所想

原則 1

贏得爭論的方法只有一個，那就是避免爭論

原則 2

尊重他人的觀點，絕不要說「你錯了」

原則 3

如果你錯了，請堅決果斷地承認錯誤

原則 4

溝通始於友善

原則 5

讓對方點頭稱「是」

原則 6

讓對方主導談話

原則 7

循循善誘，讓對方自行得出結論

原則 8

拋開成見，將心比心

原則 9

體諒他人的想法和願望

原則 10

激發對方內心深處的高尚情操

原則 11

戲劇化你的想法

原則 12

激將法

CHAPTER 04

如何改變他人，
成為領導者

BE A LEADER:
HOW TO CHANGE
PEOPLE WITHOUT
GIVING OFFENSE OR
AROUSING RESENTMENT

SECTION 01
挑錯的時候，請用這種方式

　　卡爾文‧柯立芝任期內的一個週末，我的一位朋友受邀去白宮做客。他踱步到總統辦公室門口的時候，無意中聽到柯立芝對秘書說：「你今天穿的裙子很美，真是個年輕又有魅力的姑娘。」

　　這大概是「沉默的卡爾文」有生以來第一次如此直白地讚美別人。這句話既突然又莫名其妙，秘書一下就紅了臉，困惑地看着他。柯立芝說：「先別得意，我這麼說只是想讓你高興一點。從今往後，我希望你多注意一下標點的使用。」

　　他的意圖或許太過明顯，但是應用的心理學原理卻是正確的。在說出令人不快的事情之前先給對方一些肯定，就更容易讓對方接受。

　　理髮師為人剃鬚之前要先用肥皂潤滑；一八九六年，麥金利在競選總統之時也用了同樣的方法。當時，一位共和黨內的知名人士為麥金利撰寫了競選演講稿，並得意洋洋地自詡他的文筆比西塞羅、帕特里克‧亨利和丹尼‧韋伯斯特加起來都要好。這位先生聲情並茂地把他的大作讀給麥金利聽。演講稿確實有些許可取之處，但倘若用於競選，一定會引發暴風驟雨般的批評。麥金利不想打擊這個小夥子高漲的熱情，但又必須對他說「不」。讓我們一起來看看他是如何巧妙地化解這個難題的吧：

　　「我的朋友，這真是傑作，不朽的傑作，」麥金利說，「沒人能比你寫得更好。我在很多場合都能用到這篇稿子。但是在這個特殊場合，你覺得這個稿子合適嗎？從你的出發點來看，這篇文章有理

有據，但是我必須要考慮這次演講對全黨的影響。能不能請你按照我的建議修改一下，再發給我看。」

對方照做了。麥金利修改了這位小夥子的文章，並和他一起重新起草了一份講稿——就是這份講稿令麥金利在總統競選中征服了民眾的心。

亞伯拉罕・林肯下述信件造成的影響力僅次於他最著名的那封信（最著名的那封信是寫給比克斯比夫人的，表達了對其在戰爭中喪生的五個兒子的深切哀悼之情）。這封信是林肯用五分鐘的時間匆匆寫就的，但是在一九二六年的拍賣會上，這封信以一萬二千美元的高價售出——這個價錢比林肯一生辛勤工作存下的積蓄還要多。一八六三年四月二十六日，林肯為約瑟夫・胡克將軍寫下此信。當時內戰正值黎明前最黑暗的時刻。林肯的部下率領的聯邦軍隊節節敗退，戰場淪為無情的屠場，其慘烈血腥之狀令全國民眾為之駭恐。成千上萬的士兵從戰場上脫逃，連參議院中的共和黨議員都對林肯失望至極，意欲將其逐出白宮。「此刻正值大廈將傾之時，」林肯說，「連神明都不再庇佑我們，我幾乎看不見任何希望。」就在這樣絕望而悲痛的時刻，林肯提筆寫下了這封信。

在這生死關頭之際，美國的命運將決定於約瑟夫・胡克將軍之手。林肯試圖以這封信勸服這位桀驁不馴的將軍。

這大概是林肯出任總統之後措辭最嚴厲的一封信。但是林肯依舊欲抑先揚，在批評胡克將軍的致命錯誤之前，先肯定了對方的優點。

胡克將軍犯下的錯誤確實堪稱致命，然而林肯並未直接道破。他行文極為克制，委婉地在信中寫道：「我對你的一些做法不是很滿意。」這是圓通得體的說法。

這封信原文如下：

　　我任命你為波托馬克軍的司令是有充分理由的。但是我希望你知道，我對你的一些做法不是很滿意。

　　我相信你是一名驍勇善戰的軍人，並且對此非常欣賞。我也相信你的決策是基於你的作戰經驗，而不是對政治訴求的妥協，在這一點上你做得很對。你對自己非常有信心，雖然這一特質並非不可或缺，卻也難得可貴。

　　你也有雄心壯志。適度的雄心壯志對人有所裨益。但是在伯恩賽德將軍統率期間，你卻任憑野心膨脹，不惜竭盡一切阻撓他。你的所作所為害了整個國家，也害了你這位功勳卓著、備受尊敬的戰友。

　　我聽說你最近宣稱軍隊和政府都需要一位獨裁的領袖。我並非針對這句話，但無論如何，我都已經將指揮權交予了你。

　　只有取得勝利的將領才會被擁為領袖。因此我要求你取得軍事上的勝利，為此我不惜冒着獨斷專行的風險。

　　政府會不遺餘力地支持你。一直以來我們都竭力支持每一位指揮官，這一點未來也不會改變。質疑長官的風氣因你而起，並在整個部隊中迅速蔓延。我擔心這一風氣會令你自食其果，因此我會全力協助你，不讓它在部隊中愈演愈烈。

　　即使拿破崙在世，他也拿一支負面情緒蔓延的軍隊無能為力，你也一樣。記住不要魯莽行事。保持警惕，戒驕戒躁，重振雄風，為我們贏得勝利吧！

你當然不是柯立芝，不是麥金利，也不是林肯。你大概很想知

道這種處事哲學在日常商務往來中能否奏效。能嗎？讓我們一起來
看看費城沃克公司的高先生的例子吧。

----CASE----

　　沃克公司接到一單生意，要在合約期限內在費城建成
一座辦公樓。工程原本進展得十分順利，不料就在辦公樓
即將落成之際，青銅裝飾品的供貨商突然表示不能按期交
貨。整座辦公樓的工期因此延誤，沃克公司面臨着高額違
約賠償和不可估量的損失。

　　一次次的長途電話和激烈爭吵都無法解決問題，沃克
公司只好派高先生去紐約和對方當面理論。

　　見到供貨商老闆，高先生簡單介紹了自己，突然問道：
「你知不知道你是布魯克林唯一一個叫這個名字的人？」對
方驚訝地說：「我還真不知道。」

　　高先生說：「早晨我下火車之後在電話黃頁上查詢你的
地址，結果我發現整個布魯克林都沒人和你重名。」

　　「我從來沒發現這一點。」供貨商老闆邊說邊饒有興味
地翻開黃頁。「我的名字確實很特別，」他自豪地說，「我
的祖先是荷蘭移民，兩百多年前就來紐約定居了。」之後
的幾分鐘內，他一直都在講他的家族軼事。等他講完，高
先生又稱讚對方的工廠規模可觀，遠勝於他參觀過的其他
工廠。「這絕對是我見過的最乾淨整潔的青銅工廠。」高先
生評價道。

　　「我這輩子全撲在事業上了，」供貨商老闆說，「這座
工廠是我的驕傲。你想不想去參觀一下？」

在參觀過程中，高先生誇獎了對方的製造工藝，並指出比競爭對手強的地方。他注意到廠裡有幾台不常見的設備，供貨商老闆自豪地說這些設備是他自己發明的。他花了很長時間向高先生介紹設備如何運轉，成品有多麼出色。參觀結束後，他堅持要請高先生吃午飯。在此我想提醒諸位，到目前為止，高先生對他此行的真正目的隻字未提。

午飯過後，供貨商老闆說：「現在我們來談談正事吧。我知道你為甚麼來這兒，但是我沒想到咱們能聊得這麼痛快。你帶着我的承諾回費城，告訴領導你們的貨會按時生產、按時發貨，其他家的訂單耽誤就耽誤吧。」

高先生並未開口就如願以償，貨物最終及時運到，寫字樓也如期竣工。

-‧-CASE-‧-

如果高先生像其他人一樣使用棍棒政策的話，還會取得這樣皆大歡喜的結果嗎？

多蘿西‧盧柏維斯基是新澤西一間聯邦信用儲蓄所的支行經理。她在課上分享了幫助一名員工提高工作積極性的經歷。

-‧-CASE-‧-

我們最近新招了一位年輕的出納培訓生。客戶對她的評價很不錯，她處理交易的時候準確迅速，但一到下班前清賬的時候就出問題。

出納主管強烈建議我解雇這個姑娘，對我說：「她清賬

的速度太慢了，一直拖其他人後腿。我教了她一遍又一遍，但她就是不懂。她必須走人。」

　　第二天，我着重觀察了這個姑娘的工作方式。她在日常交易時確實又快又準，對待客戶也態度和藹。

　　我很快就發現了清賬問題的癥結所在。下班的時候，我走到她身旁。她看起來既緊張又沮喪。我先誇她接待客戶時熱情友好，工作上精確可靠，然後建議她和我一起過一遍清賬流程。她見我對她有信心，愉快地接受了我的提議，很快就在學習中掌握了要領。從那之後她再沒有讓我們擔心過。

—— CASE ——

　　稱讚的話語如同牙醫診療時的麻醉劑，雖然牙鑽仍會令患者感到不適，但是麻醉劑能夠有效地緩解疼痛。作為領導者，應當學會：

—— 原 1 則 ——

欲抑先揚

SECTION 02
怎樣批評不會觸犯眾怒

一天中午，查爾斯・施瓦布在他的鋼鐵廠裡看到幾個工人正在抽煙，而他們頭頂上就有一塊「禁止吸煙」的警示牌。施瓦布並沒有指着牌子質問他們「你們識不識字啊」——如果那樣做他就不是施瓦布了。他向工人走過去，遞給每人一支雪茄，說：「小夥子們，為甚麼不到外邊去抽抽看呢？那樣我會感激不盡的。」工人知道他們違反了規定，被老闆看在眼裡；可老闆非但沒有責備他們，還給了他們小小的禮物，讓他們覺得備受重視。這樣的老闆誰不喜歡呢？

約翰・華納梅克也採用過同樣的技巧。在費城的時候，他習慣每天去店裡巡視一番。一天，他發現一位顧客正站在櫃台前左顧右盼，卻沒有任何人注意到她。店員呢？店員正圍在櫃台的另一端說笑談天呢。華納梅克一言不發地走到櫃台後面，親自接待了這位顧客，並在臨走前把顧客購買的商品遞給店員包裝。

民眾總是批評政府官員高高在上，難以接近。他們確實工作繁忙，但根本原因在於助理不願安排過多訪客打擾領導。迪士尼樂園的所在地——佛羅里達州奧蘭多市的市長卡爾・蘭福德多年來一直提醒下屬要親近民眾，並奉行「開門迎賓」政策，但是來訪的市民依舊被市長秘書和行政官員擋在門外。

這位市長最後使出了殺手鐧——他把辦公室的大門拆掉了！大門被戲劇性地「打開」之後，他終於在真正意義上實現了行政開放。

有的時候，一個詞就能夠決定成敗。只要換掉這個簡單的詞

彙，你就能潛移默化地改變他人。

　　許多人在表達意見的時候習慣以稱讚開始，以「但是」轉折，以批評收尾。例如，強尼的父母想要改變孩子學習上的粗心大意時，大概會這樣說：「強尼，我們真心為你這學期的進步感到驕傲。但是如果你能在代數上再用功一點的話，成績肯定會比現在更好。」在這個例子裡，強尼在聽到「但是」之前，會覺得備受鼓舞；然而那個「但是」改變了他的想法，令他覺得前面的誇獎敷衍了事，只是在為之後的批評做鋪墊而已。這種措辭方式降低了整句話的可信性，也無益於糾正強尼的學習態度。

　　一旦把「但是」換為「而且」，問題就迎刃而解了：「強尼，我們真心為你這學期的進步感到驕傲。而且，要是下學期你繼續保持這種認真細心的態度，你的代數成績一定會和其他科目一樣好。」現在強尼就會接受父母的誇獎了，因為誇獎後沒有後續的批評在等着他。我們間接引起他的重視，他也一定會努力不讓我們失望。對於敏感的人來說，直接的批評會引起他們的強烈敵意，而間接地指出錯誤卻有奇跡般的效果。

----CASE----

　　羅德島的瑪吉·雅各巧妙地用這一方法，讓粗枝大葉的建築工人在施工完畢後自願把她家打掃乾淨。

　　施工開始的頭幾天，雅各夫人下班回家後，發現木材廢料丟得院子裡到處都是。建築工人的木工活兒做得不錯，她不想讓對方覺得她挑三揀四。於是她帶着孩子們清理了院子。一家人把所有的碎木頭移至院子一角，碼放得整整齊齊。第二天早晨，雅各夫人把工長叫到一旁說：「你

們昨晚把草坪清理得那麼乾淨，太讓我感動了。這樣真是美觀極了，也不會讓鄰居覺得心裡不舒服。」從那以後，工人們每天都把剩餘的邊角料清理乾淨，碼放到角落裡，工長也會親自確認前一晚收工後的清理情況。

————CASE————

在部隊中，預備役士兵和教官之間最容易起口角的地方就是髮型問題了。這些後備兵們認為自己是平民百姓（大部分時間他們確實是），不願把頭髮剪短。

————CASE————

　　哈雷·凱瑟是美國陸軍後備隊第五百四十二期訓練營的軍士長，他訓練預備軍官的時候就遭遇了這個難題。資深的常規軍軍士長通常會對下屬大吼大叫，威脅他們，然而凱瑟卻選擇間接地表明態度。

　　「先生們，」他開口道，「你們都是領導者。只有身先士卒，你們的命令才會有人聽。因此你們必須在你們的兵面前起到表率作用。諸位都知道部隊裡對髮型的規定是甚麼。我現在頭髮可比你們短多了，但是我今天還是會例行公事去理髮。你們回去自己照照鏡子，如果想做個好榜樣，部隊會給你們時間去理髮店。」

　　這番話的效果可想而知。那天下午，幾位預備軍官果然對着鏡子審視一番，然後去理髮店剪成了標準髮型。第二天早晨，凱瑟軍士長評價說，他看到隊伍中一些人的領導能力已經有所增進。

————CASE————

一八八七年三月八日，演說家亨利·沃德·比徹牧師溘然長逝。萊曼·埃伯德受邀接替比徹，站上比徹昔日佈道的講台。為了不辱使命，埃伯德像福樓拜一樣字斟句酌，一次次將佈道詞推翻重寫。他把佈道詞唸給妻子聽。佈道詞寫得很糟糕——大部分演講稿一旦落於紙面都會如此。如果他的妻子心直口快，大概會毫不客氣地對他說：「萊曼，你寫得太差了，這樣不行的，聽眾肯定會睡着。你的演說聽起來像是在唸百科大全。你做了這麼多年演講，水平不應該是這樣的啊。老天爺，你怎麼不能説人話呢？你怎麼不能自然一點呢？你要是真打算讀這個，那可真是丟人現眼。」

埃伯德的妻子原本可以做出上述評價，但她知道這樣説會引發怎樣的後果。於是她只是輕描淡寫地説，這篇文章寫得很好，很適合在《北美評論》（*North American Review*）上發表。換句話説，她既稱讚了這篇文章，又巧妙地暗示這篇文章不適合作為演講稿。萊曼·埃伯德聽出了她的弦外之音，撕碎了這篇精心寫就的文章，佈道的時候沒有用任何講稿。

糾正他人錯誤最有效的方式是——

---原 *2* 則---

間接地引起對方的注意

SECTION 03
先承認自己的錯誤

我的侄女約瑟芬‧卡耐基來紐約幫我處理事務時剛剛十九歲。那時她高中畢業已經三年，但工作經歷幾乎為零。現在她堪稱全美國最稱職的助理，但是一開始的時候，我只能説，她有太多東西要學了。一天，我忍住批評她的衝動，告誡自己：「等一等，戴爾‧卡耐基，先等一等。你的年紀比約瑟芬大一輪，而你的工作經驗是她的一萬倍，你怎麼能以自己的視野、判斷和積極性來要求她呢？即使你並不比她強，這樣的要求也是不公平的。更何況，戴爾，你自己十九歲的時候在做甚麼？你做過的蠢事還少嗎？你還記不記得你之前⋯⋯」

在心裡不偏不倚地比較了一番之後，我的結論是約瑟芬比我十九歲的時候強多了。然而我從未因此誇獎過她，為此我覺得很歉疚。

從那以後，每次我想提醒約瑟芬的任何錯誤，我都會以這樣的話開始：「你這件事做得不太對，約瑟芬，但是天知道，你這個小錯和我以前犯過的錯比起來算不得甚麼。人不可能生來就知道是非對錯，等你有經驗了自然就有判斷力了。你現在已經比我年輕的時候強多了。我自己做過很多愚蠢的決定，所以我沒資格批評任何人。不過你想想看，要是這樣處理這件事，效果會不會更好一些呢？」

假如別人在批評你之前先承認自己也有諸多缺點，批評的話語就沒有那麼刺耳了。

---CASE---

　　迪里史東先生是加拿大馬尼托巴湖區的一名工程師。他對新來的秘書頗有意見。每次秘書把他口述的信打好請他簽字的時候，他總能在每頁找出兩三處拼寫錯誤。迪里史東先生說他是這樣解決這個問題的：

　　「我們做工程師這一行的，英文拼寫都不是很好。所以這些年我習慣隨身帶着一個有字母索引的黑皮筆記本，一碰到容易寫錯的詞就記下來。我發現直接指出秘書的錯誤並沒有讓她變得更認真，於是我換了一個辦法。」

　　又一次看到信上有錯時，迪里史東指着錯字對秘書說：「這個詞的拼寫看上去好像不太對啊。我經常會拼錯詞，所以我一直堅持記筆記。（我打開筆記本，翻到有這個詞的那一頁。）瞧，在這兒。我現在非常注意拼寫，因為其他人會通過信來判斷我們的人品，拼寫錯誤讓人覺得你不夠專業。

　　「我不知道她有沒有按我的方法做，但是那次談話之後，她的拼寫錯誤明顯減少了許多。」

---CASE---

　　早在一九〇九年，伯恩哈德·馮·比洛就已經覺察到了這種做法的必要性。那時，比洛任德國總理，而執掌皇權的是威廉二世——那位不可一世的威廉，妄自尊大的威廉，德國最後一位皇帝威廉。

　　這位德國皇帝打造了一支軍隊，誇口說可以橫掃千軍萬馬。緊接着，震驚世人的事情就發生了。威廉二世開始發表一些聳人聽聞的言論，這些話猶如在整個歐洲大陸投下重磅炸彈，惡劣影響迅速

擴散至全世界。更糟糕的是，這位德國皇帝在公開場合同樣大放厥詞。受邀出訪英格蘭時，威廉二世聲稱自己是全國上下唯一一個對英格蘭持友善態度的德國人，還說他正在組建海軍部隊，對抗日本的威脅；他號稱自己以一己之力將英格蘭從蘇聯和法蘭西的鐵蹄中解救出來，令他們免於在後者的屠戮下卑躬屈膝、垂死掙扎，還說英格蘭的羅伯茨勳爵能夠在南非擊退那些荷裔非洲人，全是他的作戰計劃的功勞，等等。他不顧皇權威嚴，親自批准把這些離譜言論公開刊登於英國的《每日電訊報》（*Daily Telegraph*）。

　　近百年來，歐洲皇室從未有人膽敢在和平時期如此口出狂言。這一舉動如同捅了馬蜂窩，歐陸各國議論紛紛，英格蘭皇室怒不可遏，德意志帝國的政治家提心吊膽。處於風暴中心的德皇終於慌了手腳，暗示總理比洛替他承擔罪過。他希望比洛站出來宣稱都是他的責任，是他強令君王發表這些駭人的言論。

　　「但是陛下，」比洛抗議說，「無論在德國還是英國，沒人會相信我有能力唆使陛下您說出這樣的話。」

　　話一出口，比洛就意識到犯了個大錯誤。德皇勃然大怒。

　　「你把我當蠢驢嘛？！」皇帝咆哮著，「你的意思是你絕不會犯我這麼愚蠢的錯誤嘛？！」

　　比洛意識到他應當欲抑先揚，但為時已晚。為了彌補，他決定趕緊補上讚美之詞，效果果然不同凡響。

　　「我不是這個意思，」他恭恭敬敬地回答道，「陛下您的學問在各方面都比我淵博多了；您的軍事才華有目共睹，除此之外，您在自然科學上也學識過人。您講到氣壓計、無線電或是倫琴射線的原理時，我都萬分敬佩。我對自然科學簡直一竅不通，一點物理化學的常識都沒有，連最簡單的自然現象我都說不出個所以然。不過，」

比洛繼續説，「可能是上帝補償我吧，我唯一拿得出手的就是一點歷史知識了，政治和外交方面也還勉強過得去。」

聽到這些溢美之詞，威廉二世喜笑顏開。比洛吹捧了他，貶低了自己，單憑這一點威廉二世就既往不咎了。「我不是總跟你説嘛，」他愉快地叫嚷着，「我們在一起是最佳拍檔！我們應該團結一致，一定要團結一致！」

德皇握住比洛的手，緊緊握了許久。那天下午，他熱情高漲地攥緊拳頭大叫：「誰要是敢在我面前説比洛的壞話，我就賞他一記正中鼻樑的直拳！」

比洛及時救了自己。精明世故如這位德國總理，也仍然在一開始的時候犯了個錯 —— 他應該先講自己的缺點和威廉二世的優點，而不是一上來就暗示堂堂德國皇帝是個需要監護人的弱智。

如果幾句自謙和抬舉的話語就能把不可一世的皇帝變為忠實夥伴，想想看，在日常生活中，謙遜和讚美能起到多麼大的作用。如果使用得當，這一技巧就能在人際關係中創造奇跡。

承認自己的過錯 —— 哪怕是尚未改正的過錯 —— 能夠促使對方重新審視他的行為。馬里蘭州的克拉倫斯‧澤豪森近期的經歷證明了這一點。

---- CASE ----

澤豪森先生發現十五歲的兒子最近開始抽煙。「我當然不想讓戴維抽煙，」澤豪森先生告訴我們，「但是我和妻子都抽煙，我們沒給兒子做好榜樣。我向戴維解釋了我在他的年紀如何染上了抽煙的陋習，尼古丁的威力讓我漸漸成癮，現在已經很難戒掉。我如實告訴他咳嗽的毛病讓

我多麼痛苦，並提醒他幾年前他還整天跟在我屁股後面勸我戒煙呢。

「我並未直接告誡兒子別抽煙，也沒有以抽煙的惡果來嚇唬他。我只是告訴兒子我的親身體會，以及吸煙給我的生活帶來了怎樣的影響。

「他想了想，決定高中畢業之前都不碰煙了。這些年過去了，戴維果然再也沒有碰過煙，連抽煙的念頭都再沒動過。

「那次對話之後，我自己也決定把煙戒掉，並最終在家人的支持下取得了成功。」

───── CASE ─────

卓越領袖都會遵從下面的原則：

───── 原 3 則 ─────

批評對方之前，先談談你自己的過錯

SECTION 04
沒有人喜歡聽命於人

　　我曾經有幸和美國傳記文學的泰斗人物伊達‧塔貝小姐一同共進晚餐。席間我提及正在寫這本書，於是我們開始討論待人接物的要點。她告訴我，她為歐文‧揚寫傳記的時候，曾經採訪過一位和揚先生在同一間辦公室共事三年的男士。這位男士説，這些年裡，他從未聽過歐文‧揚對任何人下命令。歐文‧揚從不會要求他們做這做那，也從不會説別這麼做別那麼做，而總是以建議代替命令。他會説「你可能想把這一點考慮進去」或是「你覺得這樣做能奏效嗎」。口述一封信之後，他經常會徵詢對方意見，問道：「你覺得這樣寫怎麼樣？」看過助手寫的信之後，他會建議：「如果這樣説或許更好一些。」歐文‧揚從不要求助手聽命於他，他給人們獨立嘗試的機會，讓他們放手去做，從錯誤中汲取經驗。

　　這一技巧很容易讓人改正錯誤。因其保護了對方的自尊心，讓對方感到備受重視，所以能夠得到配合而不引發逆反心理。

　　即使出發點是好的，頤指氣使的命令也會令人懷恨在心。

　　丹‧聖雷利在賓夕法尼亞州一所職業學校擔任教師，他向我們講述了這樣一件事。他的一名學生在校園裡違規停車，擋住了學校商店門口的路。於是一名教員生氣地衝進教室，不耐煩地問：「誰的車把路擋上了？」車主回應後，這位教員嚷道：「馬上給我把車挪走，不然我就用鐵鏈把你的車捆起來拖走！」

　　確實是學生有錯在先，不應該把車停在那裡；但從那天起，不

僅這名學生記恨那位教員，教室裡的其他學生也聯合抵制那位教員，做出種種讓他難堪不快的舉動。

　　如果他當時換一種處理方式，結局還會是這樣嗎？如果他友善地問「車道上是誰的車」，然後建議車主把車移一移，方便其他車開進來，那名學生一定會心平氣和地去挪車，也沒有人會對此憤憤不平。

　　將命令改為問句不僅聽起來更悅耳，還能夠激發創造力。如果對方參與了決策過程，他就更樂於付諸實施。

----CASE----

　　伊恩·麥克唐納是南非一家小型工廠的經理，工廠主營精密器械部件製造。麥克唐納先生近期有機會拿到一個大單，但他覺得以工廠目前的產能不可能完成這一單。工期早就排滿了，新訂單的時間又太倉促，在規定期限內交不上貨的話就沒法接單。

　　麥克唐納並沒有強迫員工加班工作趕工期，而是把大家都召集到一起，向他們解釋目前的狀況，並說明了這筆大生意會給公司帶來很多利益，也會給員工帶來更多收入。之後他開始問大家：

　　「諸位有沒有趕出這一單的辦法呢？

　　「能不能重新排一下工期，讓咱們能把這一單也做出來？

　　「咱們的上班時間和工作量能不能為了這一單調整一下？」

　　員工們想出了許多辦法，並且強烈建議他接下訂單。他們以「我們一定能行」的態度努力趕工，最終按時交貨。

----CASE----

聰明的領導者懂得：

──── 原 **4** 則 ────

以引導代替命令

SECTION 05
給對方留足面子

　　幾年前，通用電氣公司遇到了一個難題 —— 如何令查理‧史丹梅茲讓出部門主管之位。史丹梅茲無法勝任核算部門的管理職責，但卻是電氣專業上難得一見的天才，也是不可或缺的工程師，因此公司不敢冒犯他。公司知道他為人敏感易怒，於是靈機一動，為他特設了一個職位，任命他為通用電氣公司的專職顧問工程師。他在電氣方面的專業職責未受影響，只不過部門主管的職責另由他人接手。

　　史丹梅茲對此感到非常滿意。

　　通用電氣的官員們也如釋重負。他們巧妙地穩住了這位喜怒無常的明星雇員，規避了災難性的後果，還給對方留足了面子。

　　給對方留面子 —— 這一點至關重要，卻往往被我們置於腦後。我們踐踏他人的感受，橫衝直撞，一意孤行；我們在他人面前訓斥孩子或是下屬，隨心所欲，毫不留情。我們從未顧及對他們自尊心造成的傷害，而這些傷害原本只需要幾分鐘的思考或是幾句貼心的話語就能夠輕易化解。

　　在責罵或解雇員工之前，請想想上面這段話。

···◆·CASE·◆···

執業會計師馬歇爾‧A.格蘭傑在給我的信中寫道:「開除員工一點都不好受。被開除當然更不好受。

「我們的業務分忙季和淡季,一過個人所得稅申報的高峰期,公司就要解雇好些人。

「用業內的行話形容大家對這件事的態度,就是『沒人喜歡揮起斧頭』。於是我們習慣以這樣的話草草了事:『請坐,史密斯先生。忙季結束了,我們沒有別的工作安排給你,你也知道咱們的合同是短期性質的。』諸如此類。

「這樣的話會讓對方感到失落,覺得公司辜負了他。這些人通常一輩子都在會計這個圈子中打拚,對於這樣沒有人情味的公司,他們自然也不會抱有任何感情。

「近期我決定改變策略,解雇臨時員工的時候盡量通情達理一些。把他們叫進辦公室之前,我會先認真地回想一遍他們整個冬季的工作表現,字斟句酌地說:『史密斯先生,您的工作表現非常好(如果他確實做得很好)。紐瓦克市的那個項目很艱巨,而您不負眾望,出色地完成了任務。我想讓您知道,公司以您為榮。您這麼有天賦,無論您走到哪裡,都一定會出類拔萃。公司相信您的能力,也希望您記得公司在全心全意為您祝福。』

「結果如何呢?雖然同樣是被解雇,但人們覺得好受多了,不再覺得被公司辜負。他們明白我們如果有工作機會,一定會留下他們;當公司再次需要他們的時候,他們也會因為這份情誼回來幫忙。」

···◆·CASE·◆···

在課上，兩名學員舉出工作中的例子，分別説明了吹毛求疵引發的負面影響和給對方留面子產生的正面影響。

---·--CASE--·---

賓夕法尼亞州的腓特烈・克拉克講了公司裡的一次衝突：「生產例會上，一名副總經理就生產過程向生產主管提出了質疑。他的問題非常尖銳，語氣也咄咄逼人，意欲對這位主管興師問罪。這位主管不想在其他同事面前丟人現眼，所以再三推諉。副總經理大發雷霆，當面呵斥主管謊話連篇。

「雙方的良好關係就被這次衝突給毀了。這位主管原本是個模範員工，就因為這事再也得不到重用。幾個月後，他離開了我們公司，轉投競爭對手門下，聽説在那兒幹得很不錯。」

---·--CASE--·---

另一位學員安娜・瑪佐尼舉的例子起因相似，但由於處理方式不同，結果也大相徑庭。

---·--CASE--·---

瑪佐尼女士是一名食品包裝公司的市場專員。入職後不久，她被委任了一項重要任務，負責新產品的試銷活動。她告訴我們：「試銷結果出來後，我簡直嚇傻了。之前做計劃的時候我犯了一個嚴重錯誤，整個試銷項目都白做了，必須推翻重來。更糟的是，我馬上要在全公司面前彙報研

究成果，根本沒機會提前跟上司解釋。

「我被叫去做報告的時候，整個人害怕得直抖。我竭力避免當場崩潰，告訴自己不能哭，不能讓那些男同事覺得女人太情緒化，無法勝任管理職責。我簡短地闡明原委，彙報說我會把研究重做一遍以彌補我的失誤。說完之後，我忐忑地坐下，等着上司發飆。

「誰知上司不僅沒對我發火，反而感謝了我的辛勤工作。他特意說，第一次主導新項目出點差錯是難免的。他相信重做的市場調查一定精確無誤，對公司也很有借鑒意義。他在所有同事面前強調他對我充滿信心，也知道我盡了全力，我的失誤僅僅是因為經驗不足而不是能力不足。

「走出會議室的時候，我頭仰得高高的，暗暗對自己發誓再也不會辜負上司對我的信任。」

------- CASE -------

即使你手握真理，對方大錯特錯，也請給對方留個面子。讓對方丟臉除了會摧毀他的自尊心之外，別無益處。傳奇的法國航空先鋒兼作家安托萬‧德‧聖埃克蘇佩里曾寫道：「我沒有權利做出任何讓對方感到自卑的言行。我怎麼看他並不重要，重要的是他如何看自己。傷害別人的自尊是一種罪過。」

真正的領導者會：

原 **5** 則

給對方留足面子

Section 06
如何激勵他人走向成功

　　彼得‧巴洛是我一位老朋友。他訓練小狗很有一套，經常跟着馬戲團巡迴演出。我很喜歡看彼得訓練那些新加入的小狗做雜耍表演。我注意到，每當小狗有一點點進步的時候，彼得總會拍拍牠，給牠食物，誇張地鼓勵牠。

　　這並不是甚麼新技巧。幾個世紀以來，動物馴養員一直在使用這套方法。

　　令我困惑的是，當我們想要改變他人的時候，為甚麼不試試同樣的方法呢？為甚麼不用獎勵代替懲罰？為甚麼不用稱讚代替責罵？哪怕他人只取得了一點微不足道的進步，也請真誠地表達你的讚賞，這些話語會成為他們前進的動力。

　　心理學家傑斯‧萊在他的著作《寶貝，我一無所有，我擁有的全部就是我自己》（ I Ain't Much, Baby But I'm All I Got ）一書中評論道：「讚許的話語如同撫慰人心的溫煦日光，靈魂缺少它的滋養就無法像花朵般盛放。然而大多數人對於同胞只有寒風般凜冽的責難，從不願給予些許陽光般和暖的誇獎。」

　　回首我自己的生活，往事歷歷在目。幾句鼓勵的話語曾經對我的人生道路產生了翻天覆地的影響。你的生活中是不是也曾有相似經歷？歷史上這樣的例子更是不勝枚舉。

　　多年前，在那不勒斯的某間工廠裡，有一個十歲的小男孩正在做工。他一心想要成為歌手，但是啟蒙老師打擊了他的信心。「你

唱不好的，」那位老師説，「你沒那個嗓子。你的聲音難聽得就像風在敲打百葉窗。」

　　小男孩的母親摟着他，安慰説他一定能唱得好，她能感受到他的進步。為了給小男孩攢下音樂課的學費，這位窮苦的農婦連一雙鞋都不捨得買。她的稱讚和鼓勵改變了男孩的一生。這個男孩就是恩里科‧卡魯索，那個時代最偉大的歌劇演唱家。

　　十九世紀之初的倫敦，有一位少年立志要成為作家，然而幸運之神似乎一直在與他作對。他只上過四年學，父親因為欠債而被扔進監獄。他從小就深知捱餓的滋味，歷盡辛苦才找到一份給塗料罐貼標籤的零工，工廠裡老鼠遍地。夜裡，他和兩個貧民窟的流浪兒一同擠在陰暗狹小的閣樓上。他對自己的寫作能力毫無信心，因為怕被人嘲笑，他在死寂的深夜裡溜出門，惴惴不安地寄出第一篇稿子。退稿信一封接着一封，然而他從未放棄。終於有一天，一篇文章成功發表了。他一個先令的稿酬都沒有拿到，但是文章得到了一位編輯的肯定。他抑制不住心中的狂喜，在街上漫無目的地走了一圈又一圈，不知不覺竟淚流滿面。

　　那篇發表文章帶來的鼓勵和認可照亮了他的前途。沒有那名編輯的鼓勵，他一輩子都會寂寂無聞地在那間老鼠遍地的工廠裡賣命。或許你也曾聽説過這位少年的名字，他叫查爾斯‧狄更斯。

　　另一個倫敦男孩在紡織品商店打工維持生計。他凌晨五點就要起床打掃商店，每天十四個小時的苦工令他痛苦不堪，度日如年。苦苦支撐了兩年之後，一天早晨起床，他已經無法再多忍受一秒，連早餐都沒吃就逃跑了。他長途跋涉了十五英里路，終於回到家中，見到了他那給人當保姆的母親。

　　男孩不顧一切地哀求母親，嚎啕着説他寧肯自殺也不願意再回

到店裡。他寫了一封長信給以前學校的老校長，傾訴他的淒苦與悲傷，字裡行間流露出生無可戀的絕望。老校長鼓勵他振作起來，深信不疑地說以他的聰明才智完全能夠勝任更好的工作，並邀請他回學校擔任教員。

老校長的讚許改變了男孩的未來，並在英國文學史上留下了不可磨滅的痕跡。這個男孩後來創作出無數暢銷作品，用手中的筆掙了上百萬美元。你大概也聽說過這個男孩。他的名字是 H.G. 威爾斯。

以表揚代替批評是史金納奉行的基本教育理念。這位當代著名心理學家通過實驗證明，如果將批評降至最低限度而着重強調表揚，人們的善舉會被鞏固，不良行徑因為未被關注會逐漸弱化。

---- CASE ----

北卡羅來納州的約翰‧林格斯堡在子女教育中應用了這一方法。很多父母慣用的溝通方式是對孩子們大吼大叫。事實證明責罵的後果是孩子們越來越叛逆，絕非變得更優秀 —— 家長亦是如此。親子之間的鴻溝似乎變成了無解課題。

林格斯堡先生決定實踐在課上掌握的原則。他彙報說：「我們決定試試看表揚的方式，不再對孩子們的錯誤嘮叨不停。一開始這並不容易，我們眼裡都是孩子們的各種缺點，很難找到值得表揚的地方。最終，我們發現了孩子們身上的一些優點並大加褒獎。令人驚訝的是，讓人惱火的行為很快就偃旗息鼓了，其他缺點也漸漸變得無影無蹤。為了得到表揚，他們開始主動努力把事情做好。我們

簡直不敢相信自己的眼睛。當然，改變是一個長期的過程，
但是孩子們的言行舉止已經規矩多了，變得越來越懂事。
我們也該改改嘮叨的陋習了。」

-----CASE-----

這些變化源於對孩子們的每一次小小進步表示讚許。如果孩子
們犯個小錯誤就厲聲斥責，結果可想而知。

上述原則同樣適用於工作場合。

-----CASE-----

在加利福尼亞州經營打印店的基思·羅珀用這一方法
解決了工作上的難題。羅珀注意到近期店裡的印刷品質量
上乘，而負責這批產品的印刷工是個新來的小夥子，還沒
有完全適應這份工作。主管覺得他態度消極，正考慮開除
這名員工。

羅珀先生了解這一情況後，親自找到這位年輕人並當
面表揚了他剛剛完成的作品，特意強調這是他近期看到的
質量最好的印刷品。他詳細地分析了這些印刷品的閃光
點，並肯定了年輕人對公司的重要性。

你覺得這位年輕人會因此改變對公司的態度嗎？沒過
幾天，他的態度果然與此前截然不同了。他對好幾個同事
複述了這次談話，感動地說好的作品是會被公司欣賞的。
那天之後，他成了這家公司最忠誠上進的員工。

-----CASE-----

　　羅珀先生並沒有敷衍這位年輕的印刷工說「你幹得很棒」，而是特別指出了對方工作中令人稱許的細節。他的誇獎有理有據，而不是假意逢迎，因此聽者會格外珍惜。人人都喜歡被稱讚，但只有具體化的稱讚才能夠使人信服，不會被對方當作安慰話一笑置之。

　　請記住，儘管每個人都渴求讚許和認同，為此不惜付出一切代價，但是沒有人需要虛偽和奉承。

　　請允許我再次重複：書中所授全部原則，只有出自真心，才能夠發揮應有的效用。我並不提倡鑽營取巧。我所倡導的，是一種全新的生活態度。

　　說到改變他人，如果你我能啟發他人意識到自身潛能，那麼其意義將遠勝於改變他人，甚至堪稱重塑對方的人格。

　　聽起來很誇張嗎？那麼不妨來讀讀美國最負盛名的哲學家、心理學家威廉‧詹姆士的精闢見地：

　　和人類所具備的潛能相比，我們仍處於蒙昧之中。人類的身心力量只有極小部分得到了發揮。廣義而言，人類個體遠未到達極限。人類囿於自身習慣，從未將與生俱來的諸多能力發揮至極致。

　　是的，正在讀此書的你，可能也囿於自身習慣，從未將與生俱來的諸多能力發揮至極致。讚許就是其中一種你未盡其用的強大能力。你的讚許能夠讓他人發覺自身潛在的無限可能。

　　潛能如同花蕾，在批評中枯萎，為讚許而盛放。如果你希望卓有成效地領導他人，就請：

原 6 則

誇獎他人每一點微小的進步，
「由衷地讚許，不吝嗇讚美之詞」

用美譽激勵他人

如果曾經優秀的員工開始玩忽職守，你會怎麼做呢？開除他？
於事無補；訓斥他？引發憤恨。不妨看一看下面這個例子。

---····-· CASE ·-····---

　　亨利·漢克先生在印第安納州一家卡車經銷店擔任服
務部經理。他手下一名機修工近期的工作態度越來越消
極。漢克先生並沒有罵他或是威脅他，而是把他叫到辦公
室裡和他談心。

　　「比爾，」漢克先生開口道，「你是很優秀的專業人才。
你做這行的年頭也不短了，客戶都放心地把車交給你，還
在公司面前對你稱讚有加。但是最近你在每項工作上花
的時間越來越多，質量也沒有達到你之前的水準。一直以
來你都表現出色，我想你也知道我對目前的狀況不是很滿
意。也許我們能一起找到改進的方法。」

　　比爾回答說他並未意識到自己最近的表現不夠好，並
向老闆保證他能夠勝任目前的工作，未來也會繼續提高專
業能力。

　　比爾兌現承諾了嗎？毫無疑問，以前那個手腳麻利、
一絲不苟的機修工又回來了。他不想辜負漢克先生給他的
美譽，因此力求重現以往的工作水準。

---····-· CASE ·-····---

鮑爾溫機車廠董事長薩繆爾·沃克萊因曾經説過：「如果你贏得了對方的敬意，並對他某一方面的能力表示尊重，他就會服從你的領導。」

簡而言之，如果你希望對方提高某方面的能力，就請裝作他早已擁有這一品質。莎士比亞曾言：「倘若您德行盡失，也請裝腔作勢。」不妨相信對方已經具備你所期望的美德，並且把你的信念傳遞給對方，對方定會竭盡全力維護他在你心目中的形象。

喬吉特·雷布朗在她的著作《一生的紀念：我與梅特林克的生活》（*Souvenirs, My Life with Maeterlinck*）中，提到了一位「比利時灰姑娘」的驚人蛻變。

> 隔壁酒店的女僕每日為我送來三餐，她早先在洗碗處打下手，所以被叫做「洗碗工瑪莉」。她相貌古怪，既斜視又羅圈腿，從內在到外在都卑微不堪。
>
> 一天，她用通紅的雙手為我端來意式通心粉的時候，我忍不住貿然對她說：「瑪莉，你不知道你身上有多少寶貴的特質。」
>
> 瑪莉愣住了。她向來習慣隱藏感情，生怕一舉一動會闖下大禍。她把盤子放在桌上，歎了口氣，率真地說：「夫人，這話要不是您說的，我永遠也不會信。」她沒有疑惑不解，也沒有問我任何問題。她只是慢慢走回廚房，對大家重複了我剛才說過的話。她對這句話深信不疑，以至於沒有任何人取笑她。從那天開始，人們或多或少地開始尊重她了。而最令人感到驚奇的是瑪莉自身的改變。她相信自己身上一定蘊藏着神跡，開始愛惜自己的身心，乾涸的青春重新煥發出蓬勃生機，恰到好處地修飾了她的質樸無華。

　　兩個月後，她宣佈和主廚的外甥訂婚。「我要做太太啦。」她告訴我這一喜訊，並且向我道謝。我短短的一句話竟然改變了她的生活。

　　喬吉特·雷布朗的美譽給了洗碗工瑪莉人生的希望。為了不辜負這一美譽，瑪莉如同煥發新生。

---···-CASE-···---

　　比爾·派克在佛羅里達的一家食品公司擔任銷售代表。他們公司剛剛推出了新的產品，比爾熱情洋溢地向當地最大的獨立食品市場推薦，不料對方主管拒絕產品入駐。比爾冥思苦想了一整天，決定回家之前再爭取一次。

　　他回到商場，對主管說：「傑克，早上我一走出你們公司大門，就想起來我的介紹並不全面。能不能再佔用您一點時間，講一下我遺漏的要點。我一直很感激您的耐心傾聽，也很敬重您面對改變的開放態度。」

---···-CASE-···---

　　傑克會再給他一次機會嗎？為了維護他在比爾心中的地位，他當然不會拒絕這一請求。

----CASE----

　　馬丁・菲茨休是愛爾蘭都柏林的一名牙科醫生。一天早晨，他的患者在漱口時指出金屬杯座看上去很髒。當然，患者是用紙杯盛水，沒有直接接觸杯座，但是設備上的任何污漬都是一種不專業的體現。

　　送患者離開後，菲茨休醫生回到辦公室，給布里吉特寫了一張便條。布里吉特是醫院的雜工，每週來他的辦公室打掃兩次。他寫道：

親愛的布里吉特：

　　我們見面只有寥寥數次，因此我覺得有必要專門向你道謝。感謝你一直以來細緻入微的清潔工作。順便說，我覺得一週兩次、每次兩小時的清潔時間很緊迫，假如你覺得有必要多花半個小時做一些定期清潔，比如刷洗金屬杯座，請您自便。當然，我會為你額外的工作時間付費。

　　「第二天我走進辦公室的時候，」菲茨休醫生說，「桌子乾淨得反光，椅子也潔淨如新，光滑得我都坐不住。我又走到診療室，鍍鉻的杯座在應有的地方靜置着，我從未見過它如此閃耀。我對雜工表明了我的期望值，她也因此完全超越了此前的表現。她用了額外時間嗎？正如你猜想的那樣，一秒都沒多用。」

----CASE----

俗話説：「給狗安個壞名聲，就如同把牠送上絕路。」不妨將好名聲贈予他人，然後看看由此帶來的改變。

---·CASE·---

　　露絲·霍普金斯在紐約布魯克林的一所小學教四年級。開學第一天，她翻看着學生名冊，新學期伊始的興奮與期待立刻被焦慮不安取代。學生名冊上，湯米的大名赫然在列。這個小男孩是學校裡無人不知的「壞小子」。湯米三年級的班主任在同事和校長面前抱怨過無數次湯米的惡劣行徑。他不只是淘氣，還多次嚴重違反學校紀律，挑釁男孩、調戲女孩、頂撞老師，而且越長大越無法無天。他唯一的可取之處就是學習能力很強，學校的功課從來難不倒他。

　　霍普金斯夫人決定馬上着手解決「麻煩湯米」的問題。歡迎新同學的時候，她特意誇獎了每個學生，說「蘿絲，你的裙子真漂亮」，「艾麗西婭，我聽說你畫畫很棒」。輪到湯米的時候，霍普金斯夫人望着他的眼睛，一字一頓地說：「湯米，我知道你天生就是當領導者的料。這學期我就靠你了，希望你能幫我把咱們班變成整個四年級最厲害的班級。」隨後的幾天，霍普金斯夫人不斷強調她對湯米有信心，表揚他做的每一件事，評價說她能看出來他是個好學生。這個九歲的小男孩又怎會辜負這樣的美譽呢？他果然沒有讓霍普金斯夫人失望。

---·CASE·---

如果你想在改變他人行為這一艱巨任務上取得成功，請：

——— 原 **7** 則 ———

用美譽激勵他人，他就會努力不辜負你的期望

SECTION 08
鼓勵對方勇於改變

　　一位單身多年的老友在年近不惑之時，終於找到了人生歸宿。在未婚妻的勸說下，他重新開始學舞蹈。「上帝知道我有多需要上舞蹈課，」他對我坦白說，「我這麼多年沒跳過舞了，舞步就像二十年前一樣土氣。我請的第一位舞蹈老師大概說的是實話，她說我跳得完全不對，讓我拋開舊習慣從頭開始學。但我被她的評價傷透了心，再也沒有動力學下去了，所以辭退了她。

　　「第二位老師很可能在說謊，不過她說的都是我愛聽的。她輕描淡寫地說我的舞步有點老派，但是基礎很不錯，並保證我很快就能掌握新舞步。第一位老師總在強調我的錯誤，讓我都沒信心了；這位新來的老師卻截然相反，她總能找到我的優點並鼓勵我，對我的失誤視若無睹。『你天生就有律動感，』她煞有介事地說，『絕對是天生的舞者。』我的自知之明告訴我，我不過是一個學跳舞的普通中年人，但是在內心深處，我總是忍不住相信她說的話。當然，她這麼說也許只因為我付她工資，但是揭穿這一點又有甚麼益處呢？

　　「無論如何，要不是她那麼肯定我有律動感，我跳舞一定沒有現在好。她的話給了我鼓勵和希望，讓我想要不斷提升自我。」

　　如果你對孩子、愛人或是員工說他在某件事上笨手笨腳、沒有天賦、毫無可取之處，你會毀了他們進步的動力；如果你採用相反的方式，充分鼓勵他，指出這件事對他來說易如反掌，告訴他你充

分相信他的能力或者說他一定有潛能做成這件事，那麼他一定會為
此竭盡全力。

　　洛厄爾・湯馬士深諳人際關係的藝術。他在日常生活中經常運
用上述技巧激發人們的勇氣和信心。一個週六晚上，我正在湯馬士
夫婦家中做客。他們在溫暖的壁爐旁邊展開了橋牌友誼賽，並邀我
加入。橋牌？不不，我可不行。我對橋牌一竅不通，在我眼裡，橋
牌簡直深不可測。不行，沒戲！

　　「怎麼了，戴爾，橋牌沒甚麼技巧可言，」洛厄爾說，「無非就
是一點記憶力和判斷力。你寫過關於記憶力的文章，一定手到擒
來。來吧，絕對合你胃口。」

　　我還沒反應過來，就不知不覺地動了心。只因為湯馬士說我
有天賦而且遊戲很簡單，所以我有生以來第一次坐到了橋牌牌
桌前。

　　談到橋牌，我想起了埃利・克勃森。他的著作曾被譯成十幾種
文字，銷量上百萬。克勃森先生告訴我，是一位年輕女士的鼓勵令
他走上了職業橋牌手的道路。

　　一九二二年克勃森初到美國的時候，曾試圖在高校謀取一個哲
學或是社會學領域的教職，不料屢屢碰壁。

　　之後他轉行賣煤，結果血本無歸。

　　再之後他當了咖啡銷售，同樣一敗塗地。

　　他一直把玩橋牌當作業餘愛好，從未想到有朝一日會教授橋
牌。起初他橋牌打得並不好，為人又固執，總是問個不休，連牌局
結束後還會刨根問底，所以沒人願意和他打牌。

　　不久後，他與美麗的橋牌教員約瑟芬・迪倫一見鍾情，並結為
連理。約瑟芬注意到克勃森分析牌局的時候極為認真，對他說他一

定會成為橋牌大師。克勃森告訴我，就是為了這一句認可，他決定把橋牌當作職業。

克拉倫斯·瓊斯是我們課上的一名教師，在俄亥俄州的辛辛那提工作。他的鼓勵讓兒子覺得改正錯誤並沒有看起來那麼困難，從而改變了兒子的一生。

---·CASE·---

　　一九七〇年的時候，我的兒子大衛搬來辛辛那提和我同住。那時他才十五歲，生活卻屢遭不幸。一九五八年，他在車禍中頭部受傷，前額上留下一道觸目驚心的傷疤。一九六〇年，他母親和我離婚，他跟着他母親搬到德克薩斯的達拉斯。他在達拉斯的學校裡一直被當成學習有困難的孩子，被迫接受特殊教育。大概就是因為那道疤，學校認為大衛腦部受損，跟不上正常的學習節奏。他那時才唸到七年級，比同齡人落後了兩個年級。他背不出乘法表，算數的時候總是扳手指，也幾乎沒有讀寫能力。

　　不過大衛有一個優點，他很喜歡研究收音機和電視機的原理，並想成為一名電視技術員。我對他的想法表示讚許，提醒他說電視技術員參加培訓之前都要掌握數學。為了幫大衛學好數學，我買了加減乘除四組卡片，隨機向他提問。如果他答對，我就把答對的卡片放到一邊；如果他答錯，我會告訴他正確答案，再把對應的卡片放到另外一邊。每當大衛答對題目，特別是之前曾做錯的題目時，我都會大加讚賞。每一晚，我們都把之前做錯過的題目重做一遍，並且記錄用時。我向他保證，如果他能夠在八分

鐘之內做對全部題目，我們就不用再重複這件事了。然而這對於大衛來說似乎是個不可能完成的任務。第一晚，我們用了整整五十二分鐘。第二晚四十八分鐘。然後是四十五、四十四、四十一、四十分鐘以內……只要大衛取得一點小小的進步，我都會把妻子叫進來，每人給兒子一個大大的擁抱，然後三個人一起跳吉格舞。一個月之後，大衛已經能在八分鐘之內準確無誤地做完全部題目。每當他的成績有所提高，他都會積極要求再重新做一遍。他驚喜地發現學習是一件輕鬆好玩的事情。

　　大衛的代數成績自然而然有了飛躍。掌握了乘法之後，代數對他而言變得格外簡單，還破天荒地得到了一個B的高分，連他自己都震驚了。隨之而來的是其他出人意料的改變。他在閱讀上進步極大，並且逐漸顯露出繪畫方面的天賦。學年快結束的時候，科技老師請他佈置一次展覽。他製作了一系列結構複雜的模型，演示槓桿的效用。這不僅需要繪畫和建模的能力，更需要靈活應用數學原理。他的展品在學校的科技節上被評為第一名，還入選了城際競賽，在辛辛那提獲得三等獎。

　　他做到了。這個留過兩級，被認定「腦損傷」的男孩，這個被同學叫做科學怪人「弗蘭肯斯坦」、說那道疤害他丟了腦子的男孩，終於開始相信自己的潛力。成績如何呢？從八年級到高中，光榮榜上年年都有他的名字。高中時他還入選了「全國優秀生協會」。一旦他意識到學習並沒有那麼困難，他的整個人生就此改變。

如果你想幫助他人進步，請記得：

———— 原 8 則 ————

鼓勵對方勇於改變，讓改正錯誤聽起來輕而易舉

SECTION 09
讓對方樂於為你做事

一九一五年是人類歷史上最令我不忍卒讀的章節。當時歐陸各國戰火紛飛，自相殘殺，慘烈血腥之狀令大洋彼岸的美國也為之駭然。脫軌的世界能否迎來和平？無人知曉。然而伍德羅．威爾遜決意一試。他決定派一名親信作為和平的使者出訪歐洲，冒險與各國斡旋。

聽聞此訊，國務卿威廉．詹寧斯．布萊安躍躍欲試。作為和平主義者，他想為國效力，也想在歷史上寫下濃墨重彩的一筆。不料威爾遜卻委派了另外一個人 —— 他的密友兼幕僚愛德華．豪斯上校。豪斯本人並不想冒犯布萊安，但不得不硬着頭皮親自把總統的決定告訴布萊安。

「布萊安聽說我將會作為和平大使出訪歐洲，失望之情明明白白地寫在臉上，」豪斯上校在日記中寫下了當日的情景，「他說他原本想親自出馬……」

「我對他說，總統認為這件事還是不要聲張為好，如果他親自出訪，勢必引起極大騷動，人人都會揣測為甚麼他會在歐洲……」

豪斯上校的弦外之音不言而喻。他暗示布萊安太過矜貴，親自做這件事有失他的身份。布萊安聽了這番話，自然十分受用。

豪斯上校深諳人情世故，他懂得人際關係的重要準則 —— 讓對方心甘情願地為你效勞。

伍德羅．威爾遜邀請麥卡杜加入其內閣的時候，同樣遵從了這

一準則。這是威爾遜能夠給予他人的最高榮譽,然而他向麥卡杜發出邀請的方式卻令麥卡杜受寵若驚。麥卡杜回憶道:「總統說他正在組建內閣,如果我願意屈尊出任財政部長,他會覺得榮幸之至。他說話的方式讓人覺得心裡很舒服,明明是授予我無上的榮譽,卻說得像是求我幫忙一樣。」

遺憾的是,威爾遜沒有堅持使用這一技巧。如果他一以貫之,美國的歷史或許會有不同的走向。譬如說,威爾遜發起國際聯盟一事就激怒了參議院和共和黨。出席和平會議的時候,威爾遜拒絕讓共和黨的傑出領袖伊萊休・魯特、查理斯・埃文斯・休斯或是亨利・卡伯特・洛奇陪同出席,卻帶了他自己組建的黨派中一個不知名的小人物。在國際聯盟一事上,威爾遜完全把共和黨排斥在外,既不給對方決策權,也不給對方參與感。粗暴的處理方式導致威爾遜最終自食其果。他仕途盡毀,身心健康也受到了重創。美國最終沒有加入國際聯盟,歷史進程因此產生巨變。

這一「讓對方樂於為你效勞」的方法並不是政客與外交官員的專利。

---- CASE ----

　　印第安納州的戴爾・費里爾借鑒這一方法激發了子女做家務的積極性。戴爾說:

　　「我給兒子傑夫分配的任務是撿拾田裡掉落的梨子,這樣在附近割草的人們就不必擔心誤踩到這些果子了。可傑夫很討厭這項工作,總是敷衍了事。人們不得不在幹活的時候停下腳步,拾起四下散落的梨子。我沒有對兒子吹鬍子瞪眼睛,而是對他說:『傑夫,咱倆來做個交易吧,一

筐梨換一美元。但如果你工作做完之後地裡還有梨沒撿乾淨，我每發現一個梨就要倒扣一美元。怎麼樣？」正如你們能預見到的，兒子不僅把地裡的梨子撿拾一空，還恨不得把樹上的梨子全都搖下來呢。」

-----CASE-----

我認識的一個人經常收到各種演講邀請，有的來自朋友，有的是受其他人情所託。他婉拒這些邀約的方式非常巧妙，絲毫不會惹惱對方。他既沒有說自己太忙，也沒有找任何的藉口。那他是怎麼做的呢？他先是真誠地感謝對方的抬舉，為無法出席道歉，緊接着向對方推薦了另外的演講者。換句話說，他沒有給對方生氣的時間，而是立刻轉移了話題，令對方馬上把關注點轉移到另一位候選人身上。

-----CASE-----

甘特‧施密特在西德參加了我們的培訓。在他管理的食品商店裡，一名員工總是粗心大意地放錯價籤，由此引發了顧客的不滿和投訴。施密特先生三番五次地提醒這名員工，甚至當眾批評過她，但是收效甚微。最後施密特先生想到了一個辦法。他把這名員工叫進辦公室，任命她為店裡的價籤主管，負責檢查店裡的貨架和價籤是否一一對應。新的職責和頭銜徹底改變了這名員工的態度，從那以後，她對工作盡職盡責。

-----CASE-----

　　聽起來很幼稚嗎？也許吧。人們也是這麼說拿破崙的。他向一
萬五千名士兵頒發了他設立的榮譽軍團十字勳章，並授予十八名將
領「法蘭西元帥」的稱號。他還把他的軍隊命名為「大軍團」。人們
批評他給士兵發的勳章是「玩具」，讓那些老兵變得麻木不仁。但是
拿破崙回敬道：「玩具才能夠治人啊。」

　　拿破崙可以用名銜和權力治人，你也可以。我在紐約的朋友歐
內斯特‧金特夫人就用這個法子解決了她的煩心事。她家附近總有
小男孩跑來跑去，把她的草坪弄得亂七八糟。她說過他們，也哄過
他們，但都無濟於事。於是她把領頭的小男孩叫過來，給了他一項
特別的工作。她任命這個小男孩當她的「私家偵探」，保衛她的草
坪免受「入侵」。這下問題圓滿解決了。她的這位「私家偵探」在草
坪附近生起營火，把一塊烙鐵烤得通紅，威脅說誰要敢踏上草坪一
步，就別怪他不客氣。

　　如果想改變對方的態度或行為，領導者須將下述建議謹記在心：

　　1. 實事求是。做不到的事情請不要承諾。忘記自己的私利，關
注對方的利益；

　　2. 目的明確。清楚知道你希望對方做甚麼；

　　3. 有同理心。捫心自問甚麼是對方真正的需求；

　　4. 換位思考。想一想對方幫你做事能得到哪些好處；

　　5. 利益交換。找到上述好處與對方需求的結合點；

　　6. 表明態度。提出請求的時候，向對方說明他如何能從中受益。

　　我們當然可以簡單粗暴地直接下令說：「強尼，明天我們有客人
來，快去把庫房收拾一下。把地掃一掃，把庫存的貨物在架子上碼

好，再把櫃台擦乾淨。」我們也可以向強尼指出這樣做的好處，用不同的方式表達同樣的意思：「強尼，我們現在有一項工作要做。如果現在趕快把它做完的話，咱們就不用老想着這件事了。我明天要帶一些客戶來參觀咱們公司的設備。我想帶他們看看庫房，但是庫房現在太亂了。要是你能把地掃了，把貨物碼到架子上，再把櫃台擦乾淨，咱們公司肯定能給人留下好印象，你也功不可沒。」

強尼會高高興興地按照你的指示去做嗎？他不一定會高高興興，但至少會比聽到第一種說法愉快多了。如果你事先知道強尼很在意庫房的整潔程度，也很願意為公司形象做出努力，這種說法一定會讓他更加配合。同時你還提醒他這項工作早晚都要做，要是現在做好就不用總為這件事心煩意亂了。

如果你覺得這些方法能夠萬無一失，那你就太天真了。不過大多數人的經驗證明，使用這些方法確實能夠有效地改變他人的態度。哪怕成功率只提高了百分之十，那也意味着你比從前進步了百分之十 —— 這是你自己從中獲得的好處。

想讓他人做某事的話，就請：

---- 原 **9** 則 ----

讓對方樂於為你做事

小結
CONCLUSION

如何改變他人，成為領導者

原則 1
欲抑先揚

原則 2
間接地引起對方的注意

原則 3
批評對方之前，先談談你自己的過錯

原則 4
以引導代替命令

原則 5
給對方留足面子

原則 6
誇獎他人每一點微小的進步，
「由衷地讚許，不吝嗇讚美之詞」

原則 7

用美譽激勵他人，他就會努力不辜負你的期望

原則 8

鼓勵對方勇於改變，讓改正錯誤聽起來輕而易舉

原則 9

讓對方樂於為你做事

CHAPTER 05

創造奇跡的信

LETTERS THAT PRODUCED MIRACULOUS RESULTS

　　我知道這個標題會讓你怎麼想——你大概在暗暗對自己說：「創造奇跡的信！多麼荒唐可笑！聽起來簡直像是醫藥廣告！」

　　如果你真是這麼想，我不怪你。如果我十五年前拿起這樣一本書，大概也會有和你一樣的想法。你不相信嗎？很好，我喜歡不輕信的人。我人生中的前二十年是在密蘇里州度過的，我們密蘇里人欣賞「證明給我看」的懷疑態度。人類思想史上的每一次進步，都來自那些懷疑者、質問者、挑戰者，以及不輕信的大眾。

　　平心而論，「創造奇跡的信」這個標題真的準確嗎？坦白說，它並不準確——這個說法過於謙虛了。這一章收錄的幾封信產生的效用遠勝於奇跡——這是營銷專家肯・戴克的評價。他曾任佳斯邁威跨國公司營銷經理，現於高露潔棕欖公司擔任廣告部總監，並且是全美廣告主協會的董事會主席。

　　戴克先生說他向經銷商索取信息的信回應寥寥無幾，寄出一百封只能收到五到八封回函。他認為如果回覆率達到百分之十五就算非常成功了，超過百分之二十簡直是奇跡。

　　而戴克先生的下述信件回覆率達到了驚人的百分之四十二點五。以他自己的標準來看，這堪稱「雙倍的奇跡」。面對這樣的成績，無人能夠一笑了之。這封信並非玩笑、僥倖抑或偶然——戴克先生其他幾十封信件也收穫了同樣的成果。

　　他是如何做到的？這個問題還是請肯・戴克自己來回答吧。他是這樣說的：「我參加了卡耐基先生的『有效演講與人際關係』課程之後，信件效率得到了驚人的提高。我意識到此前寫信的方式徹底錯了，於是按照本書教授的原則加以改進，回信率由此提高了百分之五百至八百。」

　　這封創造奇跡的信如下所述。全信圍繞着「請求對方幫忙」展

開，藉此激發對方的優越感，令其自我感覺頗為良好。括號中為我
個人的評論。

　　　　約翰・布蘭克
　　　　××郡
　　　　印第安納州

親愛的布蘭克先生：

　　不知道我能否有幸請您幫個小忙？

　　（讓我們一起來腦補一下當時的畫面。想像一下，一個印第安
納鄉下的木材經銷商，突然收到了佳斯邁威跨國公司一位高管的來
信。這位在紐約位居高職的經理人竟然在信的第一行求他幫忙。這
位經銷商的反應大概是這樣：「這個紐約的傢伙遇到了困難，那他可
算是找對人了。我一向慷慨大方、樂於助人，讓我看看他到底攤上
甚麼事了。」）

　　　　去年我成功說服公司發起全年的直郵廣告宣傳活動，幫助經
　　銷商招攬屋頂翻修業務。當然，全部營銷費用都由佳斯邁威承擔。
　　（看到這裡，收信人很可能會想：「當然應該他們付錢，利潤都
被他們賺走了。我窮得連房租都繳不上，他們倒好，早就數錢數到
手抽筋了。不過這夥計到底有甚麼問題需要我指點啊？」）

　　　　近期，我向一千六百位曾執行過上述直郵營銷的經銷商寄出
　　問卷，並從中得出了可喜的結論。上百封回郵表明，經銷商對這
　　種合作方式十分滿意，並認為這一方案對業績有直接的幫助。

　　在上述成果的鼓舞之下，我們推出了全新的直郵推廣方案，並有信心這一方案會得到您和其他經銷商的青睞。

　　然而今早，公司董事長詢問我去年的方案帶來了多少業績增長。對於這個問題，只有您才能幫我解答。

（「只有您才能幫我解答」。這位紐約的大人物說的是事實，並以這句話表明了他對這位經銷商的重視。請注意，肯·戴克並沒有浪費篇幅強調公司有多麼知名，而是強調了他有多麼仰仗對方。肯·戴克聲稱沒有對方的幫助，他就無法給佳斯邁威的董事長一個滿意的答案。這位印第安納州的經銷商自然和其他人一樣，對這樣的措辭感到很受用。）

　　我想請您告訴我，（1）去年的直郵方案為您帶來了多少建造或翻修屋頂的訂單，回執已隨信附上；（2）這些訂單實際價值幾何（扣除實際成本）。

　　如果您願意提供上述信息，我將感激不盡。再次感謝您的好心幫忙！

您誠摯的

肯·戴克

營銷推廣經理

（請注意在最後一段，他強調了「您」，而弱化了「我」。請注意他謙恭有禮，頻繁使用「感激不盡」、「感謝」、「您的好心幫忙」等措辭。）

　　簡單明了的一封信，不是嗎？戴克先生以請求對方幫忙的方式創造了「奇跡」，因為此舉令對方感到深受重視。

　　無論你在銷售石棉瓦漆，還是開着福特環遊歐洲，這一心理模式都會行之有效。

　　讓我再舉個例子吧。霍默‧克羅伊和我在法國境內自駕遊的時候迷了路。我們熄了火，從福特的老款 T 型車裡走下來，向附近的一群農夫打聽怎麼去鄰近的大城鎮。

　　這個問題簡直掀起了軒然大波。在這些穿木鞋的農夫眼裡美國人都是闊佬，汽車在這一區也極為罕見。他們覺得面前這兩個開着車的美國人一定是百萬富翁，説不定還是亨利‧福特的親戚呢。現在這兩個「富翁」竟在畢恭畢敬向他們問路，他們頓時陡增優越感，立刻七嘴八舌地説開了。其中一個小夥子甚至命令其他人閉嘴，想獨佔這個罕有的機會。

　　你不妨自己試試看，在陌生城市迷路的時候，請試着詢問那些社會地位或是經濟地位不及你的陌生人：「能否請您幫我個忙，告訴我到這裡怎麼走？」

　　本傑明‧富蘭克林用這一技巧化敵為友，將尖酸刻薄的死對頭變為了終生知己。富蘭克林年輕時曾將全部儲蓄投資於印刷生意。成功進入費城議會工作之後，富蘭克林負責官方文件印刷，並因此收益頗豐。然而危機隨之迫近，費城議會中一位呼風喚雨並且富甲一方的大人物很不喜歡富蘭克林。他不僅毫不掩飾對富蘭克林的厭惡，還在演講中公開抨擊他。

　　長此以往，富蘭克林的職業生涯岌岌可危。富蘭克林決心扭轉這位先生的態度。怎麼做呢？這可是個棘手的問題。主動幫對方的忙嗎？這樣一定會引起對方的懷疑乃至蔑視。精於世故的富蘭克林當然不會因此落下話柄。他的對策截然相反 —— 他竟然請對方幫他的忙。

　　富蘭克林並沒有讓對方借給他十美元之類的，而是巧妙地提出

了一個令對方非常高興的請求 —— 這一請求滿足了對方的虛榮心，讓對方禁不住洋洋自得，還不着痕跡地暗示了富蘭克林對其學識與成就的仰慕。富蘭克林的原話是這樣説的：

「我聽説他的私人圖書館裡藏有某書的善本，因此寫信給他表達我對這本書的強烈興趣，懇請他將這本書借我幾日。

「他立即將這本書寄來了。一週之後，我把書原樣奉還，並附言感謝他的一番好意。

「當我們在議政廳再次見面的時候，他彬彬有禮地主動向我問好（此前他從未跟我打過招呼），並表明在任何場合都樂意助我一臂之力。於是我們冰釋前嫌，成了終生好友。」

儘管本傑明‧富蘭克林在一百五十年前辭世，但是他所運用的這一「請求對方幫忙」的心理技巧卻永傳於世。

我的學生艾伯特‧阿姆澤爾也運用這一技巧取得了令人矚目的成就。

----CASE----

　　　　阿姆澤爾先生從事管道及供暖材料的銷售工作。多年來，他一直想和布魯克林的一位管道工建立合作。這位管道工已經把生意規模做得很大，信譽也向來可靠。但是阿姆澤爾先生從一開始就出師不利。這位管道工以行事粗放、手段強硬為傲，其暴躁脾氣令人聞之膽寒。阿姆澤爾每次登門拜訪的時候，他都坐在寫字檯後邊，嘴裡叼着一支雪茄煙，咆哮着怒吼：「老子今天甚麼都不買！別浪費我的時間和你自己的時間！滾蛋！」

　　　　這一天，阿姆澤爾先生嘗試了一個新技巧。這一技巧幫

他叩開了客戶的門，交了朋友，生意也滾滾而來。他的公司
正籌劃在長島的皇后區開設分店，而阿姆澤爾先生知道這位
管道工常在那邊做生意，對那一區了如指掌。因此他這次
這樣說道：「先生，我今天不是來賣東西的。我想請您幫我
個忙。如果您願意的話，能不能給我一分鐘的寶貴時間？」

「哈，這個嘛，」管道工把雪茄換到另一隻手上，問道，
「你想說甚麼？說。」

「我們公司想在皇后區開個分店，」阿姆澤爾先生說，
「您比當地的居民還熟悉那邊的情況，所以我想請教一下您
對公司的這個決策怎麼看。是明智之舉，還是……」

這簡直是前所未有的局面！多年來，這位管道工通過
罵跑銷售員得到存在感，但現在他面前居然站着一位乞求
建議的銷售員。沒錯，一個大企業的銷售員正等着他的高
見，讓他告訴他們該怎麼做呢。

「坐下。」管道工邊說邊拉出一把椅子。接下來的一個
小時，他仔細分析了皇后區管道市場的特點和優勢。他認可
了新店的選址，還列出了一系列後續方案，包括商舖購買、
物料準備以及新店開張。指導大公司做生意令他頗為自得，
聊天話題也漸漸從公事轉向私事。他變得友善多了，甚至
還向阿姆澤爾先生傾訴他正面臨的個人問題和家庭戰爭。

「那一晚告辭的時候，」阿姆澤爾先生說，「我不僅懷
揣着首批設備的大訂單，還為之後的合作打下了堅固基
礎。這個之前衝我亂嚷嚷的傢伙現在是我的高爾夫球友。
我的請求給他帶來了成就感，並由此轉變了他的態度。」

讓我們再來看看肯‧戴克的另一封信。請注意他是如何熟練運用這一「請人幫忙」的心理的。

幾年前，戴克先生還在為回函率過低而苦惱不已，不知道怎樣才能讓收到信的生意人、承包商和建築師們樂於回覆。

那時給他回信的人連百分之一都不到。如果有百分之二，他會覺得非常滿意，而百分之三就算出類拔萃了。百分之十呢？那簡直如同奇跡降臨。但是下述這封信，回函率竟然高達百分之五十，堪稱奇跡的五倍。有些回信竟有洋洋灑灑兩三頁，寫滿了友善的建議和合作的願望。

這封信使用的心理策略與措辭方式與前文引述的信如出一轍。讀信的時候，請自行體會戴克先生的言外之意，試着分析收信人的心理感受，看看為甚麼這封信的效果五倍於奇跡。

　　佳斯邁威跨國公司
　　東 40 街 22 號
　　紐約市

　　×× 先生
　　×× 街
　　新澤西 ×× 市

不知道能否請您幫助我解決目前遇到的一點小困難？

為了滿足您的工作需要，我去年說服公司印製了一本產品目錄，其中包含佳斯邁威所有建築材料的完整信息，以及這些建材在裝修及維護中的詳細用途。

隨信為您奉上這本目錄的初版。目前這一手冊的庫存已經不多，當我向董事長提及此事的時候，他例行公事地說，假如這本目錄反響良好，他就同意增印。

我自然得求助於您，冒昧請求您和全國其他州的四十九名建築師來裁決此事。

為了不給您添太多麻煩，我已經在此信背面列出了幾個簡單的問題，並附上了回函信封。如果您能費心勾選出相應答案並寄回，我將不勝感激。若您有任何其他建議，也請不吝賜教。

當然，您並沒有回函的義務，因此我懇請您幫這個忙。是停印目錄，還是根據您的寶貴經驗進行改版並重印？我現在就把這一決定權交到您手上。

無論如何，我都對您的配合感激不盡。再次感謝！

您誠摯的，
肯‧戴克
營銷推廣經理

我想再提醒一句，經驗告訴我，一些人在讀過這封信之後，會僵化地照搬這一技巧。他們試圖通過虛偽和逢迎而非真誠的讚賞來滿足對方的虛榮心，但這樣是行不通的。

人們視欣賞和認同如瑰寶，棄虛偽與逢迎如塵灰。

請讓我再次重申：本書所述的原則只有發自內心才會行之有效。我並不提倡鑽營取巧。我所倡導的，是一種全新的生活態度。

CHAPTER 06

幸福家庭生活的
七個法則

SEVEN RULES FOR
MAKING YOUR HOME
LIFE HAPPIER

這樣做無異於自掘婚姻墳墓

七十五年前，拿破崙‧波拿巴的外甥拿破崙三世愛上了世間最美麗的女子 —— 歐仁妮‧德‧蒙蒂若，並與這位西班牙特瓦的女伯爵結為夫妻。拿破崙三世的幕僚提醒他對方不過是籍籍無名的伯爵之女，但拿破崙三世卻不以為然道：「那又有何干係？」歐仁妮年輕貌美，舉手投足優雅迷人，深深俘獲了拿破崙三世的心。他公然對整個王國宣佈：「我已經做出了選擇，決定同一位我愛慕並敬重的女子結為連理，而不是與陌生女子草率聯姻。」

拿破崙三世和這位女士的婚姻堪稱天作之合，健康、財富、權力、名望、美貌、愛情應有盡有，婚姻的聖潔之光從未如此耀眼。

然而光環消失之後，熱情之火卻迅速熄滅，只剩下遍地餘燼。拿破崙三世令歐仁妮成為皇后，但無論他的愛意還是他的皇權都沒有滿足她，全法國上上下下找不出一個辦法能夠令她停止抱怨。嫉妒和猜忌扭曲了歐仁妮的心靈，她對拿破崙三世的命令置若罔聞，也從不尊重他的隱私。拿破崙三世處理國家大事時，她不打招呼就直接衝進他的辦公室，令緊急會議被迫中斷；她也不給他任何獨處的時間，時刻懷疑他會和其他女人調情。

歐仁妮總是在姐姐面前嘮叨個不停，聲淚俱下地控訴丈夫。她還硬闖進丈夫的書房，對他亂發脾氣。拿破崙三世 —— 這位堂堂一國之君 —— 在他的數棟豪華宮殿裡竟找不到一個角落能讓靈魂得到片刻端息。

　　歐仁妮得到了甚麼呢？E.A. 萊因哈特在其妙趣橫生的著作
《拿破崙與歐仁妮：帝國悲歡》（*Napoleon and Eugenic: The
Tragicomedy of an Empire*）中為我們揭曉了答案。「深夜，拿破
崙三世偷偷溜出側門。他壓低帽檐遮住眼睛，由忠實的隨從帶他到
相好的貴婦人身邊，抑或只是像往日那樣在這座偉大的城市裡恣意
遊蕩，漫步在遠離皇宮的陌生街道，追憶往昔種種憾然錯失之事。」

　　這就是歐仁妮的喋喋不休引發的結果。的確，她頭戴皇后桂
冠，美貌舉世無雙，但是權力和美貌都無法令她停止毒舌與嘮叨。
歐仁妮曾哀哭不已，尖厲地嚎啕道：「我最怕的事情還是降臨了！」
降臨？這完全是她的妒忌與抱怨釀成的惡果，可悲的女人啊。在魔
鬼為愛情設置的重重障礙之中，喋喋不休是最可怖的一種，其後果
如同眼鏡蛇的毒液一般致命。

　　列夫・托爾斯泰伯爵的妻子同樣意識到了這一點，但為時已
晚。彌留之際，她對女兒懺悔說：「是我害死了你們的父親。」聽聞
此言，幾個女兒沉默不語，淚如雨下。她們知道母親道出了事實，
也知道母親無休無止的抱怨、批評和喋喋不休害死了父親。托爾斯
泰伯爵夫婦本應是和諧美滿的一對。托爾斯泰是舉世聞名的文豪，
他的著作《戰爭與和平》（*War and Peace*）及《安娜・卡列尼娜》
（*Anna Karenina*）在文學史上光芒萬丈。

　　托爾斯泰曾在巔峰時期引來大批仰慕者追隨，這些仰慕者不分
晝夜地跟蹤他，把他說的每一句話奉為聖旨，連他說一句「我想我
該睡覺了」都要記在本子上。蘇聯政府正計劃把托爾斯泰的作品結
集成冊，然而托爾斯泰著作等身，連一百卷都裝不下。

　　聲名、財富、子嗣、社會地位⋯⋯托爾斯泰夫婦的婚姻有如神
賜。起初生活的確堪稱完美，他們共同在上帝面前起誓，祈願這幸

福能夠美滿恆久。然而好景不長，托爾斯泰漸漸變得和從前判若兩人。他開始將其著作視為恥辱，致力於撰寫宣揚和平主義、反對戰爭與貧窮的小冊子。

托爾斯泰承認年輕的時候曾無惡不作，甚至涉嫌謀殺。他開始踐行《聖經》的教義，放棄了土地，過起貧窮簡樸的生活。他在田野裡勞作，除草劈柴，自己做鞋子，自己打掃房間，用木碗吃飯，對敵人和朋友一視同仁。

列夫・托爾斯泰的一生變成了一樁悲劇，而悲劇的起源就是他的婚姻。他的妻子鋪張講究，而他對此不屑一顧；她沉迷於功名利祿，他卻視之如糞土；她渴求金銀珠寶，他卻將財富當作罪惡。多年來，托爾斯泰堅持將其著作免費出版，版稅分文不取，無論妻子怎麼埋怨或責罵都無動於衷。托爾斯泰夫人眼見書的利潤被白白放棄，歇斯底里地舉着鴉片膏在地上打滾，威脅、說他若再不同意她就跳井自盡。

這大概是他們生活中最令人扼腕的一幕。挽手步入婚姻殿堂的時候，這對夫妻曾是那麼幸福，兩個人的臉上都閃耀着動人的光彩。然而四十八年以後，他卻連她的臉都不願意看見。深夜，這位年邁心碎的妻子跪倒在丈夫身側，渴望冷若冰霜的丈夫施捨一點點溫存，哀求他將往日的情書讀給她聽。他讀着多年前親手在日記中為她寫下的熾熱情話，美好快樂的往昔在眼前一幕幕重現，卻又如風般消散，遍尋不回。這對老夫妻相視垂淚，默默無言。曾經一同構建的浪漫綺夢在冰冷的現實面前跌得粉碎，回首時如同隔世般遙遠。

一九一〇年十一月，八十二歲的托爾斯泰再也不堪忍受不幸的婚姻，在一個陰冷的夜晚走出家門，獨自消失在屋外的茫茫大雪之

中。沒有人知道他當時想要去哪裡。十一天之後，他肺炎惡化，在火車站淒涼地與世長辭。而他的臨終遺言竟然是拒絕與妻子見面。這就是托爾斯泰伯爵夫人為她的歇斯底里付出的慘痛代價。

讀者大概會想，或許她的生活真的十分不幸，有太多需要抱怨的事情。即便如此，那也是另一個話題了。請捫心自問，喋喋不休究竟能夠解決問題，還是火上澆油？托爾斯泰夫人自己承認說：「我想我那時一定是神經錯亂了。」然而一切都已無可挽回。

亞伯拉罕・林肯一生最大的悲劇亦是婚姻。他的婚姻或許比遇刺更令人感到悲哀。刺客開槍之時，林肯並未意識到自己不幸中彈；然而二十三年婚姻生活中的每一天，他都深為「婚姻不幸之苦」所折磨——這話出自他的律師合夥人之口。「婚姻不幸」？這已經是婉轉的措辭了。這二十餘年裡，林肯夫人的抱怨與嘮叨簡直令林肯痛不欲生。她總是在丈夫耳邊喋喋不休，挑他的毛病，看不慣他做的任何事情。她抱怨丈夫駝背，走路姿勢像印度人一樣奇怪，步履沉重，毫不優雅。她模仿丈夫走路的樣子，用她在萊克星敦的寄宿學校裡學的那套禮儀來規範他，要求他走路足尖點地。

她不喜歡林肯的招風耳，抱怨他鼻子不夠挺拔，下嘴唇太突出；她埋怨林肯看起來像是得了肺癆，手腳都太大，頭又太小。

無論身份學識、脾氣秉性還是精神境界，亞伯拉罕・林肯與他的夫人都幾乎格格不入，因而常常產生口角。

說到林肯的故事，沒人比參議員阿爾伯特・貝弗里奇更權威了。他在書中寫道：「林肯夫人的大喊大叫隔著一條街都能聽見。她的責罵像是火山爆發，所有附近的街坊都聽得真真切切。除了言語侮辱，她有時甚至會用暴力手段發洩怨氣，關於這一點的記載不勝枚舉。」

林肯夫婦婚後和雅各布‧厄爾利太太同住。雅各布太太是春田市一位醫生的遺孀,丈夫過世後,她不得不把房間出租以維持生計。

一天早晨,林肯夫婦正在用餐的時候,林肯的某個舉動激起了妻子的怒火。沒有人記得當時究竟是為了甚麼事,只記得林肯夫人在盛怒之下端起熱咖啡,當着所有房客的面狠狠潑到丈夫臉上。林肯甚麼話也沒有說,恥辱而沉默地坐在原地,一動未動。厄爾利太太趕忙拿來濕毛巾,幫他擦淨臉和衣服。

林肯夫人的嫉妒心既愚蠢又匪夷所思,單單是讀到這些令林肯當眾出醜的場面,都讓人深感震驚。她最終在晚年的時候精神失常。人們大概只能將她那些不可理喻的行為解釋為精神紊亂的早期表現。

她的嘮叨與斥責令林肯有所改變嗎?在某種意義上,是的 —— 她成功地改變了林肯對她的態度,讓林肯後悔與她結婚,並盡可能地對她避而不見。

在春田市共有十一個人以律師為職業。小城裡生意少,他們就騎馬跟着大衛‧戴維斯法官從一座城走到另一座城,藉此包攬了第八司法區的所有訴訟業務。每到週末,其他律師總會想辦法趕回春田市與家人團聚。然而林肯卻刻意一連幾個月不進家門,躲春田市遠遠的,年復一年地借住在鄉下的小旅店裡。旅店條件簡陋,他卻覺得與家中夫人的嘮叨比起來如同天堂。

林肯夫人、歐仁妮皇后和托爾斯泰伯爵夫人的喋喋不休沒有為她們帶來任何好處,只釀成了令她們悔恨終生的悲劇。所有她們生命中曾經視若珍寶的情感,都被她們親手葬送。

貝茜‧漢博格在紐約的家事法庭工作了十一年,處理過上千起離異案件。她說男人拋妻棄子的主要原因就是妻子的喋喋不休。正

如《波士頓郵報》（*Boston Post*）所述：「妻子的步步緊逼，將婚姻送入墳墓。」

　　如果你希望婚姻幸福，請記得：

別嘮叨了

SECTION 02
別用愛綁架對方

「我一生中或許犯過許多錯誤，但有一件事我卻格外堅定，絕不會為愛結婚。」迪斯雷利是這樣說的，也是這樣做的。三十五歲那年他決定結束單身，向一位長他十二歲的富有寡婦求婚。這位五十歲的婦人那時已經髮鬢斑白。為了愛？當然不是！這位婦人也知道迪斯雷利並不愛她，為了錢才願意娶她。她只提了一個小小的請求，請迪斯雷利給她一年時間了解他的脾氣秉性。一年之後，兩人結為夫妻。

聽上去簡直就是赤裸裸的金錢交易，不是嗎？諷刺的是，迪斯雷利夫婦卻比大多數人的婚姻美滿得多。

迪斯雷利娶的這位婦人名叫瑪麗・安妮。她既不年輕也不漂亮，更稱不上聰明。她對歷史和文學一無所知，經常在談話中犯下常識性錯誤，成為周圍人的笑柄。她竟「連羅馬人和希臘人的時代都分不清楚」。她的服裝品位一塌糊塗，別墅的裝修風格也令人匪夷所思。但是她在某一方面卻是當之無愧的天才 —— 她懂得男人的心。

瑪麗・安妮從未將這一優點用來算計迪斯雷利。當迪斯雷利陪妙語連珠的伯爵夫人們聊了一整天，精疲力竭地回到家中，是妻子瑣碎的閒聊讓他放鬆下來。對他而言，回家如同給精神穿上了睡衣拖鞋，可以在妻子溫暖的愛意中小憩。與年長的妻子在家中共度的時光是他一生中最幸福安寧的時刻。她既是他的伴侶，也是他的

知己和參謀。每天下班後，他都迫不及待地趕回家，與妻子分享下議院的種種趣聞。最重要的是無論他做甚麼，妻子都堅信他一定會成功。

三十年來，瑪麗・安妮為迪斯雷利而活，也只為他而活。財富在她眼裡只是幫助丈夫的工具。她也因此成為他生命中的女神。迪斯雷利請求維多利亞女王賜予瑪麗・安妮貴族封號，自己甘於只當一個平凡的下議院議員。一八六八年，瑪麗・安妮被封為比肯斯菲爾德子爵，在她離世後迪斯雷利才得到爵位。

不管瑪麗・安妮在大庭廣眾之下表現得多麼愚蠢，迪斯雷利都從不埋怨她，也從未對她說過一句重話。如果任何人敢在他面前嘲笑瑪麗・安妮，他會毫不遲疑地當眾維護妻子。瑪麗・安妮只是個平凡的婦女，但是嫁給迪斯雷利後，她三十年如一日地稱讚丈夫、支持丈夫，一提到丈夫眼睛就閃閃發亮。結果如何呢？迪斯雷利說：「我們已經一起走過三十個年頭了，但是她從未令我厭倦。」（而旁人竟然因為瑪麗・安妮不懂歷史就覺得她蠢！）

迪斯雷利從不諱言瑪麗・安妮是他生命中的至寶，那麼瑪麗・安妮對此作何評價呢？她對朋友們說：「蒙他恩惠，漫長的生活中從此只有簡單的『幸福』二字。」他們之間曾經有個小玩笑。迪斯雷利故意說：「你知道我是為了你的財富才娶了你。」瑪麗・安妮笑着答道：「是啊，但是再給你一次機會的話，你一定是為了愛才娶我，不是嗎？」他不得不點頭承認妻子說得沒錯。

正如亨利・詹姆士所言：「婚姻的第一課，是學會尊重對方獨有的生活之道。當然，不干涉對方並不等同於放棄自我。」

請記住這個重要的觀點：「婚姻的第一課，是學會尊重對方獨有的生活之道。」

利蘭・福斯特・伍德在其著作《在家庭中共同成長》（*Growing Together in the Family*）中同樣說道：「婚姻的真諦不僅在於找到合適的對象，更在於當一個稱職的對象。」

如果你希望婚姻美滿，請：

—— 原 *2* 則 ——

不要試圖改變對方

SECTION 03
請勿相互指責

　　格萊斯頓是迪斯雷利的政壇宿敵，兩人在公共事務上不共戴天，全英上下所有的議題他們都要爭論一番。但是這兩位政治家卻有一個共同點 —— 他們的家庭生活都美滿幸福。

　　威廉‧格萊斯頓和妻子凱薩琳婚後近六十年間，對彼此的愛意從未消減。我很喜歡想像這位素來嚴肅的首相大人握着妻子的手在壁爐前翩翩起舞，哼着這首歌遙的情景：

> 村野老夫　糟糠之妻
> 生活起落無常　攜手笑看悲喜

　　格萊斯頓在政敵面前是強勁對手，在家中卻和藹可親。如果他清晨下樓發現家人都還沒起床，他就會以溫和的方式間接地表達他的不滿。他會提高嗓音，高唱讚美詩，提醒家庭成員這位全英國最忙碌的男人正孤零零地站在樓下等他的早餐。他從不允許自己把脾氣帶回家，在家裡總是既通情達理又善解人意。

　　凱薩琳大帝也通常如此。她在位之時執掌着全世界最龐大的帝國，千萬臣民的生殺大權緊握在她手中。在政壇上她是冷酷無情的暴君，樂於發動無用的戰爭，把敵人送上刑場。但如果廚師不小心把飯燒焦了，她卻只是微笑着默默把飯吃完。她的寬容值得所有美國男人在家中效仿。

　　多蘿西‧迪克斯是研究婚姻問題的權威人士。她聲稱全美有一半以上的婚姻堪稱失敗，而這些婚姻觸礁的根本原因是對伴侶的責難。這些非難徒勞無用，卻令對方痛徹心扉。

　　如果你想讓婚姻幸福，請記得：

——— 原 **3** 則 ———

請勿責難

學會欣賞

洛杉磯家庭關係協會的會長保羅‧波普諾曾經說過這樣的話：「大多數男人在尋找另一半的時候並不是在找一位領導，而是在找一個願意取悅他們，讓他們覺得自己很厲害的對象。女性主管偶爾也會有午餐邀約，但是她整個午餐時間都會大談特談在高等學府裡唸的當代哲學流派課程，甚至用餐結束後還會堅持各付各的。結果如何呢？從此再也沒有人敢約她出來了。

「而沒上過大學的打字員則與她恰恰相反。當男人邀她共進午餐的時候，她會以熾熱的目光望着對方，熱切地問：『多跟我講講你的故事好嗎？』後來怎樣呢？這位男人會告訴其他人：『她或許不算漂亮，但是和她聊天比和任何人聊天都要舒心得多。』」

對於女人在化妝打扮上花費的種種努力，男人應當時時表示讚賞。男人們總是忽視女人對於時裝有多麼熱衷。女人上街的時候，幾乎很少看男人；她們的關注點完全在於街上的其他女人是怎麼穿着打扮的。

我的祖母在她九十八歲那年離開了我們。在她去世前不久，我們曾經給她看過一張她三十年前的舊照。她當時因視力下降，已經看不真切那張照片，但卻問了我們一個問題：「我穿的是哪條裙子？」想想看，一位垂暮之年的老人，儘管身體虛弱、臥床不起，儘管記憶力衰退得連自己的女兒都不大認得，卻對她三十年前穿過哪條裙子追問不已。當時我就坐在她床榻邊，時隔多年，我對她問

出這句話的情景依然記憶猶新。

正在讀這本書的男士們一定不記得五年前自己穿過哪件襯衫、哪件外套，也從來沒想記得這種事。但女人是完全不同的生物。法國上層社會的男孩子從小就被教導要懂得讚美女士的帽子和套裙，而且一天之中要稱讚若干次。五百萬法國人在這件事上絕對不會錯！

還記得我之前引述過的那個故事嗎？在一整天的辛苦勞作之後，農婦回到家裡，把一捆乾草扔在家裡老少爺們兒的飯桌上。男人們憤怒地質問她是不是瘋了，她回答道：「怎麼了，這會兒你們倒知道抱怨了？我給你們這些男人做了二十年飯，半句回應都沒聽到過。我還以為吃飯吃草對你們來說都一樣呢。」

莫斯科和聖彼得堡那些食不厭精、膾不厭細的貴族可比這些農夫懂禮貌多了。在沙皇俄國，上流社會的人們用餐後一定會派人從廚房裡請出主廚，當面對他表示感謝。

為甚麼不對妻子表達同樣的關心呢？下一次當妻子端上香酥可口的炸雞時，不妨學一學貴族的言行，讓妻子知道你有多感激她沒有讓你去吃草。正如女明星德克薩斯·吉南的口頭禪：「給小姑娘一點掌聲啦！」

不要羞於讓對方知道她對你有多重要。迪斯雷利貴為英格蘭最偉大的政治家，卻從不諱於讓全世界知道他有個「多麼感激他的小女人」。

幾天前，我在雜誌上一篇埃迪·坎特的專訪中讀到了下面這段話：

> 我對妻子的虧欠比對世界上任何人都多，年少時，她是我最好的哥們兒，陪伴我一同成長。結婚後她勤於持家，把每一分錢

都省下來投資，為我積攢了一筆財富。我們有五個可愛的孩子，是她給了我一個美好的家。如果我今日有所成就，那全部都是她的功勞。

荷里活的婚姻危如累卵，連倫敦的勞埃德保險商協會都不敢為之作保。沃納・巴克斯特夫婦的婚姻是寥寥幾椿美滿婚姻中的佼佼者。威尼弗蕾德・布萊森嫁給沃納・巴克斯特之後，放棄了如日中天的演藝生涯，但她事業上的犧牲從未成為婚姻的絆腳石。沃納・巴克斯特說：「她懷念舞台下的掌聲，我就以自己的掌聲來補償她。妻子在丈夫身上尋求幸福的時候，其實是在尋求愛與欣賞。如果丈夫真心愛他的妻子，欣賞他的妻子，那麼他自身也會沉浸在幸福之中。」

個中道理，你明白了嗎？如果你想得到幸福的家庭生活，最重要的是記住：

—— 原 **4** 則 ——

真心誠意地欣賞對方

SECTION 05
女人眼中重要的事

　　從古至今，花都是愛情的象徵。當季的花既便宜又不難買到，街角往往有花童在減價叫賣。然而男人買花的概率卻如此之低，彷彿每朵花都是價格昂貴的空谷幽蘭，或是阿爾卑斯山懸崖上罕見的薄雪草。

　　為甚麼非要等到妻子生病住院你才願意買幾朵花給她？為甚麼不立刻買一束玫瑰回家？既然你喜歡新鮮感，那不妨把這當作一次試驗的機會，看看效果如何。

　　百老匯的娛樂明星佐治・科漢堅持每兩天給母親打一次電話，即使在最當紅的時候也從未間斷。他有那麼多新鮮事想告訴母親嗎？當然不是。但這小小的舉動能告訴對方你牽掛着她，想哄她開心，她的幸福安康是你最大的心願。

　　女人極為看重生日和紀念日。為甚麼？對男性來說，這永遠是關於女性的不解謎題之一。男人普遍在這一點上稀里糊塗，但是有四個日期是無論如何都不能忘記的 —— 哥倫布發現美洲大陸的日子、美國獨立日、妻子的生日和結婚年月日。如果你記不住，忘記前兩個日子也沒關係，但是千萬別忘記後兩個！

　　芝加哥的約瑟夫・薩巴斯大法官曾經處理過四萬起婚姻訴訟，並調解了二千對夫妻。他說：「大多數婚姻的不幸都是由瑣碎之事引發。丈夫出門的時候，妻子一個溫柔的道別就能夠阻止一場離婚悲劇。」

　　羅伯特・勃朗寧與妻子伊麗莎白・巴雷特・勃朗寧的生活如同

　　田園牧歌般美好。他們從未在愛情中倦怠，也從未停止給對方關切與驚喜。羅伯特·勃朗寧無微不至地照顧着體弱多病的妻子，以至於妻子在給姐姐的信中寫道：「現在連我自己都開始相信我真的是天使了。」

　　大多數男人都低估了這些細微之舉所產生的重大影響。正如蓋洛德·馬多克斯在《畫刊評論》（*Pictorial Review*）的文章中所述：「是時候讓一些新的『壞習慣』走進美國家庭了 —— 比如在床上用早餐。這一消遣大概會讓大部分女人沉溺其中，給女人帶來的滿足感不亞於私人會所給男人的滿足感。」

　　長遠來看，婚姻就由瑣碎之事構築而成，漠視這一事實的人們只能自求多福了。埃德娜·聖文森特·米萊曾用睿智的詩句總結道：「令人心碎的不是愛情的消逝，而是它消逝時我們竟懵懂不知。」

　　請把這句詩記在心裡吧。在里諾市，每天都有人申請離婚，十分之一的婚姻以離異收場。然而其中有多少是緣於重大過失？極少數，我敢保證。如果你坐在法院門口聽聽那些反目成仇的夫婦的證言，你就會知道愛情消逝於點滴之間。

　　請把下面這句話剪下來，貼在鏡子上，每天早晨剃鬚的時候默讀一遍：

　　　　此生之路，我將走過；走過這一次，便再也無法重來。所有力所能及的善行，所有充盈於心的善意，我將毫不吝惜，即刻傾予。我將再不拖延，再不疏忽，只因此生之路，再也無法重來。

原 5 則

細微之處見真情

SECTION 06
不要忽視這一點

華特‧達姆羅什的妻子是美國總統候選人詹姆斯‧布萊安之女。兩人在安德魯‧卡耐基位於蘇格蘭的府邸相識並墜入愛河,從此攜手一生。

達姆羅什夫婦美滿婚姻的秘訣是甚麼呢?

「不僅在擇偶的時候要謹慎,」達姆羅什夫人說,「婚後相敬如賓也同樣重要。年輕的妻子們對丈夫為甚麼就不能像對陌生人那樣溫婉有禮呢?男人看見潑婦只會奪門而逃。」

粗魯無疑是葬送愛情的毒藥。人人對此都心知肚明,但我們對陌生人比對親人要客氣得多。我們絕不會打斷陌生人的話,抱怨說:「老天爺,這個故事你要講多少遍!」我們也不會未經允許就拆開朋友的信或是窺探他的隱私。只有對我們的家人,我們最親近的人,我們才會為了一點小小的過失大加嘲諷。

請允許我再次引用多蘿西‧迪克斯的名言:「那些刻薄傷人、極盡侮辱之能事的話語往往來自我們的家人。這一真相令人震驚,然而事實的確如此。」

亨利‧克萊‧雷思納也曾經說過:「擁有謙遜品格的人,能夠透過對方傷痕累累的心門,看到角落裡盛開的花朵。」謙遜之於婚姻,正如燃料之於發動機一般重要。

備受尊敬的詩人奧利弗‧溫戴爾‧霍姆斯是「早餐桌上的獨裁者」,在家中卻是一位謙謙君子。他對家人體貼入微,甚至在失落沮

喪的時候都在家人面前裝作若無其事。他說，悲傷一人承受就已足
夠，無需讓家人一同憂心分神。

奧利弗‧溫戴爾‧霍姆斯是這樣說的，也是這樣做的。那你我
身邊的人又做了些甚麼呢？但凡在工作上遭遇挫折、丟了訂單、被
老闆訓斥，或是偶染微恙、錯過班車，他們都會迫不及待地把怒火
發泄在家人身上。

荷蘭人有一個習俗，進家門之前要把鞋子脫在屋外的台階上。
我們應當向荷蘭人學習，回家之前把工作中的煩惱都留在門外。

威廉‧詹姆士曾經寫過一篇題為《論人類認知之盲點》(*On a
Certain Blindness in Human Beings*)的文章，很值得一讀。他寫
道：「本文中探討的『盲點』特指人們對於他人感受的漠視。人們對
他人視而不見，卻深受這一無知之苦。」

「人們對他人視而不見，卻深受這一無知之苦。」人們不敢對客
戶或生意夥伴惡言相向，卻從不覺得對妻子發號施令有何不妥。然
而就個人幸福而言，婚姻遠比事業更加重要，甚至堪稱生死攸關。

婚姻美滿的凡人比孑然一身的天才更加幸福。俄國作家屠格涅
夫聲名遠揚，但他卻說：「如果世間能有一位女子每晚牽掛我能否按
時回家吃飯，我願意為她放棄我所有才華與作品。」

話說回來，婚姻幸福的概率究竟有多大呢？如前所述，多蘿
西‧迪克斯聲稱這一概率不到百分之五十。不過保羅‧波普諾博士
的觀點略有出入，他說：「男人婚姻成功的概率遠大於事業成功的概
率。在零售領域創業的男人中，有百分之七十以失敗告終。而走進
婚姻殿堂的男女之中，有百分之七十堪稱成功。」

對此，多蘿西‧迪克斯總結如下：「較之婚姻，生與死在人生的
篇章中只是小插曲而已。

「女人無法理解男人為甚麼不能像重視事業那樣重視家庭。

「儘管男人認為一個心滿意足的妻子和一個快樂安寧的家庭遠勝於百萬美元，但是百分之九十九的男人都不會嚴肅地考量這個問題，也不會把婚姻當作事業一樣認真經營。他在人生中最重要的這件事上聽天由命，婚姻的成敗全憑運氣。對女人來說，溫存的話語遠勝過粗暴的命令，讓她們不解的是為甚麼丈夫從不對此上心。

「男人知道幾句好話就能讓妻子無怨無悔地做任何事，誇幾句持家有方、內助之賢就能讓妻子為他的事業節衣縮食。男人也明白只要稱讚妻子去年的連衣裙漂亮可愛，妻子就絕不會多瞧一眼新一季的巴黎新款。男人也懂得輕吻妻子的眼睛就會使她盲目，深吻她的嘴唇就能令她緘口。

「女人早已把這些弱點毫無保留地教給了丈夫，卻不知道男人為何仍然無動於衷。男人寧願和她吵嘴打架、吃難以下嚥的飯菜懲罰自己、給她買服飾和豪車，也不願意以她渴望的方式取悅討好她，對此女人實在不知道該生氣還是放棄。」

如果你希望家庭和睦，請：

—— 原 **6** 則 ——

謙和有禮

Section 07

不要做「婚盲」

　　美國社會衛生局的秘書長凱薩琳・貝蒙特・戴維斯博士曾經發起過一項針對婚姻的研究。一千名已婚女子參加了這項調查，如實回答了一系列較為私密的問題。調查結果使人大跌眼鏡——美國成年人的性生活滿足程度竟然低得出人意料。深入研究了這一千份問卷之後，戴維斯博士確信離婚的主要原因之一是性生活失調，並公開發表了這一結論。

　　G.V. 咸美頓博士的研究驗證了上述結論的合理性。他花了四年時間追蹤一百名男性和一百名女性的婚姻，詢問他們婚姻生活的上百個細節，並且深入追問調查對象婚姻中面臨的問題。他的研究細緻全面，以至於耗費了四年之久。這一研究在社會學上具有重大意義，也因此受到了知名慈善家的資助。你可以在 G.V. 咸美頓博士和肯尼斯・麥高恩共同發表的論文《婚姻究竟出現了甚麼問題》（*What's Wrong with Marriage*）中讀到詳細的調研結果。

　　那麼，婚姻究竟出現了甚麼問題呢？咸美頓博士的答案是這樣的：「婚內問題的源頭往往出於性生活失調，只有看待問題過於狹隘武斷的精神病學家才會否認這一點。換句話說，如果夫妻雙方都能夠從性生活中得到滿足，那麼由其他問題引發的摩擦往往會大事化小。」

　　洛杉磯家庭關係研究所的所長保羅・波普諾博士是全美家庭生活研究方面的權威人士，曾經調查過上千個婚姻案例。波普諾博士

的結論是，失敗的婚姻通常由四個原因導致，按重要性排序如下：

1. 性生活失調；
2. 對於閒暇時光該如何度過的想法不同；
3. 經濟困難；
4. 身體、精神或情感狀況異常。

請注意，性生活失調是其中最主要的原因，而經濟問題僅僅位列第三，這一點大概和人們通常的認知有所不同。

研究離婚問題的專家一致認為性生活的協調度對婚姻的影響非常重大。辛辛那提州家事法院的霍夫曼法官曾經處理過上千起婚姻悲劇。幾年前他總結說：「每十起離婚訴訟中，就有九起是源於性生活問題。」

美國著名心理學家約翰・華生曾經說過：「性無疑是生活當中最重要的課題，也被公認為導致兩性關係觸礁的最主要誘因。」在我的課上，好幾位執業醫師也在演講中發表過相同的觀點。在知識和教育如此發達的二十世紀，婚姻與生活竟然毀於人們對這一原始本能的無知，聽上去多麼可悲！

衛理公會的奧利弗・M. 巴特菲爾德牧師在十八年傳道生涯之後，突然放棄了神職，轉而出任紐約城家庭指導服務機構的主管。和大多數人一樣，他很年輕的時候就結婚了。他說：「當我還是牧師的時候，我發現許多情侶懷抱着對彼此的堅定愛情和美好憧憬走進婚姻殿堂，事實上卻是『婚盲』。」

他接着說：「一想到竟有那麼多人被動對待婚姻中的難題，聽之任之，那麼百分之十六的離婚率就算不得甚麼了。有很多夫妻的生

活狀態根本算不得『已婚』，而只是『尚未離婚』而已。他們的關係如同煉獄。

巴特菲爾德博士還斷定「美滿婚姻並不是偶然的產物，而是構建於明智謹慎的規劃之上」。

為了幫助新人做好婚姻規劃，多年來，巴特菲爾德博士一直堅持由他主持婚禮的新人必須坦誠地告訴他對於未來的構想。正是這些討論讓巴特菲爾德博士意識到，許多信誓旦旦的夫妻實際上都是「婚盲」。

巴特菲爾德博士說：「婚姻生活的滿足程度受若干因素影響，性是其中一個因素，也是其他因素的前提。」

那麼如何滿足這一因素呢？巴特菲爾德博士說：「請學會用客觀的討論代替尷尬的沉默，以超然的態度在婚姻中不斷實踐。一本可靠且格調高尚的書能令你更快地掌握這一能力。除了我自己的著作《婚姻與性生活和諧》（ *Marriage and Sexual Harmony* ）之外，我還想推薦幾本書。

「在市面上的這類書籍中，下述三本書較為適合大眾閱讀：伊莎貝爾 · E. 赫頓的《婚姻性愛技巧》（ *The Sex Technique in Marriage* ）、麥克斯 · 埃克斯納的《婚姻中的性》（ *The Sexual Side of Marriage* ），以及海倫娜 · 萊特的《婚姻中的性因素》（ *The Sex Factor in Marriage* ）。」

從書本中學習性事？為甚麼不行呢。幾年前，哥倫比亞大學和美國家庭衛生協會聯合邀請知名教育家來到校園裡，與大學生一同討論性與婚姻。在那次會談中，保羅 · 波普諾博士說道：「近期離婚

率有所下降,其中一個原因是人們越來越主動地閱讀性與婚姻方面
的權威書籍。」

　　因此,我覺得以一份書單來結束這一章節再完美不過了。下述
書籍將教給你如何科學而坦誠地對待婚姻中的性事。

　　1.《生活中的性》(*The Sex Side of Life*)瑪麗・韋爾・丹
尼特著
　　一本適合年輕人閱讀的書籍。
　　由作者在紐約州長島市 29 街 24−30 出版。

　　2.《婚姻性事》(*The Sexual Side of Marriage*)M.J. 埃克斯納
博士著
　　這本著作為婚姻中的性問題提供了可靠而適度的解讀。
　　諾頓出版公司紐約市第五大道 70 號

　　3.《婚前準備》(*Preparation for Marriage*)肯尼斯・沃克著
　　這本書明晰地闡述了婚姻問題。
　　諾頓出版公司紐約市第五大道 70 號

　　4.《婚後的愛情》(*Married Love*)瑪莉・C. 斯洛普斯著
　　對兩性關係開誠佈公的探討。
　　普特曼森斯出版公司紐約市西 45 街 2 號

　　5.《婚姻中的性事》(*Sex in Marriage*)歐內斯特・R. 格羅夫與
格拉迪斯・H. 格羅夫著

內容翔實全面。

艾默生出版公司紐約市西 19 街 251 號

6.《婚前準備》(*Preparation for Marriage*) 歐內斯特．R. 格羅夫著

艾默生出版公司紐約市西 19 街 251 號

7.《已婚女性》(*The Married Woman*) 羅伯特．A. 羅斯博士與格拉迪斯．H. 格羅夫著

幸福婚姻的實用指南。

全球出版集團旗下托爾圖書紐約市西 49 街 14 號

因此，令婚姻生活美滿，須：

—— 原 **7** 則 ——

讀一本解析婚姻中性事的好書

一九三三年第六期《美國雜誌》（*American Magazine*）中刊載了埃米特・克羅澤的一篇文章，題為《婚姻緣何步入歧途》（*Why Marriages Go Wrong*）。文後附錄了一份問卷，每一個肯定的回答計 10 分。不妨做做看，看看自己能得幾分？

丈夫篇

1. 你現在還會向妻子「獻殷勤」嗎？一束鮮花，一份生日禮物或結婚紀念日禮物，一個出乎她意料的體貼舉動⋯⋯這些小驚喜都算數。

2. 你是否從不在他人面前責怪她？

3. 你是否在家庭開支之外還給她零花錢，由她隨意支配？

4. 你是否努力理解她種種女性化的小情緒，幫助她度過委屈疲憊、緊張憂慮或是煩躁不安的時刻？

5. 你是否會把一半以上的業餘時間用來陪伴她？

6. 你是否會注意避免把妻子的廚藝和你母親或是別人的妻子做比較（除非這是她擅長的事）？

7. 你是否真心實意地關心她的精神生活，包括她參加的俱樂部或社團、她讀的書、她對公共事務的看法？

8. 你是否能夠容忍她和別的男士跳舞，允許她接受其他男士欣賞的目光，而不抱以猜疑妒忌？

9. 你是否主動抓住機會稱讚她，表達你對她的愛慕？

10. 你是否會感謝她為你所做的小事？比如幫你縫釦子、補襪子、把衣服送到洗衣房等等。

妻子篇

1. 你是否在事業上給丈夫百分百的自由，不評判他的同事，不干涉他對秘書的選擇，不責怪他的工作時間過長？

2. 你是否會努力打造一個溫馨有趣的家？

3. 你是否常常更換家庭食譜，讓他坐在飯桌前永遠不知道你會變出甚麼新菜？

4. 你是否對丈夫的工作有獨到見解，能夠在討論的時候給他適當的建議？

5. 你是否能夠勇敢樂觀地對待經濟困難時期，不指責丈夫，也不拿他和其他成功男士比較？

6. 你是否努力和他的母親及家人融洽相處？

7. 你在着裝時是否會將丈夫對顏色和款式的喜好考慮在內？

8. 當兩人意見有分歧時，你是否會為了大局做出適度妥協？

9. 你是否努力了解丈夫喜歡的遊戲或比賽，並在閒暇時光陪他做他喜歡的事情？

10. 你是否了解日常新聞、新書以及新的觀點，以便和丈夫有共同話題？

小結
CONCLUSION

幸福家庭生活的七個法則

原則 1
別嘮叨了

原則 2
不要試圖改變對方

原則 3
請勿責難

原則 4
真心誠意地欣賞對方

原則 5
細微之處見真情

原則 6
謙和有禮

原則 7
讀一本解析婚姻中性事的好書

後序
卓然於眾的捷徑

　　一九三五年一月的一個寒冷夜晚，凜冽寒風並未令人們的腳步
有片刻遲疑。兩千五百名聽眾慕名來到紐約賓夕法尼亞酒店的大宴
會廳。七點半，宴會廳內已經座無虛席；八點整，熱切的聽眾仍然
不斷湧入，連包廂都擠滿了人。很快，宴會廳內連個落腳的地方都
很難找到。上千名在生意場上周旋了一天的商務人士下班後不顧疲
憊，心甘情願地站一個半小時 —— 他們在等待甚麼？

　　時裝表演？

　　六天的自行車比賽？還是電影明星奇勒基堡？

　　上述皆錯。這些聽眾被報紙上的一則廣告吸引而來。兩天前，
《紐約太陽報》上刊登的整版廣告牢牢抓住了他們的目光：

　　學習有效演講
　　掌握領導力

　　聽起來像是老生常談？沒錯，但是在這座全世界最精於世故的
城市，儘管正值有百分之二十人口失業的大蕭條期，仍有兩千五百
名聽眾看到這則廣告後走出家門，來到會場。

這些聽眾都來自富裕階層，包括管理者、雇主和各行各業的專業人士。

這些人前來參加一個極為超前且實用的課程的開幕講座。這一課程就是戴爾‧卡耐基有效演講及人際關係學會開設的《有效演講及影響商界人士》一課。

那麼這兩千五百名商界精英究竟為何而來？

是在大蕭條的影響下突然渴求接受更多教育嗎？

當然不是。過去的二十四年間，這一培訓每個季度都在紐約市開課，場場爆滿，從戴爾‧卡耐基課程畢業的商界人士已有一萬五千名。西屋電氣公司、麥格勞希爾出版公司、布魯克林聯合煤氣公司、布魯克林商會、美國電氣工程師協會、紐約電話公司等諸多審慎保守的大型集團都邀請戴爾‧卡耐基機構到公司，為內部員工及管理層培訓。

這些十幾年前走出校園的人們選擇參加這一課程培訓，本身就證明當今的教育系統效率之低令人震驚。

那麼成年人最想學到甚麼呢？這個問題至關重要。為了回答這一問題，芝加哥大學、美國成人教育協會及基督教青年聯合會學校花費了兩年時間進行調研。

調查結果顯示，成年人最感興趣的是健康問題，其次則是如何提高人際交往能力 —— 他們想要學習為人處世及影響他人的技巧。他們不想成為公共演講專家，也不想聽那些冠冕堂皇的心理學理論；他們需要的是能在商務、社交及家庭生活中立刻使用的技巧。

這也就是成年人渴望學習的內容，不是嗎？

「既然如此，」調研人員說，「既然人們需要這些，那麼就由我們提供給他們吧。」

調研人員開始四處尋找教材，卻發現市面上沒有任何一本工作指南能夠幫助人們解決日常生活中遇到的人際關係問題。

多麼荒謬的現狀！數百年來，希臘語、拉丁語和高等數學的著作不計其數，然而大多數成年人並不需要這些理論。而人人渴求幫助與指導的這一課題，卻找不到任何相關書籍。

這就是兩千五百名成年人看到這則廣告後，熱情地湧入賓夕法尼亞酒店宴會廳的原因。顯然，他們長久以來遍尋不着的答案就在此處。

在學生時代，他們認真讀書，相信知識就是通向財富與事業的敲門磚。

然而在魚龍混雜的職場上摸爬滾打了數年之後，他們終於醒悟了。他們意識到，那些成功的商務人士除了知識，還具備溝通、談判、「推銷」自己和自己觀點的能力。

他們發現，若想在商界領航，人格魅力與溝通技巧遠勝於認識一個拉丁動詞或者擁有一張哈佛畢業證書。

《紐約太陽報》上的這則廣告允諾説這一講座會非常有趣，事實也的確如此。十八位曾經參與過這一課程的學員在台上列成一排，其中的十五位學員每人有七十五秒時間分享自己的故事。七十五秒一到，會長就敲下木槌，喊道：「時間到！下一位！」

會場的節奏就像水牛穿越平原一樣迅疾。觀眾甘願站立一個半小時，觀看這場盛會。

演講者來自各行各業，包括銷售員、連鎖商店總裁、烘焙師、行業協會主席、銀行家、保險經紀人、會計師、牙醫、建築師、專程從印第安納波利斯來到紐約上課的藥劑師，以及一位從古巴的哈瓦那遠道而來的律師 —— 他參加這門課程的初衷是為了準備一個重要的三分鐘演講。

　　破冰的演講者叫帕特里克・奧海爾，是蓋爾人。他出生於愛爾蘭，只上過四年學，來美國之後先是當機修工，後又做貨運司機。

　　如今他已年近不惑，有一大家子人要養活，因此他試着轉行做卡車銷售。由於自卑作祟，他每每要在門口來回踱步十幾次才敢鼓起勇氣敲門。用他的原話説，這簡直要了他的命。他在銷售之路上看不到希望，想回去做機械修理的老本行。就在躊躇不定的時候，他收到一份邀請函，請他出席戴爾・卡耐基有效演講課程的機構會議。

　　他當時並不情願去，擔心參加活動的都是大學畢業生，置身其中太過尷尬。

　　他那早已心灰意冷的妻子力勸他去，對他説：「帕特，這對你有好處。天知道你多需要這種活動。」於是他來到會議地點，在人行道上站了足足五分鐘才敢推門進去。

　　前幾次站在眾人面前講話的時候，他害怕得要當堂昏倒。但隨着時間推移，他漸漸擺脫了對聽眾的恐懼，反而發現他其實是喜歡發表觀點的 —— 而且聽眾越多越好。以前對他人和上司的畏懼感消失了，他開始勇敢地向他們闡述想法，並因此很快升遷至銷售部門，成為公司中深受重視與愛戴的一員。這一晚，在賓夕法尼亞酒店，帕特里克・奧海爾站在兩千五百人面前，風趣地講述了自己的這一轉變。觀眾席上不時迸發出陣陣歡笑，連專業的演講者的表現都不如他這般精彩絕倫。

　　第二位演講者戈弗雷・邁耶是一位老銀行家，也是十一個孩子的父親。他第一次試圖在全班面前發言的時候，害怕到一句話都講不出，思維一片混亂。他的經歷生動地證明了説話有術的人往往能夠成為領袖人物。

　　邁耶先生在華爾街工作，二十五年來一直住在新澤西的克利夫頓。那時他從不參與社區事務，在當地只認識五百個人。

　　加入卡耐基課程後不久，他湊巧收到一份稅金賬單，賬單上不合理的費用讓他惱火不已。

　　往常遇到這種情況，他只會坐在家裡生悶氣，或是向鄰居發發牢騷。但這個晚上，他戴上帽子走出家門，在市民會議中當眾表達了自己的不滿。

　　聽到邁耶先生一番慷慨激昂的演說之後，克利夫頓的市民擁戴他競選市議會議員。於是他接連數週奔波於各個會議之間，對市內種種鋪張浪費之舉大加抨擊。

　　當時參加競選的一共有九十六名候選者。唱票的時候，戈弗雷・邁耶名列榜首。幾乎在一夜之間，他成為了這個四萬人社區中的知名人士。他在六週之內交到的朋友是此前二十五年間的八倍，而這一成果完全得益於他的演講。

　　此外，擔任議員帶來的收入意味着他在卡耐基課程上的投資回報率達到了每年百分之一千。

　　第三位演講者是全國食品製造商協會的領導。他告訴我們他在董事會會議上完全不敢站起來表達自己的看法。

　　學習自主思考之後，他的改變令人震驚。他很快被推舉為協會主席，在全美各地主持會議。他的演說精華不斷被美聯社專線報道，並刊載於全國各大報紙期刊上。

　　掌握了有效的談話技巧後，他在兩年內為公司和產品帶來的曝光率遠勝於此前投入的二十五萬美元廣告費產生的效益。這位演講者承認說，他之前從不敢邀請曼哈頓的商界名流共進午餐，沒想到他的演說為他帶來了極大聲望，以至於這些大人物主動打電話邀他

吃飯，還為佔用了他的寶貴時間向他道歉。

　　談話的能力就是卓然於眾的捷徑。掌握這一能力的人們如同站在聚光燈下，從芸芸眾生中脫穎而出。

　　成人教育運動席捲全美，而這一運動中最引人矚目的推進力量就是戴爾‧卡耐基。他聽過並評論過的演講比世上任何人都多。根據雷普利「信不信由你」品牌出品的卡通片，卡耐基評判過的演講有十五萬場。如果你覺得這個數字不夠驚人，請容我提醒，這一數字意味着自哥倫布發現美洲大陸以來每天都有一場演講。或者換句話說，如果演講者接連不斷地在卡耐基面前做三分鐘演講，他要日夜不休地聽上十個月才能把這些演講全部聽完。

　　戴爾‧卡耐基的職業生涯跌宕起伏，他的經歷向我們證明了充滿想法和激情的個人如何一步步地成就事業，其本身就是一個震撼人心的故事。

　　卡耐基在密蘇里鄉下的農場長大，離最近的列車軌道也有十英里之遠，以至於他十二歲的時候才第一次見到有軌電車。然而在四十六歲的時候，他已經走遍了世界上的每一個角落，從亞洲的中國香港到歐洲最北部的哈默菲斯特，處處都有他的足跡。他甚至一度接近北極，比造訪小美利堅考察站營地的海軍上將伯德離南極的距離都近。

　　這個昔日在密蘇里摘草莓和蒼耳子貼補家用，一小時只能拿到五美分的少年，如今成為身價最高的培訓師，為大型集團的管理者講授自我表達的藝術。

　　這個昔日的牧童曾經在南達科他州的西南部看管牛群，給剛出生的小牛打烙印，困於牧場的圍欄之內，此後卻飛抵倫敦，在王室面前演講。

這個一開始搞砸過好幾次公眾演講的小夥子後來成為我的經紀人。我的成功也得益於他的培訓。

卡耐基年輕時求學艱難，厄運曾經屢屢重創那個密蘇里西北的老農場，在猝不及防的時候突然揮出重拳——102 號河洪水年年氾濫，淹沒玉米田，捲走乾草；養得白白胖胖的豬崽接連病死於霍亂，牛和騾子的市價直探谷底，銀行威脅說要收回房屋抵押貸款。

一次次絕望過後，這個家庭變賣全部家產遷居密蘇里州的瓦倫斯堡，在州立師範學院附近買下了另一間農場。

在鎮上寄宿每天只要一美元，但是小卡耐基連這筆錢都拿不出，只得每天騎馬三英里，往返於農場和學校之間。在家裡，他擠牛奶、砍木柴、餵豬，借着煤油燈的光學習拉丁語動詞，直到視線模糊打瞌睡才去休息。

儘管午夜時分才能上床睡覺，他還是把鬧鐘設在每天凌晨三點。他的父親養了幾隻血統純正的杜洛克大紅豬，把牠們養大很不容易，在寒冷的夜晚小豬很容易凍死。所以卡耐基一家把小豬放在廚房火爐後邊的籃子裡，用麻袋蓋在牠們身上當被子。小豬要在凌晨三點的時候吃奶，所以凌晨鬧鐘一響，卡耐基就爬出毛毯，把這籃小豬帶到牠們的母親身邊，等牠們吃飽喝足，再把牠們送回溫暖的火爐後面。

州立師範學院共有六百名學生，而住不起鎮上房子的學生只有孤零零的六名，戴爾·卡耐基就是其中一個。因為家境貧寒，他不得不每晚騎馬回到農場擠牛奶，他為這樣的貧窮感到羞赧，也為過小的外套和過短的褲子感到恥辱。隨着自卑心理逐漸加深，他急於尋找卓然與眾的捷徑。他很快發現學校裡的某些團體頗具聲望——足球隊和籃球隊的隊員，以及那些在辯論賽和演講比賽中獲勝的傢伙。

　　卡耐基知道自己沒有運動天分，於是下決心要贏一次演講比賽。他花了數月時間準備演講，在馬背上疾馳的時候默誦講稿，擠牛奶的時候練習演說。把乾草背進穀倉的時候，他在鴿子面前滔滔不絕地闡述見解，慷慨激昂的神情和手舞足蹈的樣子把鴿子都嚇壞了。

　　儘管準備得如此認真，他卻接二連三地遭遇失敗。那時他只有十八歲，正是年少輕狂卻內心敏感的年紀。他沮喪萬分，甚至想要結束自己的生命。然而突然有一天，他贏了——不是一次比賽，而是每一次比賽。

　　其他學生請求他傳授取勝的方法，按照他的方法，他們同樣取得了勝利。

　　大學畢業後他成為銷售員，向內布拉斯加州和懷俄明州東部沙丘地帶的農場主兜售函授課程。然而無論他如何熱情洋溢地推薦這些課程，都無法達到業績要求。一天中午，他垂頭喪氣地回到內布拉斯加的旅館房間，倒在床上，絕望地失聲痛哭。他想逃離這殘酷的人生戰場重返校園，但他知道不能這樣做。於是他決定去奧馬哈市另覓差事。他買不起火車票，只得窩在貨運列車上，給兩車廂野馬餵食以抵消車費。抵達奧馬哈市南部後，他謀得一份銷售員的工作，為阿穆爾公司賣培根、香皂和豬油。

　　他的銷售區域被劃分至達科塔州西南部，牛群和印第安人生活的荒地上。他在馬匹、貨車、驛馬車之間周轉跋涉，住在拓荒者的客棧裡，房間與房間之間只有棉布作為隔斷。

　　卡耐基苦讀銷售類書籍，騎着桀驁不馴的烈馬拜訪印第安人，和他們玩牌，摸索收賬的途徑。如果內陸的雜貨店老闆訂購了培根和火腿卻拿不出錢，卡耐基就從他的貨架上拿一打鞋子抵賬，他把

鞋子賣給鐵路工人，再把進款交回阿穆爾公司。

　　他常常每天坐貨車跑到一百英里開外的地方，火車停下來卸貨的時候，他就衝到鎮子上找三四個商人面談，說服他們進貨。聽到火車鳴笛，他再飛快地跑回來，扒上已經開動的列車。

　　短短兩年時間，他就重振了這片低產的銷售區域，出貨量從倒數第四一躍成為首位。

　　阿穆爾公司想給他加薪升職，褒獎他說：「你的成就堪稱奇跡。」但是卡耐基拒絕了晉升，辭職來到紐約。他進入美國戲劇藝術學院學習，並在《馬戲之花》電影中出演哈特利博士這一角色。

　　他漸漸意識到自己永遠無法成為布思或是巴里摩爾這樣的影壇傳奇，於是重回銷售崗位，在帕卡德汽車公司賣車。

　　他對機械一無所知，也毫無興趣。這份工作令他深感痛苦，但他不得不逼自己完成任務。他沒時間學習，也沒時間動筆寫大學時就日思夜想的那本書。最終他遞上辭呈，打算白天寫小說，晚上在夜校教書養活自己。

　　教甚麼呢？他回顧自己的大學生涯，意識到他的信心、勇氣、沉着以及商務交往能力全部源自早年公眾演講方面的訓練，大學中所有課程加起來都沒有這一訓練有效。因此他請紐約的基督教青年會學校給他一次機會，開設針對商務人士的公眾演講課程。

　　甚麼？把商務人士打造成演說家？真是荒唐。基督教青年會的人深知這一點。他們曾經開過類似的課，並不成功。他們拒絕給卡耐基支付每晚兩美元的薪水，於是卡耐基同意按照傭金制授課，從淨利潤中分成 —— 如果這門課真能盈利的話。結果三年中，基督教青年會支付給卡耐基的傭金相當於每晚三十美元。

　　這一課程很快成長起來，在基督教青年會成員之間口口相傳，

又迅速揚名至其他城市。戴爾·卡耐基在紐約、費城和巴爾的摩巡迴演講，後來又飛赴倫敦和巴黎。很多商界人士慕名而來，他們覺得市面上的教材都太過學術，沒有實用價值。也正因如此，卡耐基自己撰寫了《公共演講與影響商界人士》這本書，隨後被基督教青年會、美國銀行家協會以及全美信貸協會用作官方教材。

戴爾·卡耐基認為，人們生氣的時候都會變得能言善辯。他說，如果你把人打倒在地，哪怕他是鎮上最無知的傢伙，他也會立刻跳起來，滔滔不絕地表達憤怒，其口才連世界上最著名的雄辯家威廉·詹寧斯·布萊安在巔峰期都自歎弗如。卡耐基還稱只要人們有了自信，想法在心中翻滾沸騰，那麼每個人都有本事在公眾面前講出令人信服的言論。

他說，培養自信的方式就是放手去做自己懼怕的事情，直至成功為止。因此他敦促每位學員在上課時當眾發言。聽眾都很善解人意，因為他們面臨着相同處境。不斷的實踐帶給學員的勇氣、信心和激情一直持續到課堂之外。

戴爾·卡耐基會告訴你，他這些年並非是以教授公共演講為生 —— 這只是附帶的結果而已。他的使命是幫助人們戰勝恐懼，獲得勇氣。

卡耐基最初只是想開設一門公眾演講的課程，但沒想到迎來的學員都是商界人士。這些學員已經將近三十年沒有走進教室了。大多數人都選擇用分期付款的方式支付學費。他們想看到立竿見影的成效，並且希望這些成效第二天就能用在商務會談和當眾講話上。

正因如此，卡耐基的課程必須快節奏並具有實用性。於是他打造了一套獨特的培訓系統，將公共演講、銷售方法、人際關係以及應用心理學融於一體，效果驚人。

　　卡耐基相信事無定法，因此獨創了一套腳踏實地而毫不枯燥的
課程。

　　學員畢業後自發組織起俱樂部，隔週聚會一次，數年內雷打不
動。費城一個十九人的學員俱樂部約定冬季每個月見兩次面，十七
年來從未間斷。一些學員從數十英里甚至上百英里之外趕來上課，
其中一位學員每週往返於芝加哥和紐約之間。哈佛大學的威廉‧
詹姆士教授曾經說過，人們通常只發揮出了百分之十的潛在心智能
力。戴爾‧卡耐基幫助商務人士發掘自身潛能，由此創造了成人教
育中意義最為深遠的一次變革。

洛厄爾‧湯馬士 [1]
一九三六年

---

[1] 洛厄爾‧湯馬士 (1892–1981 年)，卡耐基好友。美國作家、記者、旅行家。代表作《阿拉伯的勞倫斯》。

筆記
NOTE

請記錄您對本書建議的實踐成果和心得

NOTE

責任編輯	楊克惠
書籍設計	霍明志
排　　版	周　榮
印　　務	馮政光

書　　名	人性的弱點
作　　者	〔美〕戴爾·卡耐基
譯　　者	陶曚
出　　版	山頂文化 Hong Kong Open Page Publishing Co., Ltd. 香港北角英皇道499號北角工業大廈18樓 http://www.hkopenpage.com http://www.facebook.com/hkopenpage http://weibo.com/hkopenpage Email: info@hkopenpage.com
香港發行	香港聯合書刊物流有限公司 香港新界荃灣德士古道220－248號荃灣工業中心16樓
印　　刷	深圳市德信美印刷有限公司 深圳市龍崗區南灣街道聯創科技園二期20棟1樓2號門
版　　次	2023年3月香港第1版第1次印刷 2024年2月香港第1版第2次印刷
規　　格	32開（148mm×210mm）328面
國際書號	ISBN 978-988-7660-40-8 © 2023 Hong Kong Open Page Publishing Co., Ltd. Published in Hong Kong, China.